教育部 财政部职业院校教师素质提高计划职教师资培养资源开发项目

国际经济与贸易专业职教师资培养资源开发（VTNE001）

U0648335

# 国际商务争端与解决

GUOJI SHANGWU ZHENGDUAN YU JIEJUE

徐　元 主　编

宗艳霞　吕方园 副主编

东北财经大学出版社

Dongbei University of Finance & Economics Press

大连

**图书在版编目（CIP）数据**

国际商务争端与解决 / 徐元主编. —大连：东北财经大学出版社，2017.5
ISBN 978-7-5654-2529-5

Ⅰ.国… Ⅱ.徐… Ⅲ.国际商务–国际争端–师资培训–教材 Ⅳ.F740

中国版本图书馆CIP数据核字（2017）第092671号

东北财经大学出版社出版
（大连市黑石礁尖山街217号 邮政编码 116025）
网 址：http://www.dufep.cn
读者信箱：dufep@dufe.edu.cn

大连力佳印务有限公司印刷 东北财经大学出版社发行

幅面尺寸：185mm×260mm 字数：324千字 印张：14 插页：1
2017年5月第1版 2017年5月第1次印刷

责任编辑：李 彬 杨紫旋 责任校对：魏 巍 宋雪凌
封面设计：张智波 版式设计：钟福建

定价：32.00元

教学支持 售后服务 联系电话：（0411）84710309
版权所有 侵权必究 举报电话：（0411）84710523
如有印装质量问题，请联系营销部：（0411）84710711

教育部　财政部职业院校教师素质提高计划成果
系列丛书

项目负责人：姜文学

# 项目专家指导委员会

主　任：刘来泉
副主任：王宪成　郭春鸣
成　员：（按姓氏笔画排列）

# 出版说明

　　《国家中长期教育改革和发展规划纲要（2010 - 2020年）》颁布实施以来，我国职业教育进入加快构建现代职业教育体系、全面提高技能型人才培养质量的新阶段。加快发展现代职业教育、实现职业教育改革发展新跨越，对职业学校"双师型"教师队伍建设提出了更高的要求。为此，教育部明确提出，要以推动教师专业化为引领，以加强"双师型"教师队伍建设为重点，以创新制度和机制为动力，以完善培养培训体系为保障，以实施素质提高计划为抓手，统筹规划，突出重点，改革创新，狠抓落实，切实提升职业院校教师队伍整体素质和建设水平，加快建成一支师德高尚、素质优良、技艺精湛、结构合理、专兼结合的高素质专业化的"双师型"教师队伍，为建设具有中国特色、世界水平的现代职业教育体系提供强有力的师资保障。

　　目前，我国共有60余所高校正在开展职教师资培养，但由于教师培养标准的缺失和培养课程资源的匮乏，制约了"双师型"教师培养质量的提高。为完善教师培养标准和课程体系，教育部、财政部在"职业院校教师素质提高计划"框架内专门设置了职教师资培养资源开发项目，中央财政划拨1.5亿元，系统开发用于本科专业职教师资培养标准、培养方案、核心课程和特色教材等系列资源，其中包括88个专业项目、12个资格考试制度开发等公共项目。该项目由42家开设职业技术师范专业的高等学校牵头，组织近千家科研院所、职业学校、行业企业共同研发，一大批专家学者、优秀校长、一线教师、企业工程技术人员参与其中。

　　经过3年的努力，培养资源开发项目取得了丰硕成果：一是开发了中等职业学校88个专业（类）职教师资本科培养资源项目，内容包括专业教师标准、专业教师培养标准、评价方案，以及一系列专业课程大纲、主干课程教材及数字化资源；二是取得了6项公共基础研究成果，内容包括职教师资培养模式、国际职教师资培养、教育理论课程、质量保障体系、教学资源中心建设和学习平台开发等；三是完成了18个专业大类职教师资资格标准及认证考试标准开发。上述成果，共计800多本正式出版物。总体来说，培养资源开发项目实现了高效益：形成了一大批资源，填补了相关标准和资源的空白；凝聚了一支研发队伍，强化了教师培养的"校-企-校"协同；引领了一批高校的教学改革，带动了"双师型"教师的专业化培养。职教师资培养资源开发项目是支撑专业化培养的一项系统化、基础性工程，是加强职教教师培养培训一体化建设的关键环节，也是对职教师资培养培训基地教师专业化培养实践、教师教育研究能力的系统检阅。

自2013年项目立项开题以来，各项目承担单位、项目负责人及全体开发人员做了大量深入细致的工作，结合职教教师培养实践，研发出很多填补空白、体现科学性和前瞻性的成果，有力推进了"双师型"教师专门化培养向更深层次发展。同时，专家指导委员会的各位专家以及项目管理办公室的各位同志，克服了许多困难，按照教育部和财政部对项目开发工作的总体要求，为实施项目管理、研发、检查等投入了大量时间和心血，也为各个项目提供了专业的咨询和指导，有力地保障了项目实施和成果质量。在此，我们一并表示衷心的感谢。

编写委员会

2016 年 3 月

# 前言

　　随着经济全球化的深入发展，国际商务活动日趋频繁，对国际商务人才的需求也不断增加。从事国际商务活动，除了要求有必要的国际商务专业知识和技能以及较高的外语水平外，还必须掌握国际商务法律有关的知识和技能。在国际商务活动中，各种各样的商务争端不可避免。当发生纠纷时，如何运用相关法律知识正确处理争端，是国际商务人才应当具备的一项基本能力。《国际商务争端与解决》就是为国际经济与贸易专业（师资本）学生学习国际商务法律知识、提高法律素养和运用法律知识解决商务争端的技能而编写的教材。

　　作为国际经济与贸易专业（师资本）学生的专业必修课，本课程的目的和任务是：使学生掌握必备的解决国际商务争端的法律基础知识和基本技能，具备分析现实案例的能力；能从案例中总结经验教训，具有防范国际商务争端风险的能力；初步具备解决国际商务争端的能力，为学生的职业生涯发展和终身学习奠定基础。

　　《国际商务争端与解决》设置七个单元，分别是国际货物买卖争端与解决、国际海上货物运输争端与解决、国际海上保险争端与解决、票据争端与解决、产品责任争端与解决、工业产权争端与解决、国际商事仲裁争端与解决。每个单元下设若干个任务，以相关领域的典型案例及其分析为任务的引导，以相关知识与案例为基础组织相关理论。在完成案例分析和理论讲解之后，设置实训演练，进一步提高运用所学知识和技能分析国际商务争端的能力。最后，通过教研交流，提示本单元的重点、难点以及教学当中应当注意的问题，使学生在学习法律知识和技能的同时，学习如何讲授相关课程内容，充分体现师资本专业的特点。

　　本书在编写过程中参考了有关专家、学者及同仁的研究成果以及网上相关资料，并引用了其中许多观点和资料，限于篇幅，谅不能一一注明出处。由于编者水平所限，疏漏和错误在所难免，敬请读者批评指正以便进一步修改。

　　本教材是教育部、财政部职教师资本科专业培养标准、培养方案、核心课程和特色教材开发项目（国际经济与贸易专业）的最终成果之一，由东北财经大学徐元担任主编，辽宁对外经贸学院宗艳霞和大连海洋大学吕方园担任副主编。编写的具体分工如下：单元一由孙博编写；单元二、单元三由吕方园编写；单元四由宗艳霞编写；单元五由宗艳霞、徐元编写；单元六由徐元编写；单元七由徐元、宗艳霞编写。在教材的开发过程中，多次得到财经商贸及旅游服务类专家组郭杰忠、石伟平、王继平、夏金星、刘君义、师惠丽等老师的指导，在此谨表谢意。

**编者**

2017 年 4 月

# 目录

# 单元一　国际货物买卖合同争端与解决

◎**任务目标**

★ 了解国际货物买卖主体资格的相关法律
★ 掌握国际货物买卖合同中订立过程的生效要件
★ 熟悉买卖双方的义务及违反合同的补救方法
★ 了解合同纠纷案中起诉状、答辩状的主要内容

## 任务 一
## 合同主体是否适格的争端与解决

◎**任务描述**

　　原告和被告分别是美国的某粮食买卖商和种谷物的农场主。原告和被告通过电话协商决定由被告向原告出售 10 000 蒲式耳小麦，价格为每蒲式耳 2.80 美元。根据商业习惯，原告便将电话里的协议写成备忘录转给被告，以确认此买卖。但事隔不久，小麦价格猛涨，被告以原告没有书面合同为由否认此买卖。原告认为被告毁约，诉诸法院，请求赔偿损失。根据《美国统一商法典》规定，商人之间的买卖只要有类似备忘录的文件就算成立，不必当事人签字；如果不是商人，则要有正式的书面合同。

　　请问：

　　（1）什么是商人？本案原被告双方是否属于商人？

　　（2）商事主体与民事主体如何区分？

　　（3）原告和被告是否为商事合同适格主体？

　　（4）本案争议如何处理？

**任务分析**

　　（一）判断商人的属性，界定商人

　　《美国统一商法典》第 2～104 条规定，商人是指从事某类货物交易业务或因职业关系以其他方式表明其对交易所涉及的货物或做法具有专门知识或技能的人，也指雇用因职业

关系表明有此种专门知识或技能的代理人、经纪人或其他中介的人。

本案中被告农场主虽对种小麦有一定的知识，但他并不是以买卖小麦为业的买卖商，没有买卖小麦的专门技能，因此并非商人。

（二）区分商事主体与民事主体

（1）所属法律范畴不同。

（2）内涵不同，商人具备营业的特征，民事主体则无特殊标准。

（3）外延不同，商人包括自然人和商事组织；民事主体包括公民、法人和其他组织。

（4）在实际社会关系中，二者无绝对区别。具体属于哪一类主体，取决于其所从事的行为或参加的法律关系。

（三）判断本案当事人是否为商事合同适格主体

根据《美国统一商法典》规定，商人之间的买卖只要有类似备忘录的文件就算成立，不必当事人签字，如果不是商人则要有正式的书面合同。本案被告虽并非商人，但仍然可以成为商事合同的适格主体，只是在此情况下合同成立的条件不同。

（四）得出正确的争议处理结果

结合以上分析，由于被告不是商人，根据《美国统一商法典》的规定，买卖合同的形式要件不具备，合同未成立，被告胜诉。

★ 相关知识与案例

# 一、合同主体资格

（一）自然人

1.无缔约能力的分类

自然人的缔约能力是自然人的行为能力的一种，是自然人本人与他人缔结合同的资格。在英美法系国家，无缔约能力的自然人包括：未成年人（minors）、有精神缺陷的人（mentaldisorders）和酗酒人（drunkenness）。

依《法国民法典》第488条第1款，"年满18岁为成年。达此年龄者，有能力为一切民事生活上的行为"。依该条第2款和第490条，"功能衰退以致无法独立保障其利益"的成年人和"精神功能由于疾病、残废、年老体弱而失常"的成年人，受法律保护。另依第488（3）条，"成年人，如其挥霍、浪费或游手好闲，以致陷入贫困或影响家庭义务者，亦同样受法律保护"。这些规定对无缔约能力的自然人的分类，与英美法大致相同。其中由第488（3）条规定的第三类人被大陆法的学者称为禁治产人，相当于英美法中的酗酒人。

在社会生活中，除了未成年人和精神病人欠缺周全保护自己的能力因而应属无民事行为能力人或者限制民事行为能力人之外，还有一些基于自己有不良嗜好、品性恶劣等而欠缺意思能力的人，如浪费成性、酗酒成性、赌博成性、吸毒成瘾之人等，他们的社会生活经验很不成熟，理性程度非常低下，理智成长幼稚，对较复杂行为尚不能精确地预料其后果，特别是缺乏控制自己行为的能力，因而还不能足以有效地保护自己，并极有可能对他人的合法利益造成损害。在此情况下，只有对这些人的民事行为能力做出限制或者否定，才能更好地保护他们自己和他人的合法利益。反之，则不利于对他们自己和他人利益的保护。如果说民法规定未成年人和精神病人为无民事行为能力人或限制民事行为能力人，"对于意思能力欠缺者财产利益的消极保护有余，而对于他们'自主参与'条件的创造却明显不足"的话，那么，如果对那些基于有不良嗜好、品性恶劣等而欠缺意思能力的人的民事行为能力不加以限制，就可能导致对他们财产利益的积极保护有余，而对消极保护却显得不足。我国的自然人民事行为能力制度只适用于未成年人和精神病人，使其适用对象和范围受到很大限制，比外国民事立法中的自然人民事行为能力制度的适用范围狭窄得多，难于真正实现民事行为能力制度的作用。

《德国民法典》关于无行为能力的规定集中在第104条，内容与前述诸国亦无不同："下列诸人，无行为能力：①未满7周岁者；②因精神错乱不能自由决定意志者，而按其性质此种状态并非暂时的；③因患精神病而受禁治产的宣告者"。

2.未成年人

（1）成年的年龄。在英美法系国家，根据普通法，21周岁以下的人为未成年人。1969年，英国通过《家事法改革法案》(The Family Law Reform Act)，将成为成年人的年龄降低到18岁。在美国，几乎所有的州都已通过制定法，把成年的年龄定在18岁。在法国，《民法典》第488（1）条规定，年满18岁为成年；第481（1）条又规定，未成年人解除监护后，具有与成年人同等的民事行为能力。解除监护的法定程序是：通过结婚而取得行为能力；或者，在具有合法理由的情况下，由监护法院经父母双方或其中一方的请求而宣布解除监护权。在德国，《民法典》第2条规定的成为成年人的年龄也是18岁。依该法典第106条，7岁以上18岁以下的人为限制行为能力人。

（2）未成年人签约的后果。在英美法系国家，根据普通法院在早期的审判实践中创立的规则，当合同一方是未成年人时，该合同可以由未成年人撤销。具体地说，如果未成年人不打算履约，他可以由自己或通过其法定代理人通知另一方合同已经失效，也可以不发任何通知，只是消极地不履行合同。在后一种情况下，如果另一方对他起诉，他可以以自己尚未成年作为抗辩的理由。另外，如果未成年人不主张撤销合同，另一方就要受到约束。那么，如果合同已经履行，未成年人还能不能撤销合同？英国法的原则是，如果双方均从合同的履行获得了利益，合同便不能再撤销；如果未成年人履行了合同，另一方没有履行合同，未成年人可以要求另一方返还利益。与英国不同，在美国，在双方均已履行的情况下，未成年人仍可行使撤销权。

关于谁有权撤销未成年人为一方的合同，在英美法系国家，这一权利只能由未成年人行使或由其法定代理人行使。此外，未成年人的遗产管理人和遗嘱执行人在未成年人死后也可以行使该权利，法院不能以一方未成年为由主动否认合同的效力。

在法国法上，未成年人为一方的合同为"相对无效"合同，即经当事人请求方为无效的合同。关于行使该权利的主体，《法国民法典》第1125条规定：只有无行为能力的人或其法定代理人才有权提出撤销请求，有行为能力的相对方"不得以与其订立合同的相对方无行为能力而主张合同无效"。

根据《德国民法典》，未满7周岁的人属于无行为能力人（第104条）；无行为能力人的意思表示应取得其法定代理人的同意（第107条）；其未经该必要的同意而订立的合同须经法定代理人的追认始生效力（第108（1）条）；未成年人所作的对该合同效力的追认无效，所作的否认也无效（第108（2）条）；未成年人有完全能力后所作的追认为有效追认（第108（3）条）；在上述追认之前，相对人有权"撤回"合同，但如在合同订立时，相对人知道与其订约的为未成年人，且知未成年人订约未征得其法定代理人同意，则相对人不得"撤回"合同（第109条）。这一整套规则使7～18岁的未成年人签订的合同成为"效力不确定"的合同。

由上文可见，关于未成年人签约的后果，英、美、法三国的制度较为接近。

其共同点是：未成年人可撤销合同，相对方无权这样做，而合同在被撤销之前约束着各方。这对未成年人更为有利。与这三国的制度不同，德国法的基本假定是：合同在经未成年人的法定代理人追认之后始生效力，此前对各方并无约束力。这对各方的影响仅在于：未成年人的法定代理人有了追认或否认权，相对方有否认权，未成年人仅在其成年之后有追认权。德国学者认为："不确定效力这一理论最基本和最首要的原则是保护未成年人，但是它也被用来维护所有当事人的利益。"

（3）合同被撤销的后果。如前所述，英国法的原则是，如果合同的双方均在合同项下获得了利益，未成年人就不能再撤销合同。可是，根据普通法，与长期财产权益有关的合同，比如有关地产、股份和合伙的合同，是可以被未成年人撤销的。由此产生的问题是，如果未成年人已在合同项下享有利益和欠有债务，在行使撤销权时，他还能否要求另一方向他返还利益？在1923年Steinberg v. Scala（Leeds）Ltd.的案子中，原告（未成年人）认购了被告公司的股份，并在按股票的面值缴足股金之后决定撤销合同。英国法院判决，其拥有撤销权，仅仅意味着其不再负有继续付款的义务，但她无权将已付的股金要回。因为该股金并不是完全没有对价的：他已经得到了该股票，因而已经获得了回报。

在美国，处理被撤销的合同的基本原则是让双方恢复原状。在恢复原状时，多数州的法律规定，未成年人可以从相对方那里索回其交付的财产或相当于该财产价值的资金；如果未成年人从相对方那里获得的财产的价值发生了减损，他不必对这一损失负赔偿责任，而只需将该财产按现有的状态返还给相对方；如果他享用了由相对方提供的服务，他也不用承担任何责任。请思考下面的案例：一个未成年人用现金购买了机票并乘坐了飞机。在这之后，他对航空公司进行了起诉，要求撤销合同，并要求该公司将他支付的现金退还。那么，该未成年人是否能撤销合同？

根据《法国民法典》第1 312条，合同被撤销之后，未成年人的相对方无权要求未成年人返还其所受的给付，除非后者所接受的利益依然存在。例如，当未成年人为买卖合同的卖方时，他可以要求成年的一方返还货物，而他获得的价款，如果已被花光，则不必再返还给成年的一方。

（4）中国法中的有关规定。关于未成年人的缔约能力，中国法中的主要规定有：①根据《民法通则》的规定，18周岁以上的公民为成年人；16周岁以上不满18周岁的公民，如以自己的劳动收入为主要生活来源，视为完全民事行为能力人（第11条）；10周岁以上的未成年人为限制行为能力人，可从事与其年龄、智力相适应的民事活动（第12条）。②根据《合同法》的规定，限制民事能力人的行为，经法定代理人追认后有效，但纯获利益的合同或者与其年龄、智力、精神健康状况相适应的合同不必经法定代理人追认；相对人可以催告法定代理人在一个月内追认，法定代理人未作表示的，视为拒绝追认；合同被追认前，善意相对人有撤销的权利（第47条）。这些规定与德国法中的规定相似。

3.其他无缔约能力或缔约能力受限制的人

（1）能力的认定。在英国，一般来说，与有精神缺陷的人和酗酒的人订立的合同为有效合同，除非在合同订立时，有精神缺陷的人没有能力理解交易的性质，而另一方知道这一情况。

在决定这类合同的效力是否存在瑕疵时，须查明的事实并不仅包括一方的精神有无缺陷，比如是否患有精神病，或其智力是否不健全，还包括他在签约的当时有无能力理解合同，他的行为对他的权利、义务会发什么影响等。这种标准被称为认识（cognitive）标准。认识标准的合理性在于：有精神缺陷是一个含糊的概念。从严重的精神疾患可以推定当事人没有缔约能力，但当一方的精神缺陷较轻微时，或者当他的精神处于不稳定状态时，他是否有缔约能力就变得难以认定；此外，精神缺陷的种类有很多，包括思维和行为迟钝、精神病、大脑损伤、老年性脑退化、由饮酒和吸毒导致的思维障碍等。它们对缔约能力的影响呈现出复杂的情况，很难一概而论。认识标准取代了曾经被英美法院所采纳的只承认有严重精神疾患的人（如精神错乱和疯狂）无缔约能力的标准，实现了重大的进步。

在法国，涉及成年人的无行为能力或限制行为能力的认定，现代的学理和美国法十分接近。首先，该国的现代学理强调对行为作个别的、具体的评价，而不是仅依照一般的、抽象的原则推定行为人是否同意。例如，对于有精神缺陷的人，不是仅凭缺陷的存在推定其无能力理解合同，而是具体考查其在个案中事实上有无理解能力，这与英美法的认识标准相接近。其次，注意对结果的公正性的考虑。例如，当能力受限制的成年人实施的行为事实上对其造成损害时，尽管其有行为能力，其行为也应无效。这与美国的客观主义有相似之处。

在德国，因精神错乱而不能自由决定意志者，如按其性质此种状态并非暂时的，则其为无缔约能力的人；此外，被宣告禁治产人亦属这样的人（民法典第104条）。这是典型的依事先确定的精神状态推定行为人在个案中的认识能力的方法。

（2）无能力或只有限制能力的后果。英国法的一般原则是，如果精神有缺陷的人和酗酒的人在缔约时没有能力理解交易的性质，而且另一方知道这一情况，合同可以为前者撤销。根据美国《第二次合同法重述》的第15（2）条，法官在认定合同为可撤销的情况下，可以从实现公正的原则出发，不让能力有缺陷的一方撤约，而仅给予适当的救济。比如，合同条件是公平的，相对方是善意的，合同的内容是由相对方提供服务，这种服务已提供完毕且已被能力有缺陷的一方享用，法官可以不令相对方返还其收到的服务报酬。法国法处理这类问题的原则是，允许能力有缺陷的人撤销合同。在德国，依照《民法典》第105条，无行为能力的人的意思就是合同无效。其结果是，《民法典》第104条规定，精神错乱的人和禁治产人缔结的合同不生效力。

德国法的这些规定符合这样一种理性思维逻辑：既然合同一方没有缔约能力，即不存在真实的意思表示，因而就无合意可言，故合同是无效的。这与美国法院在早期的判例中所持的立场是一致的。这样的制度在美国被放弃的原因是：一方面，它使业已签订的合同不能得到履行的机会增加了，不利于商业的发展。另一方面，如果合同已经被全部或部分地履行，以无效为由而恢复原状很可能会产生不公平的后果。反之，如果使这样的合同成为可撤销的，无能力的一方愿意维持合同的效力时就可以使合同得到履行。这样做既促进了商业交易的发展，又保护了无能力人的利益，也不会使公共权益发生损害。

（3）中国法中的有关规定。《民法通则》第13条把有精神缺陷的人分为不能辨认自己行为的精神病人和不能完全辨认自己行为的精神病人。前者为无民事行为能力的人，后者为限制民事行为能力的人。该法第58条规定，无民事行为能力的人实施的民事行为无效。《合同法》第47条的规定亦适用于不能完全辨认自己行为的精神病人，因此，这种人签订的合同在经其法定代理人追认之后始生效力。

（二）法人

1.英美法系

在英国，公司大体上可以分为依制定法成立的公司和依英王颁发的特许状成立的公司。大多数商业公司属于前一种，后一种则主要是慈善机构和教育机构。长期以来，在决定依制定法成立的公司的缔约能力时，适用的原则是越权（ultra vires）无效原则。其含义是，公司无权在其章程（memorandum of association）规定的营业目的之外签署合同，否则该合同是无效的。

越权理论对善意地与公司交易的人来说成了坑人的陷阱。越权无效原则受到了人们的激烈批评。在英国加入欧共体之后，改革这一制度的契机终于到来。1972年，为了贯彻欧共体1968年通过的一个指令（the First Directive 68/151/EEC on Company Law, 1968 O. J. L65/7），英国接纳了《1972年欧共体法》。其中的第9条使善意地与公司交易的人受到了保护，只要这一交易是由公司董事在其被授权的范围内作出决定的。之后，英国又通过了《1985年公司法》和对该法进行修订的《1989年公司法》。这些法律规定："由一个公司实施的行为的有效性，不能因公司章程中的任何内容所导致的能力的缺乏而受到质疑。"至此，传统的越权无效原则被废弃了。

在美国，早期的判例也接受了越权无效原则。然而从19世纪末开始，美国法院在审判实践中已经表现出对公司章程中的营业目的条款作扩大解释的倾向。在20世纪，越权无效原则在各州的制定法中已被逐步放弃。目前，美国各州的制定法几乎都废弃了这一原则。

2.大陆法系

1969年，法国通过颁布第69～1 176号法令，在《商事公司法》第49条中增加了如下规定：对于有限责任公司，"在与第三人的关系中，经理拥有在任何情况下以公司的名义进行活动的最广泛的权力……公司甚至应对经理不属于公司宗旨范围的行为负责，但公司举证证明第三人已知道或根据当时情况不可能不知道该行为超越了公司宗旨范围的除外。仅公布公司章程不足以构成此种证据。限制经理根据本条所产生的权力的章程条款不得对抗第三人"。同时，在《商事公司法》第113条中增加如下规定：上述规定适用于股份有限公司的董事会和董事长。

在德国，《民法典》第26（2）条规定：对社团法人，"董事具有法定代理人的身份"；"董事会代表权的范围得以章程加以限制，限制得对抗第三人"。可是，根据德国《股份有限公司法》第82条和《有限责任公司法》第37条的规定，公司章程中对公司营业目的的限制不得对抗第三人。根据特别法优于一般法的原则，至少对股份有限公司和有限责任公司而言，公司的越权行为并不会导致行为无效。

3.中国法

在20世纪90年代之前，中国法院基本上奉行公司的越权行为为无效行为的宗旨。例如，最高人民法院在1987年发布的《关于审理经济合同纠纷案件中具体适用〈经济合同法＞的若干问题解答》中提到："工商企业、个体工商户及其他经济组织……超越经营范围或者违反经营方式所签订的合同，应认定为无效合同……全部为超营项目的，全部无效，部分为超营项目的，超营部分无效。"自20世纪90年代以来，为了满足社会主义市场经济发展和使中国的法制环境与国际接轨的需要，上述立场已不再被坚持。1993年，最高人民法院在《全国经济审判座谈会纪要》中指出："合同约定仅一般违反行政管理性规定的，如一般地超范围经营、违反经营方式等，而不是违反专营、专卖及法律禁止性规定，且合同标的物不属于限制流通的物品的，可按照有关的行政管理规定进行处理，不因此确认合同无效。"

# 任务二
# 国际货物买卖合同成立的争端与解决

## ◎任务描述

2006年7月27日我国某公司应荷兰A商号的请求，报出某初级产品100吨，每吨鹿特丹到岸价格（CIF）人民币3 900元即期装运的实盘。对方接收到我方报盘后，没作承诺表示，而是再三请求我方增加数量、降低价格并延长要约有效期。我方曾将数量增至300吨，将价格减至每吨鹿特丹CIF人民币3 800元，并两次延长了要约的有效期，最后延至8月30日。荷兰A商号8月26日来电接受该盘。我方公司在接到对方承诺电报时发现，巴西受旱灾，该产品的产量受到影响，致使该产品的国际市场价格暴涨，因此我方拒绝成交，并复电称"由于世界市场价格变化，货物在接到承诺电报前已售出"。但对方不同意这一说法，认为承诺是在要约有效期内作出的，因而是有效的，坚持要求我方按要约的条件履行合同，并提出要么执行合同，要么赔偿对方差价损失人民币40余万元的要求，否则将提起诉讼。

请问：

（1）本案适用哪国法律？

（2）合同的订立程序包括哪些？

（3）如何判断合同的成立时间？

（4）在本案中，双方间的买卖合同是否成立？

## 任务分析

（一）分析应当适用哪国法律

由于合同买方是荷兰人，所以本案属于涉外民商事纠纷。但当事人未在合同中对纠纷解决适用哪国法律作出选择，且被告住所地、合同履行地等在中国境内，故中华人民共和国法律是与本案国际货物买卖合同有最密切联系的法律，因而合同履行引起的纠纷应当适用中华人民共和国法律。

（二）弄清合同的订立程序

一般说来，一项国际货物买卖合同的订立是双方当事人经过要约、承诺，或反要约的反复磋商而最后达成的结果。订立合同的法定必经程序包括两个，即要约和承诺。

要约是向一个或一个以上特定的人提出的订立合同的建议，其内容必须十分确定，并且表明对方一旦接受，要约人就愿受其约束。因此，一项要约必须具备下列条件：①应清楚表明愿意按要约所列条件与对方订立合同，并且一旦对方接受，要约人就愿受其约束。②原则上应向一个或一个以上特定的人提出，凡不是向一个或一个以上特定的人提出的建议，仅视为要约邀请。③内容必须十分确定。所谓十分确定，即标明货物的名称、明示或默示地规定货物的数量或价格，或者规定如何确定数量和价格。

承诺即受要约人作出声明或以其他行为对要约表示同意。要想构成一项承诺，必须具备以下条件：①承诺必须由受要约人以声明或其他行为作出。②承诺的内容必须与要约的内容一致，而不能有所添加、限制或更改，但如果所作限制、添加或更改并未实质上变更要约的内容，要约人又未在过分迟延的期间内以口头或书面方式提出反对，则该项承诺仍然可以视为有效。③承诺必须在要约规定的期限内送达要约人，如果要约人未规定时间，则必须在一段合理的时间内送达。对于口头发出的要约，必须立即作出承诺。

（三）准确掌握合同成立的时间

根据《合同法》规定，承诺一旦送达要约人，就发生效力，合同即告成立。

（四）辨明本案合同成立与否

在本案中，经过推迟的要约有效期是8月30日，荷兰A商号的承诺于8月26日到达，是有效承诺，合同应于8月26日成立。我方公司以"由于世界市场价格变化，货物在接到承诺电报前已售出"为由不履行合同，是完全没有法律依据的违约行为。

**★相关知识与案例**

# 一、国际货物买卖合同概述

（一）国际货物买卖合同定义

国际货物买卖合同，是指国际货物买卖当事人之间所签订的民事合同。《公约》第1条（1）规定："本公约适用于营业地在不同国家的当事人之间所订立的货物买卖合同：（a）如果这些国家是缔约国；（b）如果国际私法规则导致适用某一缔约国的法律。"据此，我们将国际货物买卖合同定义为：营业地处于不同国家的当事人之间所订立的货物买卖合同。因此，一个货物买卖合同是否属于国际货物买卖合同的判断依据是买卖合同当事人的营业地，而不是其国籍、买卖行为的发生地或买卖标的是否跨国境流通等。

（二）国际货物买卖合同的法律特征

首先，合同当事人的营业地处于不同国家或同一国家的不同法域。只要当事人的营业地设在不同国家或地区，他们之间的货物买卖合同就是国际货物买卖合同。

其次，合同的标的为进出口货物，即有形动产，不包括不动产和以提供劳务为主要内容的交易。由于国际货物买卖合同的标的通常涉及跨国境流通，因此国际货物买卖合同也称为进出口货物贸易合同。

再次，合同的内容具有涉外因素。由于国际货物买卖合同当事人的营业地处于不同国家，导致合同法律关系的形成、变更和消灭的法律行为可能在不同国家境内完成，同时，合同的标的可能涉及跨国境流通，在国际运输过程中也可能发生各种风险，货款的支付也可能涉及外币的使用等，因此国际货物买卖合同的内容会有较多的涉外因素。

最后，国际货物买卖合同可能涉及对不同国家的法律或有关国际公约、国际惯例的适用。

国际货物买卖合同的订立与其他合同一样，是双方当事人意思表示一致的结果。具体而言，它是通过一方提出要约，另一方对要约表示承诺而成立的。

## 二、要约

（一）要约的含义

要约，是指一方向另一方提出愿意按一定的条件与对方订立合同的建议。发出要约的一方称为要（发）约人，相对方称为受约人。《公约》第14条第1款将要约定义为："向一个或一个以上特定的人提出的订立合同的建议，如果十分确定并且表明要约人在接到承诺时就受约束的意旨，即构成要约。"

（二）要约的构成

一项订立合同的建议须符合一定的条件方能成为要约而取得法律拘束力。根据一些国家的买卖法及《公约》的规定，构成一项有效要约必须具备以下条件：

1.要约是以订立合同为目的的建议

要约人发出要约的目的是订立合同，不具备订立合同目的就不能构成要约。

2.要约是向一个或一个以上特定当事人提出的

要约是由发约人向受约人发出的。因此，这里所谓特定的人是指受约人必须是特定人，即发约人在发约时必须具体指明收受该项要约的公司、企业或个人的名称或姓名。中国《合同法》对此并未作出规定。

3.要约应具备确定内容

一项有效要约的内容须十分确定，应当包括拟订立合同的主要交易条件。要约内容基本上就是买卖合同内容，至少要包括货物名称、价格及数量三项基本内容。具备这三项基本内容便构成一个十分确定的要约。关于价格及数量的表示方法，要约人可以直接进行规定。通常，把直接规定的价格称为固定价或死价，把规定如何确定价格的方法称为开口价或活价。对于价格不稳定的货物或者长期大量供货合同，采用活价比较合适。要约人提出要约，根据《公约》，只需具备上述三项基本内容即可。合同其他条款及内容，如果双方未在合同中明确，应以双方当事人已建立的习惯做法及采用的惯例予以补充，或按《公约》有关规定予以补充。

中国《合同法》没有明确规定要约内容"确定"的标准，但根据该法第12条、61条和第62条的规定，"确定"的要约应当包括标的和数量两项内容。无论如何，以上对于"确定"的判断，仅仅是国际货物买卖合同能够成立的最低要求。

4.要约应清楚地表明一经对方接受，要约人即受约束

在很多情况下，要约并不一定以文字的形式明确注明"一经接受，即受约束"。要约中是否存在"一经接受，即受约束"的意思表示，需要根据要约人的用词及语气来判断。比如，当事人用要约一词则表示要约，如用"意向书"一词就不是要约，不具有受约束的

意思。

为了避免引起不必要的纠纷，利于交易的进行，我国对外贸易经营者将发价或发盘分为实盘与虚盘两种。实盘的主要特点是对发盘人有约束力。在实盘规定的有效期内，发盘人不得随意撤回或修改其内容。实盘一经受盘人在有效期内无条件地接受，不用再经发盘人确认，即可成立对双方都有约束力的合同。实盘必须具备两个主要条件：一是必须提出完整、明确与肯定的交易条件；二是必须规定有效期，受盘人如果接受此项实盘，就必须按期答复，如果超过有效期，则发盘人可以不受其约束。虚盘是发盘人有保留地愿意根据一定的条件达成交易的一种表示。虚盘对发盘人没有约束力，发盘人可以随时撤回或修改虚盘的内容。即使受盘人对虚盘表示接受，仍然须经发盘人的最后确认，才能成立对双方都有约束力的合同。虚盘也有两个主要特点：一是在发盘中附有保留条件；二是在发盘中不规定有效期。其作用是试探对方的交易诚意，吸引对方对我方递盘或订货，使我方拥有是否成交的最后决定权。例如，注明"以我方最后确认为准"或"以未先售出为准"或"仅供参考"等。但是，从法律意义上讲，虚盘事实上并不构成一项真正的要约，而是一项要约邀请，其目的是吸引对方提出要约。

（三）要约的生效

要约生效，是指要约对要约人具有约束力。

对于要约的生效，大陆法系与英美法系采用了不同的标准。前者采用"到达主义"，以要约送达受要约人作为生效条件；后者采用"投邮主义"，要约投邮时即产生效力。对此，《公约》选择了前者，其第15条第1款规定："要约于送达受要约人时生效"。

对于如何判断要约到达，《公约》进行了规定。到达是指送交对方本人，或其营业地或通信地址，如无营业地或通信地址，则应送交对方惯常居住地。但应注意的是，送达受约人，不是指一定要送到受约人手中才算到达，只要送到受约人能控制的地方就可视为已到达。

此外，如果一方仅凭以往交易的经验，或通过其他途径了解对方可能向自己发出要约的内容，那么他不能在收到要约之前主动作出接受的表示，即使作出了接受的表示，也不能因此认为双方已成立了合同关系，只能认为是双方的相互报价。即使接受决定与原要约的内容完全吻合，也不能视为承诺，这在法律上被称为交叉要约。

我国《合同法》采用送达生效原则，要约在到达受要约人之前，对要约人不具有约束力。在此基础上，考虑到电子商务的最新发展，《合同法》进一步规定："采用数据电文形式订立的合同，收件人指定特定系统接收数据电文的，该数据电文进入特定系统的时间，视为到达时间；未指定特定系统的，该数据电文进入收件人的任何系统的首次时间，视为到达时间。"

（四）要约的撤回与撤销

要约的撤回与撤销是两个既有联系又有区别的概念。要约的撤回，是指要约人在发出要约之后，在其尚未送达受约人之前，即在要约尚未生效之前，将该项要约取消，使其失去作用。而要约的撤销，是指要约人在其要约已送达受约人之后，即在要约已生效之后，将该项要约取消，从而使要约的效力归于消灭。

在国际贸易中，当要约人发出要约后，因发现要约有误，市场价格发生变化或外汇汇率发生变化等，要约人可能想改变主意，要求撤回或撤销其要约，或要求在价格或其他条款上作相应的调整，而受约人可能不同意撤销要约，或不同意对要约的内容作任何修改，双方当事人可能对此产生争议。所以，在国际贸易中，对这个问题的处理非常重要，各国买卖法及《公约》也都对此作了相应的规定。

1.要约的撤回

因要约只有送达受约人时才产生效力，要约人在要约发出后，尚未送达受约人以前将其撤回不会给受约人带来不利影响，因此，各国的买卖法以及《公约》都规定，只要要约人撤回要约的通知与其要约同时或先于其要约送达受约人，其要约即可撤回。因此，撤回要约的通知应采用比要约更为快捷的通信方式才有可能将要约撤回。

2.要约的撤销

关于要约已到达对方并已生效之后，要约人是否能将其撤销的问题，各国的法律规定，特别是英美法系和大陆法系存在严重的分歧。大陆法系普遍认为，要约到达受约人时生效，生效的要约对要约人有约束力，不得随意撤销。要约在规定的有效期内或虽未规定有效期但在合理期限内对要约人有拘束力，要约人在此期限内不得随意撤销或更改要约。英美法系则认为，要约在受约人承诺前没有约束力，要约人可以随时撤销或更改其内容，但是有两种要约不能撤销：一是对方有某种对价支持的；二是要约采取了签字蜡封形式的。英美法系的这种规定使要约人具有了随意性，而受约人则缺乏必要的保障。这点引起了英美法系国家的重视。美国《统一商法典》就取消了要约须有对价支持才有约束力的要求。该法典规定，某商人发出一个书面的、签了字的、缺乏对价的要约，在要约规定的有效时间内不得撤销要约。如果没有规定具体时间，要约在一段合理的时间内不可撤销，但不可撤销的期限不超过3个月。

为便于国际商事交往、减少贸易纠纷，《公约》对这一问题作了调和性规定。

一般规则——要约可以撤销：根据《公约》第16条第2款的规定，只要撤销要约的通知于受约人发出承诺以前送达受约人，要约可以撤销。当然，如果要约已得到了承诺，且合同也因承诺送达要约人而成立，则要约人撤销要约的权利在受约人发出承诺时终止。

例外 不可撤销的要约：《公约》对要约可撤销的 般规则规定了两种例外情形：一是要约中已载明接受的期限，或用其他方式表示它是不可撤销的；二是受约人有理由信赖该要约是不可撤销的，并且已本着对该项要约的信赖行事。这主要反映了大陆法系的原则。对此，《国际商事合同通则》在第2.1.4条作出了注释。依其规定，所谓"受约人对要约不可撤销的信赖"既可源于要约人的行为，也可源于要约本身的性质；所谓"受约人已本着对该项要约的信赖行事"则可以包括为生产所作的准备、购买或租用材料或设备、负担费用等行为。只要这些行为在有关的贸易中可被视为正常行为，或者应是要约人所能或知悉的行为。

**案例讨论**

德国商人A于2015年9月与美国生产商B联系，要求B向其报5万吨钢丝的价格，并明确告诉B，此次报价是为了计算向某项工程的投标，投标将于同年11月1日开始进行，11月10日便可知投标结果。同年10月1日，美国生产商B向A发出要约，要约中条件完整，但没有规定承诺期限，也没有注明要约是不可撤销的。同年10月中旬，国际市场上的钢丝价格上涨。B于11月2日向A发出撤销其10月1日要约的传真。同年11月10

日，当A得知自己的中标消息后，立即向B发出传真，对10月1日要约表示承诺。B强调其已于11月2日撤销了要约，因此合同不成立。双方发生纠纷。

问：（1）本案应适用什么规定？

（2）要约是否可以被撤销？

解析：（1）由于当事人的营业地处于不同国家，因此本案属于国际货物买卖合同案件。又由于当事人对合同的法律适用未作特别约定，因此适用《联合国国际货物买卖合同公约》的规定。

（2）合同未成立。B已经在A作出有效承诺之前撤销了要约。

（五）要约的失效

要约失效后，无论对要约人还是受约人均不再有约束力。要约失效的原因有很多，按照诸多国家的法律及《公约》的规定，主要有以下几种：

1.要约因被拒绝而失效

拒绝要约有两种方式：一是直截了当地表示拒绝接受某项要约。二是对要约人在要约中提出的交易条件进行讨价还价，如要求降低价格、增加或减少数量、变更提出的交货期或支付方式等。这也属于对要约的拒绝，并构成还盘。

2.要约因被要约人撤销而失效

如上所述，在法律允许的条件下，要约可以被撤销，在要约人有效地撤销要约后，要约终止，丧失效力。

3.要约因其规定的接受期限届满而失效

一项要约明确规定了承诺的期限，表明要约人规定了该项要约发生法律效力的期限，在该期限内未收到受约人的回复，要约的效力当然归于消灭。

4.要约因"合理期限"已过而失效

通常情况下，如果要约人发出要约后在一段合理时间内没有收到承诺，则要约失效。所谓合理时间，应考虑到买卖合同的标的、数量，当事人营业场所所在地的状况，以及通信方式等诸多因素。

思一思、议一议：要约与要约邀请的区别

要约：一经对方承诺，要约人便受到约束，合同即成立。

要约邀请：即使对方完全同意或接受该要约邀请的条件，但发出该要约邀请的一方不受约束，即除非他对此表示承诺，否则合同不成立。

## 三、承诺

（一）承诺的含义

承诺，是指受约人同意接受要约的交易条件以缔结合同的意思表示。《公约》第18条规定，受约人声明或作出其他行为表示同意一项要约，即是接受。《国际商事合同通则》第2条、第6条也规定，受约人作出的声明或以其他行为表示同意一项要约，即构成承诺。

（二）承诺的方式

按照《公约》的规定，承诺的方式可以采用明示通知，也可以采用行为表示同意，但缄默或不行为本身不构成承诺。明示的方式包括口头和书面。所谓以行为来承诺，就是根据交易习惯或当事人的约定，以受约人的特定行为用默示的方式表示接受，如以发运货物或支付货款行为表示接受要约。但缄默和不行为不同于默示，缄默和不行为是没有任何行为表示。如果受约人不以其行为表示拒绝要约，不能因此认为合同已经成立，因为一项要约提供给受约人的是一个承诺权，受约人有权按照自己的意志决定承诺还是不承诺。除法律有特别规定外，受约人在拒绝要约时没有通知的义务。在外贸实践中，一方收到另一方的要约后，通常都给予答复，这是出于当事人的友好和礼节，从法律上看，受约人是没有义务必须答复的。但如果在长期的交易习惯中双方都认可了缄默和不行为为接受的方式，则也可以使其成为一种承诺的方式。

（三）承诺的构成

一项有效的承诺必须具备以下条件：

1.承诺必须由受约人或其代理人作出

由于要约是向特定的人发出的，所以承诺必须由特定的人，即受约人或其授权的代理人作出。除此之外，任何第三人即使知道要约的内容并对此作出同意的意思表示，也不是承诺，不能成立合同。

2.承诺必须在有效期限内作出

如果要约规定了承诺的有效期限，则承诺应在规定的期限内作出；如果要约没有规定期限，则承诺应在合理的时间内作出。

根据《公约》的规定，如果承诺的时间迟于要约的有效期，则被称为迟到的承诺。迟到的承诺不是有效的承诺，而是一项新的要约，只有得到原要约人的承诺后才能成立合同。迟到的承诺根据迟到的原因不同在具体处理时可分为两种情况：其一是可归因于原受约人的迟到承诺。在这种情形下，如果原要约人毫不迟延地用口头或书面发出通知的方式表明愿意接受这一迟到的承诺，则迟到的承诺仍然可保留承诺的效力。其二是由不可归责于当事人的原因造成的迟到承诺，即如果该承诺在传递正常的情形下本可以及时到达原要约人，但由于其他原因而未能如期到达，则该承诺应为有效承诺，除非原要约人毫不迟延地通知原受约人该承诺已失效。我国《合同法》对此作了相同的规定。

3.承诺的内容应与要约保持一致

承诺的内容与要约一致是合同成立的核心要素。两大法系对此都采用了统一的原则。如果承诺与要约不一致，则只能被视为一项新的要约。虽然早期的合同法采用的是绝对一致，即所谓的镜像原则，但现在各国对此都有所突破。例如，美国《统一商法典》规定，"在合理的时间内寄送的承诺表示或确认书，只要确定并且及时，即使与原要约的条款有所不同或对其有所补充，仍具有承诺的效力，除非承诺中明确规定，以要约人同意这些不同的条款为承诺生效的条件"。"补充条款对合同做了实质性改变，则不构成合同的组成部分。"可见，承诺对要约的变更应分为实质变更和非实质变更。对此，《公约》第19条规定，有关货物价格、付款条件、货物质量和数量、交货地点和时间、一方当事人对另一方当事人的赔偿责任范围和解决争端等的添加或不同条件，均视为实质上变更要约的条件。但在具体的合同中，某一条款是否具有实质意义，应视合同的具体情形而定，《公约》也很难就何谓实质性或非实质性条款作出更加具体的规定。当然，在国际货物买卖合同中，上述这些条款的变更一般被认为必然影响双方的权利和义务。但如果受约人对要约内容所作的某些变更是非实质性的,《公约》规定,要约人有权及时提出异议,当要约人坚持不同意对其要约的内容作任何变更时,尽管受约人在其所作的意思表示中对要约的变更不是实质性的变更,合同仍不能成立。

---

**案例讨论**

中国山东某公司于2015年6月14日收到荷兰某公司来电称:"×设备3 560台,每台270美元CIF青岛,7月荷兰××港装船,不可撤销即期信用证支付,2015年6月22日前复到有效。"中国山东公司于2015年6月17日复电:"若单价为240美元CIF青岛,可接受3 560台×设备;如有争议,在中国国际经济贸易仲裁委员会仲裁。"荷兰公司于2015年6月18日回电称仲裁条款可以接受,但价格不能减少。此时,该机器价格上涨,中方又于2015年6月21日复电:"接受你方14日发盘,信用证已经由中国银行福建分行开出。"但荷兰公司未予答复并将货物转卖他人。

问:(1)荷兰公司6月18日的回电属于什么性质?

(2)根据1980年《国际货物买卖合同公约》的规定,合同是否成立?

(3)中国公司是否有权要求荷方公司履行合同?

---

4.承诺必须以明示或行为作出

(1)受约人接受要约,必须以一定的方式让要约人知悉。明示是最常见的一种表达方式。如果要约要求答复,承诺必须以明确的声明表示。如果要约人对承诺方式没有特定要求,承诺也可根据受约人的行为来推断。这种行为通常是指履行的行为,如预付货款、装运货物等。作为一般规则,《公约》规定,"缄默或不行动本身不等于接受"。

(2)上述规则允许例外。如果双方当事人自己同意缄默构成承诺,或者当事人之间在该问题上有习惯做法或惯例,则不受此限制。

(四)承诺生效的时间

一般认为,承诺生效的时间即合同成立的时间。对此,英美法系和大陆法系有不同的规定。

英美法系采用投邮生效的原则,即以信件、电报作出承诺时,只要受约人将信件投邮或将电报交付邮局,承诺即生效。其目的是缩短要约人撤销要约的时间,以协调要约人与受约人之间的利益。但其弊端是明显的,如果承诺的信件、电报途中出现丢失,要约人在不知情的情况下,仍需要承担合同义务。

大陆法系采用的是到达生效的原则,即承诺的信件、电报到达要约人时才能生效。例如,根据德国法,承诺的函电只要送达要约人的支配范围即告生效,而不管要约人是否知悉承诺的内容。如果由于邮局或其他外在因素而使承诺丢失,则由发出承诺方自负其责,即承诺不生效,合同不成立。

大陆法系的这一原则也被《公约》所采纳。其第18条规定,承诺于表示同意的通知送达要约人时生效。但同时《公约》还规定,如果根据要约的规定,或者根据交易习惯,受约人以行为作出承诺,承诺的生效时间于该行为作出时生效,无须受约人另行发出通知。《国际商事合同通则》对此也作了同样的规定。

（五）承诺的撤回

承诺在生效以前可以撤回。承诺生效后，合同就已经成立，不存在承诺的撤回问题。由于不同法系采用的承诺生效的时间不同，因此，承诺撤回只有在采用大陆法系的到达主义条件下才存在。《公约》规定，承诺可以撤回，只要撤回通知于承诺生效前或同时到达要约人。对此，我国《合同法》也有相同的规定。

**案例讨论**

英国一家公司在2015年1月25日向我国一家外贸公司发出一个要约信函，以每台1 000美元出售5台显微镜，要约规定我方外贸公司有10天时间用来承诺。我方外贸公司于2月5日才收到信，并在2月8日发出承诺的电报。但英方公司拒绝出售这批显微镜，其理由是要约中所说的10天期限已到，要约因有效期已过而无效，超出要约有效期的承诺也不产生法律效力。而我方外贸公司却认为合同已有效成立，对方应承担履行合同的责任，否则应赔偿损失。

问：（1）要约是否超过有效期？

（2）我方贸易公司的承诺是否有效？

（3）法院将如何判决？

# 任务 三
# 国际货物买卖合同法律效力的争端与解决

## ◎任务描述

原告韩国A公司与中国B公司订立买卖合同，约定由原告出售电机给飞达仕空调公司。合同签订后，A公司依约将货物交付对方，总货款共计47 761.20美元，但经多次催要B公司未予支付。为此，A公司将B公司及其股东C公司诉至法院。原告A公司诉称：2014年6月1日至30日，原告与被告共签订3份合同，货款共计47 761.20美元。后原告根据B公司的通知，于2015年5月委托承运人将前述3份合同约定的货物送达B公司，并将商业发票和提单交给了B公司。B公司本应在2015年收到货物后立即支付货款，但经原告多次催要，B公司至今未履行支付义务。被告C公司系被告B公司的股东，没有按照规定缴纳出资，出资不到位。请求判令：（1）B公司支付原告货款47 761.20美元并赔偿利息损失；（2）在B公司的资产不足以清偿上述债务的情况下，C公司在出资不足的范围内对上述款项承担补充还款责任；（3）被告承担本案诉讼费用。

请问：

（1）本案应当适用哪国法律？

（2）国际货物买卖合同的生效要件包括哪些？

（3）本案中的国际货物买卖合同是否生效？

**任务分析**

（一）确定本案国际货物买卖合同纠纷的准据法

关于本案法律适用问题。由于原告 A 公司是韩国法人，本案属涉外民商事纠纷。但当事人未在合同中对纠纷解决适用法律作出选择，且被告住所地、合同履行地等在中国境内，所以中华人民共和国法律是与本案国际货物买卖合同最有密切联系的法律，合同履行引起的纠纷应当适用中华人民共和国法律。

（二）明确合同的生效要件

根据《民法通则》的规定，民事法律行为生效要件包括：行为人在缔约时具有相应的民事行为能力、意思表示真实、不违反法律或社会公共利益。

（三）判定本案合同效力

本案中 A 公司与 B 公司之间签订的买卖合同系当事人真实意思表示，内容并无违法之处，当事人均具备法人资格，合同当属合法有效，合同双方均应严格按约履行各自的合同义务。

**★ 相关知识与案例**

# 一、合同的形式

（一）英美法系

涉及合同订立的形式要件，英美法系各国的制度都不同程度地受到英国 1677 年颁布的《欺诈行为法》（The Statute of Frauds）的影响。依据该法，当事人之间达成的协议或证明协议存在的备忘录或记录，必须以书面方式写成并经在诉讼中被追究责任的当事人签字，否则当事人不能提起诉讼。这一有关合同形式的规定适用于 6 种合同：（1）有关遗嘱执行和遗产管理的合同。（2）担保合同。（3）就婚姻的对价订立的合同。如果甲对乙说："你若娶我女儿为妻，我将送一幢房子给你。"乙听后表示同意，双方便就婚姻的对价达成协议。可是男女双方约定结婚，并不需要达成书面协议。（4）不动产合同。（5）不在一年内履行的合同。（6）货物买卖合同。现如今，依英国法上的一般原则，"要使一项协议成为一份有约束力的合同，采用某种特定的书面形式并不是必须的"。不过，对于某些合同，基于种种原因，对书面的要求依然被保留下来了，或者又根据需要被重新规定了。在美国，几乎所有的州都以制定法的形式采纳了英国的《欺诈行为法》。其结果是，这些州都规定，对于该法规定的 6 种合同，必须以书面方式订立。许多州还扩展了须以书面方式订立的合同的种类。

（二）大陆法系

1.法国

法国法对合同形式的要求主要分为三类：公证合同、一般书面合同和实践合同。

在法国，公证在社会生活和经济生活中起着重要作用。在这个国家，几乎所有涉及人身权利和家庭关系的行为都须具备公证形式。法国学者认为，公证的主要作用在于：首先，使行为的合法性受到公共权力的检验。这是其维护社会公共利益的一面。其次，公证人在进行公证时有提供咨询的义务，使当事人可以了解其行为的后果。这有助于保护一方或双方的自由意志。

须以书面形式订立但不必公证的合同为一般书面合同。这类合同主要包括：某些劳动合同、营业资产买卖合同、房屋推销合同、发明专利的许可或转让合同、私人住宅建筑合同等。实践合同是当事人的意思表示于实物交付时生效的合同。因此，依法国法的理论，对于实践合同，实物的交付也是合同成立的形式要件。

2.德国

《德国民法典》第125条规定："（1）不符合法定形式的法律行为无效。（2）缺乏由法律行为约定的形式者，在发生疑问时，亦属无效。"这一规定奉行了合同形式自由的原则，即除非法律要求或当事人约定合同的订立须按特定的方式，否则合同的订立可采用任何方式。

3.中国

中国的《合同法》第10条规定："当事人订立合同，有书面形式、口头形式和其他形式。法律、行政法规规定采用书面形式的，应当采用书面形式。当事人约定采用书面形式的，应当采用书面形式。"依此规定，除非法律另有规定或当事人另有约定，否则合同的订立以非要式为原则，即可以按照包括口头形式和其他形式在内的任何方式订立。

## 二、合同的合法性

（一）英国和美国

关于合同的合法性问题，英国法和美国法有着许多基本的相似之处，故在这里一并加以介绍。

1.合同违法的原因和表现

根据英美法的理论，合同违法的实质是违反法律背后的公共政策（public policy），即作为法律制定和实施的依据、反映社会公共利益的政策。违法的合同，要么与制定法背后的公共政策相抵触，要么与普通法所贯彻的公共政策相抵触。

2.合同的订立或履行违法的后果

早在1775年，英国历史上著名的法官曼斯菲尔德就在审理一个案件时指出："公共政策上的原则是：ex dolo malo non oritur actio（拉丁文：对不法诉因不准予起诉）。当一个人将其诉因建立在一种不道德的或一种非法的行为之上时，任何法院都不会向其提供援助。"在历史上，这一原则始终是英美法院处理违法合同的基本准则。

（二）法国

1.民法典第6条的规定及其适用

在法国，有关合同合法性的制度是依据《法国民法典》第6条规定的基本原则确立和发展的。该条规定为："当事人不得以特别约定违反有关公共秩序和善良风俗的法律。"这一规定使"合同不违背公共秩序和善良风俗"成为合同有效成立的条件。

2.合同违反公序良俗的后果

依多数法国学者的观点，违反公序良俗的合同是损害社会利益的合同，因而属于绝对无效的合同。根据法国法处理各种无效合同的一般原则，如果合同在被法院确认无效之前尚未履行，则合同不得再履行，这一结果对违反公序良俗的合同而言也不例外；如果一个合同在被确认无效时已得到全部或部分的履行，其无效具有溯及力，即当事人订立合同前的财产状态应予恢复。但是，从法国的司法实践来看，这种一般的处置方法在适用于违反公序良俗的合同时出现了大量的例外情况。法国法院在许多案件中作出了不准许当事人返还财产的判决。

（三）德国

1.《德国民法典》第134条和第138条的规定及其适用

《德国民法典》第134条规定："法律行为违反制定法的禁止性规定时无效，除非可以从制定法推定出不同动机。"该法典第138条规定："（1）违反善良风俗的法律行为无效。（2）特别是，某人以法律行为利用他人急迫情况、无经验、缺乏判断能力或意志薄弱，使其向自己或第三人对一项给付作约定或给予财产利益，而此种财产利益与给付明显不成比例的，该法律行为无效。"

根据该法第134条，一个合同如果与制定法的规定相违背，则为无效合同。在德国的法律中，存在许多明确的可以使与之相抵触的合同归于无效的规定。以《德国民法典》本身为例，依该法第224条，当主请求权的时效消灭时，附属于它的从属给付请求权同时消灭，无论依当事人的约定，后一请求权是否消灭。由此可知，当事人不能通过订立合同排除或延长讼诉时效。不过，涉及买卖合同，该法在第477条作出了例外的规定。

此外，根据《德国民法典》第138条的规定，一个没有违反制定法的禁止性规定的合同，如果违反了善良风俗，也是无效的。依德国的法学理论和司法实践，第138条所指的善良风俗包含了公共秩序。德国法院在审判实践中认定的典型的违反善良风俗的合同包括：以性的需要作为交易的对象的合同，如妓女与嫖客之间的合同；有损家庭和婚姻关系的合同，如夫妻双方达成的让妻子在将来离婚时放弃扶养费的协议；约定不对刑事犯罪进行告发的协议等。

2.对合同的合法性及其后果的裁量

关于合同的合法性，德国法院在现代的审判实践中注重对个案的具体情况进行分析，注重对社会利益、合同当事人的利益及第三人的利益进行权衡。在根据《德国民法典》第134条的规定解释立法者的意图时，不轻易作使合同归于无效的解释；在对禁止性法规中包含的社会利益与私人的合同权利，以及通过确认交易的效力保护商事交易所实现的利益进行权衡时，对私人的合同权利和后一种社会利益给予必要的关注和重视。

在处理有关合同合法性的案件时，德国法院的方法和技巧在审理高利贷合同的过程中得到了充分的体现。在这类案件中，对于贷款利息超过法律规定的限额的情况，如果判决合同无效，并且根据《德国民法典》第812条关于不当利得应返还的规定令借方返还借款，则借方会立即陷入经济困境，因为该方不得不提前偿还未来到期的借款；如果判决贷方无权收回贷款，则使借方获得大笔的不当利得，违背了公正性原则。对此，德国法院在一系列的判决中将合同的利息条款与合同的其他部分分解，认定利息条款无效，合同的主体有效，然后判决该合同为一个免除利息的合同，即借方不用再偿付任何利息。

（四）中国

合同无效是指合同已经具备成立要件，但欠缺一定的生效条件，因而自始、确定、当然地不发生法律效力。无效原因包括：（1）一方以欺诈、胁迫的手段订立合同，损害国家利益；（2）恶意串通，损害国家、集体或者第三人利益；（3）以合法形式掩盖非法目的；（4）损害社会公共利益；（5）违反法律、行政法规的强制性规定。合同部分无效，但不影响其他部分效力的，其他部分仍然有效。

合同无效、被撤销或者终止的，不影响合同中独立存在的有关解决争议的条款的效力。合同无效、被撤销后，因该合同而取得的财产应当予以返还；不能返还的或者没有必要返还的，应当折价补偿。对于无过错一方因此而受到的损失，由有过错方承担赔偿责任。恶意串通的，取得的财产收归国家所有或者返还集体、第三人。

## 三、错误和误解

（一）英国和美国

1.概念

在英美法系中，错误（mistake）是指合同当事人对有关事实情况的误解，如果没有这样的误解，该当事人本来不会按现有的合同条件签约。例如，在英国法院1903年判决的 Scott v.Coulson 案中，一份人寿险保险单发出时被保险人已经死亡，投保人和保险人都以为他当时并没有死亡。法院判决，保险人没有义务支付赔偿金。在这个案件中，当事人双方误认为被保险人依然在世，保险人如果知道他已经过世，就不会签署该保险合同。

2.后果

有关错误的制度，在普通法和衡平法中均得到了发展。根据普通法，基于错误而订立的合同在一定的条件下无效。其理论依据显然是，当存在错误时，合同双方之间没有合意发生。可是根据衡平法，这种合同不是无效的，而是可撤销的，当错误的存在对一方不利时，该方有权撤销合同，但也可以放弃这种权利。在前述 Scott 案中，法院依普通法宣布该合同为无效合同。

在美国，根据《第二次合同法重述》第152（1）条，基于错误而订立的合同，在满足了该条款规定的条件时，可以由受到不利影响的一方撤销。

3.与误解的区别

在英美法系中，错误与误解（misunderstanding）是不同的概念。误解是指合同双方对于相对方"关于合同条件的认识"的错误理解。错误与误解都是认识上发生的偏差，但认识的对象不同：错误所涉及的认识对象是特定的事实，误解所涉及的认识对象是相对方的认识。

---

**案例讨论：Raffles v. Wichelhaus 案**

这是英国法院1864年审理的一个案件。货物从印度的孟买港装运，运货船的名称是"皮尔莱斯号"。当时孟买港有两艘船都叫皮尔莱斯号。其中一艘在10月离港，另一艘在12月离港。买方声称，合同项下的船应是10月离港的那一艘，而卖方主张该船应是12月离港的那艘。如果双方都认为自己的想法恰恰是对方的想法，则双方发生了误解。

问：（1）此案是否属于误解？

（2）法院应如何判决？

---

4.共同错误与单方错误

在英美法系中，共同错误是指合同双方在签约时存在共同的对事实的假定，而这种假定与事实不符。在前述 Scott 案中，双方共同假定被保险人还活着。这是共同错误的典型例证。

在发生单方错误的情况下，合同双方并没有共同的错误假定，只有一方作了这样的假定。在英国的 Wood v. Scarth 案中，被告向原告出租一个客栈，一年的租金为63英镑，外加一笔额外费用。被告以为他的雇员已将收取额外费用的条件通知了原告，但该雇员忘记通知了。法院判决，合同条件中不应包括该项额外费用；被告的错误对该条件并不发生影响。

在这个案件中，被告假定通知已转达给原告，但事实上，该通知并没有被转达。这是单方的错误假定。

5. 单方错误的后果

作为一般规则，单方错误，合同有效。其理论依据是，当存在单方错误时，双方之间虽然没有合意，但相对方的正当期望应受到保护；错误方的过失给其带来的不利不应对相对方产生影响。

6. 以错误为由解除合同义务的条件

在发生错误的情况下，要使合同成为无效的或可撤销的，还要满足以下条件：

（1）错误对合同项下的交易有重大影响。

当涉及对合同标的认定的错误时，英国和美国的法律都认为，这可以构成使合同失效的事由。前述 Scott 案就是这种情况。

根据普通法，错误必须对合同具有根本性（fundamental）才能使合同归于无效。在英国上议院1932年判决的 Bell v. Lever Bros. Ltd. 案中，Bell 和另一个人被 Lever Bros. Ltd. 任命为董事长和副董事长。在两人被提前解聘时，双方达成和解协议，该公司向两人一共支付5万英镑作为补偿。后来，该公司发现这两个人有过违约行为，故公司可以不进行补偿就解雇他们。为索回这5万英镑，该公司进行了起诉，理由是，该和解协议因错误而无效。上议院驳回了原告的请求，理由是，错误只有对合同具有根本性时，才能使合同无效，而本案中的错误并没有这样的性质。

在美国，错误对交易的影响必须是"重大的"（material）。一般来说，当错误仅涉及合同标的的"品质"（quality）、"价值"（value）或"特征"（attributes）时，合同依然有效。在美国的一个案例中，一名银行雇员盗用了银行大笔款项，使该银行的股票价值从每股136美元下降到60美元。该股票的交易者在进行交易时并不知道这个情况。法院判决，这种错误仅涉及股票的价值，并没有涉及其性质或存在。因此，合同依然有效。

对法律规定的错误认识能否被视为对"事实"的认识错误呢？英美法院在现代的审判实践中作出的回答是肯定的。在1950年 Solle v. Butcher 案中，被告以每年250英镑的租金向原告出租了一个房屋。双方都相信，这一租金水平并不违反《租赁法》的规定。可是，这种认识是错误的：对于该房屋，该法确定的最高租金是每年140英镑。上诉法院的丹宁勋爵（Lord Denning）在判决中说，根据普通法，该合同并不是无效的，但根据衡平法，该合同是可撤销的。因此，原告可以放弃该住房，也可以继续居住，然后按法定限额支付租金。

（2）主张错误的一方没有承担发生错误的风险。

在英国，如果当事人因过错而没有发现事实真相，或者当事人关于事实的信念是没有任何合理依据的，那么他们就不能以错误为由主张合同无效或可撤销。

在美国，当事人在没有发现事实真相方面存在过错，并不能使其丧失主张错误的权利。可是，如果他已经意识到某一事实的存在有可疑之处，并基于对该事实的臆测而签约，那么他就不能再主张合同可以撤销，因为他已经承担了发生错误的风险。在威斯康星州最高法院1917年判决的 Wood v. Boynton 案中，原告将一块保存多年未经雕琢的钻石以1美元的售价卖给被告——一个珠宝商。该钻石的实际价值是700美元。法院判决，既然原告拥有该钻石已经很长时间，并对其性质和品质作过一些调查，那么当他未对其内在价值作进一步的调查就将其出售时，不能因这不是一笔好交易而反悔。美国法院在这类案件中经常提到，这种行为不叫错误，而是"自知无知"（conscious ignorance）而依然行事的愚昧行为。

（二）法国

1.《法国民法典》确定的原则

《法国民法典》第1 110条第1款规定："错误，仅在涉及契约标的物的本质时，始构成无效的原因。"这一规定为法国法发展这一领域的制度确立了基本原则。

根据法国法院1913年1月28日的判决，合同标的物的本质的含义是："物的实质性品质；没有它，当事人就不会订立合同。"在以后的司法实践中，对于什么是物的实质性品质，法国法院作了越来越宽泛的解释，其中包括广义的"客观性"解释和受到一定限制的"主观性"解释。

2.对实质性品质的客观性解释

根据对物的实质性品质的客观性解释，如果某物的实质性品质对当事人订立合同的意愿具有决定性作用，没有这样的品质，买方就不会订立该合同，那么这样的品质的不存在就可构成买方主张合同因错误而无效的理由。例如，如果当事人试图交易的是一幅名画，那么该画所具有的实质性品质就不是一件仿制品可能具有的。

3.对实质性品质的主观性解释

实质性品质的主观性解释，是指通过考察特定的交易的买方订立合同的目的来决定标的物是否具有实质性品质。在1932年的一个案件中，一块土地的卖方在广告中称该土地的面积为7 800平方米。买方的意图是将该土地分割后转售。这种意图已被卖方了解。然而这块土地实际上只有5 119平方米，因而与买方购买它的目的不符。法国最高法院确认了上诉法院关于合同无效的判决。最高法院在判决中说：鉴于卖方知道买方的这一意图，该财产的面积具有实质性品质，因此该错误涉及合同标的物的本质。

4.动机的不相关性

依法国法，动机与标的物的实质性品质无关，除非当事人将动机通过合同条款明确地表达出来。例如，买方购买裙子的动机是为其女儿准备婚礼上穿的礼服，他不能以标的物不适合该用途为由，依错误的理论主张合同无效。

5.非错误方知悉的后果

在法国，买方有权以错误为由主张合同无效的前提是：在依客观性的解释认定标的物不具有实质性品质时，卖方须知道标的物必须具有这样的品质；在依主观性解释认定标的物不具有实质性品质时，卖方必须知道买方购买该标的物的意图。如果卖方不知道而只有买方知道，合同不能被认定无效。

6.错误方失误的影响

当错误方的错误不可原谅时，比如错误由过分的轻率或疏忽所致，该方无权主张合同无效。例如，投保人就已经保险的财产再次投保，无权要求撤销保险合同；建筑用地的买方有可能咨询有关土地能否用于建筑目的，但没有咨询，无权推翻交易。

7.救济

《法国民法典》第1 117条规定：因错误、胁迫或欺诈而缔结的契约并非依法当然无效，而是发生请求宣告无效或撤销契约的诉权。依此规定，因错误而订立的合同属相对无效合同，即可撤销的合同。

（三）德国

1.民法典的规定

《德国民法典》第119条规定："（1）在进行意思表示时，对意思表示的内容发生错误或根本不要进行该内容的表示的人，在可以认为其知悉情事并理智评价情况即不进行此表示时，可以撤销表示；（2）关于人或物的性质的错误，以性质在交易上具有实质性为限，也视为表示内容的错误。"

2.意思的"表达错误"和"含义错误"

《德国民法典》第119（1）条将涉及的错误分为两种情况：一种是把意思的内容表述错误，即所谓的"表达错误"；另一种是对意思表示的含义理解错误以及由此所致的意思表示错误，即所谓的"含义错误"。

在发生表达错误的情况下，表意人对意思表示的含义理解并没有错，只是在表述时发生了错误。比如，话说错了，写字或打字时发生了错误。当这种情况发生时，如果所表达的不是表意人本来想表达的意思，该意思表示依《德国民法典》第119（1）条可以撤销。将这一规则运用于商业实践：如果某人在参观证券交易所时随意作了一个手势，依该交易所的习惯，该手势等于一项要约，一个股票经纪人将其作为要约接受了，则该"要约"可以被撤销。

3.关于人或物的性质的错误

根据《德国民法典》第119（2）条的规定，如果当事人对人或物的性质在认识上发生错误，且该性质在交易上具有实质性，其意思表示可以撤销。

对人的实质性性质的错误认识，可以包含以下情况：相对方（合同另一方）曾经对其他贷款人实施欺诈行为，而错误方在不知道该背景的情况下与之签约；错误方误认为相对方有提供特定服务的资格，而相对方实际上没有这样的资格。在实践中，当合同已得到履行时，法院对以这样的理由撤销合同往往抱勉强的态度。

涉及对物的实质性性质的错误认识，德国法院在目前可见的为数不多的案例中表现出如下倾向：

（1）古董的真假和年代、汽车的生产年代等情况具有实质性性质，而标的物的价值不具有这样的性质。在1929年的一个案例中，卖方将两个花瓶以390美元的价格出售，而它们实际上是中国明代的花瓶。判决结果，卖方被允许撤销合同。此后，这两件古董被卖方以20万马克的价格出售给了一家博物馆。

在这样的案例中，法院并不考虑错误是一方的还是双方的，而只关心物的性质是否有实质性。

（2）如果错误方是买方，法院将考虑按照《德国民法典》第459条让卖方就物的瑕疵承担责任，而不是允许买方撤销合同。在1932年的一个案例中，合同双方就一幅名画成交。一年之后，买方起诉卖方，以该画不是出自那位名画家之手而是该画家的表弟所作为由，要求撤销合同。法院判决，物一旦交付，《德国民法典》第459条规定的救济将优先于以错误为由撤销合同的救济；由于原告没有根据《德国民法典》第477条的规定在6个月的时效期内起诉，该方不能再得到任何救济

《德国民法典》第477条规定："解约或减价请求权，以及欠缺保证品质的损害赔偿请求权，除出卖人恶意不告知瑕疵外，对于动产，自交付时起经6个月时效消灭……"

以上案例表明，涉及买卖合同，错误制度在适用范围上受到很大的限制。

（3）价值计算错误属于动机问题，但不是撤销合同的理由。例如，如果一方误认为自己购买的物有较高的价值，并基于这样的认识而签约，则他事后不能以错误为由撤销合同。

4.对不公平结果的补救

与英国、美国、法国等国家的法律相比，德国法给予了错误方更多的撤销合同的机会。这可能造成对合同另一方以及第三人不公平的后果。为此，《德国民法典》第122条规定，错误方在行使撤销权时，应对相对方因信赖其表示有效而蒙受的损失作出赔偿；该赔偿以该表示有效时所拥有的利益为限；但是，如果受害人明知无效或可撤销的原因，或因过失而不知，不发生赔偿义务。

（四）中国

中国《合同法》第54条规定，合同因重大误解而订立的，合同一方有权请求人民法院或仲裁机构变更或撤销合同。这里的误解一词，应包括错误和对合同另一方意思的误解两种情况。

## 四、欺诈

（一）英国和美国

1.过错

在英美法系国家，欺诈是不真实表示（misrepresentation）的一种类型。不真实表示，按表意人的过错程度分类，分为欺诈性的（fraudulent）不真实表示、过失的（negligent）不真实表示和无过错的（innocent）不真实表示。

1889年，英国上议院在审理 Derry v. Peek 案时对欺诈性的不真实表示下的定义是：（1）表示是有意作出的；（2）表意人不相信表示是真实的，或者，对它的真实性抱着一种无论真假都无所谓的态度。

当一项表示不真实，但不构成欺诈性的不真实表示时，该表示或者是过失的不真实表示，或者是无过错的不真实表示。

在美国，涉及表示者的过错，如果被表示人试图撤销合同，他需要证明表示是欺诈性的，或者证明表示是"重大的"（《第二次合同法重述》第164条）。

2.行为

在英美法系国家上，不真实表示必须是关于事实的表示。这一规则将不真实表示与关于表意人主观见解（opinion）的表示区别开来。在许多情况下，被表示人对表意人的个人见解，只应在参考的基础上形成自己独立的判断，而不应产生依赖。在这样的情况下，表示作为见解，不能成为法律意义上的不真实表述。

在1873年的一个案例中，一名妇女在谋职时没有表明她结过婚。在当时，这是招聘者在雇用人时考虑的一个重要因素。但英国法院判决，这并不能构成不真实表示。

3.因果关系

在主观过错和客观行为均具备的情况下，因果关系的存在又成为被表示人主张不真实表示的诉因的不可或缺的要件。所谓因果关系，是指表示引起了被表示人的信赖，成为该方对有关事实发生错误认识的原因。在以下几种情况中，这样的因果关系显然是不存在的：

（1）被表示方知道或有理由知道或意识到表示是不真实的。可是，如果被表示方仅仅对表示产生了怀疑，或者该方依据其掌握的信息进行调查，本来可以发现表示的不真实性，则不妨碍该方主张不真实表示成立。

（2）被表示方对表示的真实性作了调查，从而形成了自己的判断。在英国的一个案例中，煤矿的买方对卖方声称的该煤矿的年收益水平作了调查，但进行调查的人错误地报告说，卖方的表示是真实的。上议院判决，买方是基于对自己的调查报告的信赖而签约的，故合同不能被撤销。

4.救济

在英国和美国，作为一般原则，当不真实表示为欺诈或过失时，被表示人有权撤销合同；当不真实表示导致被表示人损失时，该方还有权要求获得赔偿。在英国，根据《1967年不真实表示法》第1条，当不真实表示的内容成为合同的条件时，被表示方有权同时提起不真实表示之诉和违约之诉，因此，原告可以要求撤销合同，并就蒙受的损失要求另一方赔偿。

（二）法国

1.民法典第1 116条的规定

《法国民法典》第1 116条规定：在当事人一方实施"欺诈手段"（manoeuvres）时，如果没有这种手段的实施另一方显然不会签订合同，欺诈（dol）构成合同无效的原因。该规定采用的manoeuvres一词，类似于英语中的artifices（诡计）或machinations（奸计），其中带有"不诚实"的含义。这一词语可以包含各种进行不实表示的行为，如发出包含虚假信息的文件或提供假情报，但以使相对方发生错误的认识为共同特征，因此，该条款规定的欺诈仅指恶意的不实表示，不包括过失的不真实表示。

2.过错

《法国民法典》第1 116条规定的欺诈是以有故意的动机为前提的。进一步地说，该条第2款规定："欺诈不得推定，而应加以证明"。因此，除非被表示方能够证明表示方有实施欺诈的动机，否则该方无权依第1 116条提起欺诈之诉。

3.行为

同英美法一样，法国法也认为商业上的吹嘘或夸张并不构成欺诈。卖方对其商品的品质、价值或价格作了言过其实的描述，不一定要为此承担责任。

1971年1月15日，法国最高法院第三民事法庭在一项判决中提到：欺诈可以由一方的沉默构成，因为他向建筑商隐瞒了一项事实，而后者如果知道这一事实，是不会签署该合同的。

在这一时期，法国法院在一系列的判决中宣布合同一方的隐瞒构成欺诈。其中的一类情况是，对于有关的情况，相对方"不可能自行了解"。实际上，法官掌握的尺度并不是"绝对不可能"，而是有"严重困难"即可。另一种情况是，一方拥有相对方所没有的专业知识，而这种知识涉及合同的标的。特别是，当买方是消费者时，卖方的披露义务成为制定法明确规定的义务。根据法国 1992 年 1 月 18 日发布的第 92-60 号法律，"所有专业性的出卖人或服务的提供者都必须在合同订立之前使消费者处于知道货物或服务的实质性特征的地位"。

法院还依据诚信原则决定卖方是否有披露义务，同时，也考虑依商业习惯，让一方披露其掌握的信息是否公正。此外，相对方有无"不可原谅"的轻率和疏忽，也是考虑的因素。

4.结果和因果关系

在法国，传统的观念是，"欺诈手段"必须导致受害人主观认识的错误。可是，在司法实践中此理论尚存在争议。

5.救济

依《法国民法典》第 1 117 条，因欺诈而成立的合同属于相对无效的合同，即可以由受欺诈的一方撤销的合同。

（三）德国

1.民法典第 123 条的规定

《德国民法典》第 123 条规定：因欺诈而被诱使为意思表示的人，可以撤销表示。这一规定成为德国建立合同欺诈制度的基本依据，而这方面的细节主要是根据德国法院的判例制定的。

2.过错

在德国，欺诈的成立并不以欺诈者具有损害相对方的动机为前提，只要欺诈者没有诚实地行事，即可构成欺诈。进一步地说，当一方让第三人帮助他进行谈判时，要就第三人的欺诈行为承担责任，不管他对该欺诈是否知情。

3.行为

根据德国法，当事人在订立合同的谈判过程中不负有将有关的信息告知另一方的一般性的义务，但是在审理案件的过程中，法院可依案件的具体情况，基于对贸易惯例、当事人之间的关系等因素的考虑，根据诚信原则，决定当事人有无这样的披露义务。

对买卖合同而言，如果卖方知道货物的有关情况会影响买方作出购买的决定，并且知道买方没有意识到该情况的存在，在当时的情况下也没有能力发现该情况，那么，法院就可能认为卖方负有披露这一情况的义务。

4.结果和因果关系

根据《德国民法典》第 119（2）条，当事人以错误为由撤销合同，必须以认识的对象（人或物）的性质在交易上具有实质性为条件。可是，欺诈的成立并不需要类似的条件，进一步地说，欺诈只需影响到相对方的动机，便可以成为撤销合同的理由，而不需要导致被欺诈人认识上的错误。

5.救济

根据《德国民法典》第 123 条，欺诈使合同成为可撤销的合同。此外，法院允许被欺诈人就欺诈所导致的损害获得赔偿。

### （四）中国

中国《合同法》第54条规定："一方实施欺诈，使对方在违背真实意思的情况下订立合同的，受损害方有权请求人民法院或仲裁机构变更或撤销合同。"其第42条规定："一方故意隐瞒与订立合同有关的重要事实或者提供虚假情况，给另一方造成损失的，应当承担损害赔偿责任。"

## 五、胁迫

### （一）英国和美国

**1.从人身强制和暴力威胁到经济胁迫（economic duress）**

胁迫的一般情况的特征是，合同一方对另一方施加压力，迫使另一方在不得已的情况下接受强加的合同条件。其结果是，后者的意思表示不能反映其真实意愿。

**2.动机**

在考察某一行为是否构成胁迫时，英美法最初对行为人的动机的关注并不是很多。这是因为，传统的以暴力威胁为特征的胁迫一般是以行为人的恶意为特征的。然而，在考查经济胁迫的构成时，将善意的与相对方就已签订的合同的条件重新进行协商的意思表示与胁迫的意思表示相区别，是十分重要的。在商业实践中，商人在合同签订之后常常向合同另一方提出变更合同条件的建议。如果这种建议的提出是善意的，另一方接受了这一建议，该方不能在事后以受到胁迫为由拒不执行该变更的建议。

**3.行为**

胁迫是以威胁（threat）为手段的。然而并不是所有签约过程中的威胁都构成胁迫行为。根据英国法，由合法行为构成的威胁通常不构成胁迫行为。当一方在签约之前对另一方说"如果你不答应我提出的条件，我就不跟你签约"时，前者没有胁迫后者，因为签署合同或拒绝签署合同是当事人的合法权利。

上述原则从属于某些例外：首先，关于以提起刑事诉讼相威胁是否构成胁迫，根据普通法，答案是否定的；而根据衡平法，答案是肯定的。在英国，当涉及这一问题时，采取衡平法优先原则。也就是说，以提起刑事诉讼相威胁是一种胁迫行为。其次，在实施海上救助的过程中，如果救助方在救助前迫使被救助方答应了某些条件，后者有权以胁迫为由拒绝兑现其许诺。再次，当合法手段被用于敲诈（blackmail）时，被敲诈的一方有权主张胁迫成立。例如，把丈夫与其他女人私通的行为告之其妻子，是合法行为；但以之进行要胁，以获取合同项下的利益，是一种敲诈行为，构成胁迫。

**4.因果关系**

在英美法上，不合法的或不适当的胁迫只有在事实上导致了合同的订立或重新协商的发生时才能成立。英国法院在决定这一问题时需要考查多种因素，包括：受威胁方是否可能找到替代的合理补救方法；双方是否实现了有效的和解；受威胁方对于其受到的威胁是否提出过反对；受威胁方是否进行过独立的咨询，因而是基于其自主意志达成协议的。

**5.救济**

当合同基于胁迫而成立时，英美法的一般原则是，该合同可以被受胁迫方撤销。但依美国《第二次合同法重述》第174条，当胁迫表现为对人身的强制时，被胁迫的行为不发生效力，故合同不能成立。

（二）法国

1.民法典第1 111条和第1 112条的规定

《法国民法典》第1 111条规定："对订立契约承担义务的人进行胁迫构成无效的原因，即使胁迫由为其利益订立契约人以外的第三人所为时，亦同。"该法典第1 112条规定："如果行为的性质足以使正常人产生印象并使其担心自己的身体或财产面临重大且现实的危害，即为胁迫。在这方面，应考虑到受胁迫人的年龄、性别及个人情况。"

法国的现代学理认为，上述第1 111条所指的胁迫，并不包括对人身的强制；当一方受到这样的强制时，由于缺乏该方的同意，合同并不存在。所以，第1 111条所包括的胁迫行为，仅指精神上的胁迫，即一方或第三方对他方的威胁。而根据该法典第1 112条，此种威胁既可以作用于人身，也可以作用于财产。

2.动机

当一方对他方进行威胁的目的与该方享有的权利无关时，应认为该方的动机是不正当的。例如，根据法国最高法院诉状审理庭1903年4月6日的判决，丈夫以起诉其妻与人通奸相威胁，迫使其妻在未得到任何款项的情况下签署一张收据，这一行为构成胁迫。又如，依照法国最高法院第一民事法庭1913年4月9日的判决，债权人以起诉债务人相威胁，迫使债务人廉价出售其财产，构成胁迫。

如果威胁的目的是实现合法的权利，但所采用的方式是不适当的，比如对相对方进行恫吓，该行为同样有可能被视为胁迫。由此可见，动机的善意并不能排除构成胁迫的可能。

3.行为

受罗马法传统的影响，法国法认为，只有违法的威胁行为，才能导致意思表示的瑕疵和法律的制裁。因此，一方以行使权利相威胁，不构成合同无效的原因。为了实现自己的权利，当事人可以威胁提起民事诉讼，也可以威胁提起刑事诉讼。在法国最高法院第一民事庭1959年3月11日的判决案件中，雇主以起诉相威胁，迫使被非法雇用的职员同意辞职。法官认为，这并不构成胁迫。不过，当行为合法但目的不正当或方式不适当时，也会构成胁迫，上文所述的丈夫迫使妻子签署收据的案例，即是这方面的例证。

4.因果关系

在法国，如果所威胁的事项由于意外情况在客观上已经实现，或被威胁方已处于威胁所包含的危害之中，那么，除非威胁方对此一无所知，该威胁并不构成胁迫。这是传统的观点。在现代的判例中，利用他人的急需而施加压力，即使威胁的事项原来存在，但仍构成胁迫。比如，在有关海难救助的案件中，遇难人所作的数额巨大的付款许诺，被判为因胁迫而无效或其金额得以减少。

根据《法国民法典》第1 112条，只有当威胁导致了重大而现实的危害时，胁迫才能发生。因此，如果威胁的事项不是近期将发生的，或是荒谬可笑的，则不能构成胁迫行为。

关于如何衡量胁迫的危害后果是否重大，《法国民法典》规定了两种标准：足以影响"正常人"的一般标准和由"个人情况"决定的个别标准。法国学者认为，在制裁有过错的行为人时，应采用该一般标准；在确定被胁迫方的同意不自由时，应采用个别标准。法国法院在实践中倾向于优先适用个别标准判定胁迫是否足以使被胁迫方违心地表示同意。

5.救济

根据《法国民法典》第1 117条，胁迫导致合同的相对无效。因此，胁迫的成立使被胁迫人获得撤销合同的权利。不过，该方有权仅要求变更合同的内容，同时要求损害赔偿。

（三）德国

1.《德国民法典》第123条的规定

《德国民法典》在原则上规定，因Widerrechtliche Drohurg而为意思表示的人，可以撤销表示。这一德文词语可译为英文的"Unlawful Threat"，即"不法威胁"（我国学者多译为"不法胁迫"）。不法威胁一词并不包含暴力。在德国，以暴力手段实施强制，并没有意思和意思表示可言，因而谈不上撤销合同。

关于上述威胁一词的含义，德国联邦最高法院在1988年6月7日的判决中解释道："威胁是关于某种未来的危害的宣告；进行威胁的人宣称，对于该危害的发生或不发生，他具有影响力；且该危害将会实现，除非受到威胁的人作出该进行威胁的人谋求的意思表示。"

2.动机

根据《德国民法典》第123条，不法威胁构成撤销合同的理由。因此，如果威胁的目的违法，则合同可撤销。不过，当这种情况发生时，合同将根据《德国民法典》第134条（违反法律的禁止性规定）和第138条（违反善良风俗）归于无效，不管被威胁方是否行使撤销合同的权利。

3.行为

在德国，如果威胁的手段违法，无论目的是否合法，合同都为可撤销的合同。例如，甲对乙说："如果你不签这张支票，我就打断你的腿。"这构成不法威胁。同样，从原则上说，如果合同一方以违约相威胁，迫使另一方让步，也构成不法威胁。违约虽然不是违反法律的禁止性规定的行为，但属于不法行为。

（四）中国

中国《合同法》第54条规定，当一方以胁迫手段使对方在违背真实意思的情况下订立合同时，受损害方有权请求人民法院或者仲裁机构变更或者撤销合同。

## 六、显失公平

（一）英国

1.判例法

根据普通法，已经订立的合同不能以合同的条件不公平为由不予执行（普通法仅在有关海难救助的案件中允许撤销有利于救助人的敲诈性的交易）。然而，当合同的条件显失公平时，受到不利影响的一方在一定的条件下可以获得衡平法上的救济。在这里，欺诈并不是指欺骗或落入对方陷阱，而是指对产生于这样的背景和条件下的权利的显失公平的利用：当各方当事人的相对地位构成导致这种推定的表面证据时，交易便不能得到维持，除非在该交易下获得利益的一方能够证实，该交易在事实上是公平、正当和合理的，从而排除这样的推定。

以上判决意见表明，即使在衡平法中，仅证实合同条件不利于自己，还不能证明显失公平的存在。1983年，英国后座法院法官彼得·米利特（Peter Millett）在审理 Alec Lobb（Garages）Ltd.v.Total Oil（Great Britain）Ltd.案时归纳说："法院要介入当事人的交易，必须先审查三个要件是否得到了满足：第一，一方处于严重不利的地位，比如贫困，未能意识到对自己不利的合同条件，或未能得到相关的咨询；第二，另一方以一种不道德的方式利用了这种弱势地位；第三，所产生的交易对于弱方不仅是苛刻的或'没有远见的'（improvident），还是极为过分的和让人不能容忍的（overreaching and oppressive）。最后一个要件意味着，当合同是一个货物买卖时，价格过低还不够，还要实质性地过低以至于触动了法院的良知（shocks the conscience of the court）。"

上述判决意见在案件上诉到上诉法院后得到确认，而这些判决表明了英国法院对以显失公平为由推翻交易的严格限制态度。

2.制定法

英国的制定法并没有采纳显失公平的一般概念，同时每一部制定法仅适用于一个特定的领域，但这些法律的发展对于保护弱方当事人的利益起了重要的作用。在这些制定法中，最重要的是《1977年不公平合同条件法》（The Unfair Contract Terms Act 1977，以下简称《1977年法》）和《1994年消费者合同不公平条件条例》（the Unfair Terms in Consumer Contracts Regulations 1994，以下简称《1994年条例》）。

《1977年法》的主要规定包括：（1）因过失所致的死亡或人身伤害不能免责。（2）当货物被消费者使用时，涉及货物的品质缺陷，生产者和批发商的担保责任不能被免除。（3）因违反制定法规定的默示条件而承担的责任不能被免除。（4）当合同一方为消费者时，或合同基于一方的"书面的标准商业条件"而订立时，有三种免责条款是无效的，除非它们是合理的。第一种是免除或限制了一方违反合同的某一条件的责任。例如，航空合同在其拟定的格式合同中规定，不就飞行的延误承担责任，或者只承担有限的责任。第二种是一方有权以某种方式履约，而这种方式与另一方的预料有实质性的不同。例如，由旅游公司起草的合同规定，旅游公司可以任意改变旅行计划中的时间或设施等因素。第三种是合同规定，对于某种合同义务的全部或其中一部分，一方可以完全不予履行。例如，音乐会的门票上写明，主办人可以取消音乐会并返还购票款但不必给予消费者任何补偿（包括往返于音乐厅的交通费）。（5）当合同一方为消费者时，合同中包含的消费者须就其过失行为或违约行为所致的另一方的损失对另一方负赔偿责任的条款只有在合理的情况下才是有效的。

《1994年条例》是英国加入欧盟之后依照欧盟在1993年发布的《关于消费者合同中的不公平条件的指令》（The Directive on Unfair Terms in Consumer Contracts（1993））而制定的。依《1994年条例》，合同中包含的不公平条件是没有强制执行效力的。关于什么合同条件构成不公平条件，该法第4（1）条规定："不公平条件"指与诚信要求相抵触，导致当事人在合同项下的权利和义务的"重大失衡"（significant imbalance），使消费者受到损害的任何条件。该法第4（2）条规定：在决定某一条件是否具有不公平的性质时，应考虑合同所涉及的货物或服务的性质，并考虑影响合同的订立的全部情况，以及合同的其他条件或合同所依赖的另一个合同的条件。

为了向法院提供参考，该法的"表3"（schedule 3）列举了17类可能被法院视为"不公平条件"的合同条件。其中，主要包括：（1）排除对人身伤害或死亡的责任的条件。

（2）不适当地排除或限制消费者的合法权利的条件。（3）不加补偿地约束消费者的条件，而消费者在签约之前没有真正的机会了解该条件。（4）允许卖方在无合法理由的情况下变更合同的条件。（5）允许卖方在买方取消合同时扣留预付款，而当合同被卖方取消时买方却得不到同等程度的保护的条件。

《1994年条例》是欧盟指令的翻版，反映了欧洲各国消费者保护法一般的和主要的特征。在该法颁布之后，《1977年法》仍然有效，两套制度平行实施。

（二）美国

1.概说

问世于1952年的《美国统一商法典》的第2-302（1）条规定："如果法院发现，作为一个法律问题，合同或合同的任何条款在合同订立时是显失公平的，法律可以拒绝强制执行该合同，或者只强制执行合同中显失公平的条款之外的其他条款，或者对显失公平的条款的适用加以限制以避免显失公平的后果。"其发展的结果是：首先，在不存在胁迫、不正当影响等一方压迫或引诱另一方的情况下，仅根据显失公平的要件，就可以否认合同或其某项条件的效力。其次，为了向交易中的弱方提供保护，美国法院可以直接否认显失公平的合同或其条款的效力，而不必等到立法机关采取行动。这与英国法的保守立场形成了鲜明的对比。

2.构成要件

显失公平由两个基本因素构成：一个是合同的条件不合理地有利于一方而不利于另一方，称为实质性显失公平；另一个是另一方在合同订立时没有作出有意义的选择，被称为程序性显失公平。首先，实质性显失公平的存在是判定一个合同或其条款显失公平的必备条件。在所有的案件中，没有它的存在，法院就不能得出合同或其条款显失公平的结论。其次，一个至关重要的问题是，在特定的案件中，如果只有实质性显失公平而没有程序性显失公平，法院能否认定合同或其条款是显失公平的？在纽约州最高法院1969年审理的Johns v. Star Credit Corp.案中，一家商店以900美元的价格将一台一般零售价为300美元的家用制冷设备卖给了靠社会救济金维持生活的人。法院在没有考虑是否有程序性显失公平因素的情况下判决：这两个数字之差真是大得不能再大了；这样的数字足以使本法院作出显失公平的判决。然而，这样的案例为数很少。在多数情况下，法院都会考虑是否有程序性显失公平的因素存在。

3.救济

从原则上说，显失公平的合同是可撤销的合同。当合同中的某一条款会导致显失公平的后果时，受到不利影响的一方通常有权否认该条款的效力，同时认可合同的其他条款的效力。如前所述，依《美国统一商法典》第2-302（1）条，法院有权以实现公平为出发点，限制显失公平的条款的效力，比如对其内容作适当的调整。

（三）法国

1.《法国民法典》第1 134条的规定

《法国民法典》第1 134条规定："依法订立的契约，对于缔约当事人双方具有相当于法律的效力。"这是阐明契约自由原则的著名条款，为法国合同法在19世纪——契约的世纪的发展提供了基本的指导思想。根据这一规定，对于依法订立的合同，法院不应以合同的条件不公平为由而加以干预。

2.附和合同理论

法国学者雷蒙德·萨雷利斯（Raymond Saleilles）于1909年提出了附和合同理论。他主张，附和合同不是真正的合同，因为它并不是当事人各方的意志达成真的一致的结果，而是起草合同的一方的单方意志的体现和另一方对它的附和。基于这样的理由，他提出，附和合同不是《法国民法典》第1 134条规定的"当事人之间的法律"，因此，法官应拥有广泛的对这种合同中的条款进行修正的权力，只要他认为该条款是不公正的。

上述理论在20世纪初曾风靡一时，但后来受到现代学者的批评。法国的现代学理认为，赋予法官审查附和合同的效力的自由裁量权，将使法律关系处于不安全的状态，使企业进行投资和生产的积极性受到打击。

3.法院的立场

在附和合同理论提出之后，法国的基层法院曾经在一个时期基于这种理论对合同进行特别的审查，但这种倾向很快被最高法院制止。结果，在司法实践中，附和合同同其他合同一样，仍适用合同法的一般规定。

在司法实践中，附和合同要受到法律保护必须具备一个条件：受要约人在订立合同时必须有机会了解合同的条款。例如，运输合同中免除承运人责任的条款，如果只印在车票上，旅客在支付票价、合同成立之后才知道该条款，则该条款是无效的。这一原则也适用于附和合同之外的其他合同。

4.现代立法的发展

附和合同的理论尽管没有对法国的司法实践产生直接和重大的影响，但对20世纪上半叶的法国立法活动产生了一定的影响。在这一时期，受到立法干预的附和合同有劳动合同、保险合同和运输合同。20世纪70年代以后，法国展开了大规模的保护消费者的立法活动。有人认为，自此以后，干预附合合同的立法与保护消费者的立法已融为一体。

（四）德国

1.法院对《德国民法典》的运用

最初，德国是通过援引《德国民法典》第138条来实现其目的的。依据该条款，合同一方利用另一方的急迫情况、无经验、缺乏判断能力，使其向自己作出给付，而其所得与付出明显不成比例，从而违背善良风俗的，合同归于无效。1921年，德意志帝国民事法院在一个案件中判决，承运人加入合同的标准条款使承运人将由自己的过失责任而导致的赔偿额限制在了60马克之内，这是对其垄断权的利用，明显违背了人们评判公正与公平的道德准则；因此，该条款违反了《德国民法典》第138条的规定，是无效的。该判决还补充说，如果这样的条款是自由协商的结果，则其效力可以得到确认。在后来的司法实践中，法院对合同中的标准条件采取了更为积极的干预，合同当事人必须遵守诚信原则并照顾到交易的习惯。与英国和法国法院相比，德国法院在干预格式合同中的标准条件这条路上走得更远，进入了前者不敢介入的领域。在这方面，德国法院的判决表现出一定程度的不确定性，但其突出的贡献在于，其作出的大量判决为1977年问世的《标准合同条件法》的制定奠定了基础。

2.《标准合同条件法》的制定

在20世纪70年代，对格式合同中的标准条件进行司法干预已不能满足社会的要求。其中，最主要的原因是，在德国人看来，快速司法干预只有在提起诉讼之后才能发挥作用，而消费者通常不愿意花费时间和金钱去法庭与同他们签约的大公司对抗。当争议的金额较低时，他们就更不愿这样做了。在这一领域，制定法的优越性在于其防范作用，它使受到禁止的标准条款不会再出现在格式合同当中，或者至少使大公司不愿冒在合同中加入这种条件而招致的风险。

所谓合同的标准条件，是指这种条件的"使用者"为了在未来的数次交易中使用而预先单方面地确定；它由使用者向另一方出示，以便让另一方接受；在出示时，使用者具有确定的坚持使之成为合同的基础的动机；它是否已纳入一份由双方签署的合同并不重要；合同条件如果已经由合同各方进行个别的协商，就不再是标准条件。

《标准合同条件法》第9条规定了使标准条件归于无效的一般原则。该原则既适用于合同一方为消费者的合同，又适用于一般的商业合同。第9（1）条规定：如果标准条件对另一方过分地不利，以致违背了有关诚信的要求，则该标准条件无效。第9（2）条规定：标准条件如果使另一方基于合同的性质而固定的实质性权利或义务受到了限制，以致损害了合同的主要目的，即属于对另一方过分不利，因而是无效的。

（五）中国

中国《合同法》第54（2）条规定：合同在订立时显失公平的，当事人有权请求变更或撤销合同。

为了对格式合同进行管理，避免显失公平的后果，《合同法》第39条规定："采用格式条款订立合同的，提供格式条款的一方应当遵循公平原则确定当事人之间的权利和义务，并采取合理的方式提请对方注意免除或者限制其责任的条款，按照对方的要求，对该条款予以说明。格式条款是当事人为了重复使用而预先拟定，并在订立合同时未与对方协商的条款。"

对于格式条款在何种情况下无效，《合同法》作出了如下规定：（1）当格式条款通过欺诈、胁迫等手段订立，或格式条款的目的违法，或格式条款有损社会公共利益时，该条款无效（第40条和第52条）。（2）免除对人身伤害的责任的格式条款无效（第53（1）条）。（3）免除对故意或重大过失所致的财产损失的责任的格式条款无效（第53（2）条）。（4）免除格式条款的提供者的责任、加重对方责任、排除对方主要权利的格式条款无效（第40条）。对第40条的规定的正确理解似乎应当是，合同当事人一方可以通过在合同中加入格式条款免除自己的某些责任，或将责任在双方之间进行分配，但不能由此而排除另一方的主要权利。

# 七、中国合同效力

在实践中，通常合同依法成立之时，就是合同生效之日，二者在时间上是同步的。但有些合同在合同成立后，并不必然地立即产生法律效力，而是需要其他条件成就之后，成立的合同才开始生效。

合同的效力又称合同的法律效力，是指已经成立的合同具有的法律约束力。所谓法律约束力，是指当事人应当按照合同的约定履行自己的义务，不得擅自变更或解除合同；否则，承担违约责任。

（一）合同生效

1.合同生效的普通要件

（1）当事人具有相应的民事行为能力。

（2）意思表示真实。

（3）合同内容合法。

（4）标的确定和可能。

2.某些特殊合同生效的特别要件

（1）附生效条件或期限的合同：条件的成就或期限的到来。

（2）法律、法规规定应办理批准、登记等手续的合同：手续的完成。

在上述情况下，合同虽然已经成立，但可因各种原因而未能生效或自始无效。

（二）合同成立与合同生效的区别

| | 合同成立 | 合同生效 |
|---|---|---|
| 区别 | 取决于当事人是否就合同的必要条款达成合意 | 取决于其是否符合法律规定的生效要件 |
| | 1.订约主体存在双方或多方当事人<br>2.订约当事人对主要条款达成合意<br>3.合同的成立应具备要约和承诺阶段 | 1.行为人具有相应的民事行为能力<br>2.意思表示真实<br>3.不违反法律和社会公共利益<br>4.合同必须具备法律所要求的形式 |
| | 合同成立制度（合同是否存在的问题） | 合同生效制度（已经成立的合同是否生效的问题） |
| | 主要是表现了当事人的意志，体现了合同自由原则 | 体现了国家对合同关系的肯定或者否定的态度和评价，反映国家对合同关系的干预 |

# 任务 四
# 卖方违约的争端与解决

◎任务描述

一家瑞士公司向一家奥地利公司购买一批化肥，准备出售给第三方。奥地利公司向瑞士公司销售的部分化肥需要向一家乌克兰公司购买。奥地利公司要求瑞士公司向乌克兰公司提供一批用于运输包装的袋子，袋子的规格、尺寸等由奥地利公司提供。由于瑞士公司提供的袋子不符合乌克兰化学工业产品的技术要求，乌克兰公司不能使用，因此化肥没有在合同规定的期限内发运。瑞士公司写信询问奥地利公司货物何时发运，并申明，如果奥地利公司不能按时交付货物，它将宣告有关没有交付的那部分货物的合同无效。奥地利公司一直没有对此作出答复。

瑞士公司只好用更高的价格向其他公司购买替代货物以履行自己同第三方之间的合

同。瑞士公司提请仲裁，要求奥地利公司赔偿以下损失：制造袋子的成本费用，购买替代货物的损失，以及上述两项损失的利息，利息标准为比伦敦同业拆借利率高2%。

请问：

（1）本案适用什么法律？

（2）卖方违约的常见情形包括哪些？

（3）本案中卖方是否违约？

（4）本案中买方提出的赔偿能否得到支持？

## 任务分析

（一）明确本案适用的法律

由于本案所涉合同并未约定适用的法律，根据《联合国国际货物买卖合同公约》（以下简称《公约》）的规定，《公约》适用于营业地处在不同国家的当事人之间订立的货物买卖合同。由于本案双方当事人营业地所在的国家是该公约的缔约国，所以应当适用《公约》。

（二）明确卖方违约的常见情形

国际货物买卖合同的违约是指合同当事人无正当合法理由不履行或不按合同约定履行合同项下义务的行为。合同违约分为实际违约和先期违约。实际违约又分为根本性违约和一般违约。在国际货物买卖中，卖方的违约行为主要表现在：不交货、延迟交货、货物（品质、数量包装等）不符、货物上存有第三方权利或要求、提交的单证有瑕疵等。

（三）判定本案卖方是否违约

奥地利公司未交付化肥，构成违约。第一，奥地利公司没有给瑞士公司符合条件的制造包装袋的说明，使瑞士公司提供的运输包装袋规格不符，导致生产商无法发货。未交付货物的根本责任应由奥地利公司承担。第二，瑞士公司向奥地利公司发出了要求履行交货义务的通知，符合《公约》第72条（2）款的规定。第三，瑞士公司可以宣告合同部分无效，符合《公约》第73条的规定，即如果一方当事人不履行对任何一批货物的义务，便对该批货物构成根本违反合同，则另一方当事人可以宣告合同对该批货物无效。

（四）判断买方的赔偿要求能否得到支持

卖方违约的救济方法包括要求卖方实际履行、减少价金、解除合同、损害赔偿等。

瑞士公司要求赔偿符合《公约》的规定。第一，瑞士公司在对方不履行交货义务的时候，采取了积极减损措施，从第三方处购买化肥，履行了自己同客户之间的合同，避免造成更大的损失。第二，瑞士公司要求赔偿的范围符合《公约》的规定：（1）包装袋的费用。《公约》第74条规定，一方当事人违反合同应负的损害赔偿额，应与另一方当事人因其违反合同而遭受的包括利润在内的损失额相等。这种损害赔偿不得超过违反合同一方在订立合同时，依照他当时已知道或理应知道的事实和情况，对违反合同预料到或理应预料到的可能损失。包装袋由买方瑞士公司按照卖方要求提供，费用由买方承担，属于双方都知晓的事实，由于卖方提供的规格错误造成包装袋无法使用，损失应当由卖方予以赔偿。（2）购买替代品的差价。《公约》第75条规定，如果合同被宣告无效，而在宣告无效后一段合理时间内，买方已以合理的方式购买替代货物，或者卖方已以合理的方式把货物转卖，则要求损害赔偿的一方可以取得合同价格和替代货物交易价格之间的差额，以及按照

第74条规定可以取得的任何其他损害赔偿。因此，尽管买方购买替代货物的价格高于原合同规定的价格，但是由于是仓促购买，不可能取得同经过长期谈判而达成的价格一样的优惠条件，在这种情况下，买方的购买是合情合理的，卖方应当赔偿替代物购买价格同合同价格之间的差价。（3）利息。《公约》第78条规定，如果一方当事人没有支付价款或任何其他拖欠金额，另一方当事人有权对这些款额收取利息。买方要求卖方赔偿相关利息的要求应得到支持。包装袋费用的利息可以从买方支付包装袋费用之日起开始计算；购买替代物费用同合同价格差价的利息可以从买方银行付款购买替代物之日起开始计算。

**★ 相关知识与案例**

# 一、违约形式

违约，是指订立合同的当事人没有按照合同的规定履行其合同义务。对于除了由不可抗力或情势变更或合同落空等原因造成的不履行合同的行为，行为人应当承担相应的法律责任即违约责任。要求违约方承担违约责任的权利就是法律赋予守约方的一种对利益损失的救济。

违约的表现形式各种各样，既有全部违约，也有部分违约。由于违约的情况各有不同，违约方所承担的违约责任也有所区别。

（一）大陆法系

《德国民法典》将违约分为给付不能和给付延迟。

1. 给付不能

给付不能，是指债务人由于种种原因不可能履行其合同义务。给付不能可分为以下两种情况：

（1）自始不能，即在合同成立时该合同就不可能履行。在这种情况下，若违约方无过失，不知不能履行，如在订立合同时，当事人以为合同的标的物是存在的，但实际上该标的物已灭失，则不承担违约责任；若违约方有过失，明知或可得而知不能履行，须负赔偿责任。

（2）嗣后不能，是指在合同成立时，该合同是有可能履行的，但是在合同成立后，由于出现了阻碍合同履行的情况从而使合同不能履行。若给付不能不是由违约方的过失造成的，如出现不可抗力，使合同不可能履行，违约方不承担不履行合同的责任；若因违约方的过失而造成给付不能，须负赔偿责任。

2. 给付延迟

给付延迟，是指合同已届履行期，而且是可能履行的，但合同当事人未按期履行其合同义务。给付延迟又分为无过失的给付延迟与有过失的给付延迟。凡合同履行期届满，经催告违约方仍不履行，则违约方自受催告时起负延迟责任。但非违约方的过失而未按时履行，则不负延迟责任。

由于履行不能和履行迟延不可能包括违约的各种情况，德国法院在司法判决中创立了积极违约的概念。但在德国法中，未对积极违约形成统一的定义，可以将其理解为履行不能和履行迟延之外的其他形式的违约，如恶意的违约行为。在适用范围内，积极违约只有在《德国民法典》的规定及传统的救济方法不能提供适当的救济时，才会被采用。

（二）英美法系

1.英国法

英国法根据合同条款的性质不同，将违约形式分为违反条件、违反担保和违反中间性条款。

（1）违反条件。违反条件是指违反了合同中的主要条款。在这种情况下，非违约方有权解除合同，并可要求损害赔偿。

（2）违反担保。违反担保是指违反合同的次要条款或随附条款。它的法律后果与违反条件不同，蒙受损害的一方不能解除合同，只能向违约的一方请求损害赔偿。

（3）违反中间性条款。违反中间性条款是指违反有别于"条件"与"担保"的条款。当一方违反这类中间性的条款时，对方是否能有权解除合同，必须视此种违约的性质及其后果的严重性而定。

2.美国法

美国法按照违约后果的严重程度不同，将违约分为轻微违约与重大违约。

（1）轻微违约，即尽管债务人在履约中存在一些缺点，但是债权人已经从中得到该项交易的主要利益。当一方有轻微违约时，受损害方可以要求赔偿损失，但是不能解除合同。

（2）重大违约，即由于债务人没有履行合同或履行合同有缺陷，致使债权人不能得到该项交易的主要利益。对此，受损害的一方可以解除合同，同时要求赔偿全部损失。

此外，在英美法系中还有预期违约和履行不可能的概念。预期违约，是指一方当事人在合同规定的履行期到来之前，就表示他届时将不履行合同。这种表示可以用行为表示，也可以用言词或文字表示。当一方当事人预期违约时，对方可以解除自己的合同义务，并可以立即要求给予损害赔偿，不必等到合同规定的履行期来临时才采取行动。但是，受损害的一方也可以拒绝接受对方预期违约的表示，坚持认为合同仍然存在，等到合同规定的履行期届满时，再决定采取何种法律上的救济方法。在这种情况下，他就必须承担在这段时间内情况变化的风险。若在一方当事人宣告不履行合同后，在履行期满之前出现了某种意外事故，使合同因其他原因而宣告解除，则提前违约的一方可以不承担任何责任。履行不可能有两种情况：一种是在订立合同时，该合同就不可能履行；另一种是在订立合同后，发生了使合同不可能履行的情况。前者相当于大陆法系的自始给付不能，后者相当于嗣后给付不能。

（三）《公约》的规定

《公约》对违约的分类类似于美国法，着重以违约所造成的后果和严重程度为标准将违约分为根本违约和非根本违约。此外，也有预期违约的规定。

1.根本违约和非根本违约

按《公约》第25条的规定，"如果一方当事人违反合同的结果，使另一方当事人蒙受损害，以致实际上剥夺了他根据合同有权期待得到的东西，即为根本违反合同，除非违反合同的一方并不预知而且同样一个通情达理的人处于相同情况下也没有理由预知会发生这种结果"。构成根本违约的基本标准是，实际上剥夺了受损一方根据合同有权期待得到的东西。但对何谓"实际上剥夺"，公约未加以规定，这就需根据每一合同的具体情况，如合同金额、违反合同造成的金额损失，或违反合同对受损方其他活动的影响程度等来确定损害是否重大，是否严重地剥夺了对方的经济利益。对根本违约，《公约》规定受损的当事人可以同时采用解除合同和其他任何合法的救济方法。

根本违约以外的实际违反合同即是非根本违约。对此，《公约》规定，受损的当事人只能采取其他合法的救济方法而不能要求解除合同。

2.预期违约

预期违约，是指合同订立后，因一方当事人履行义务的能力或信用有严重缺陷，或在准备履行合同或在履行合同中的行为表明他将不履行其大部分义务，则另一方可以中止履行其义务。但其应立即通知对方，当对方对履行合同提供了充分的保证时，如提供了银行保函或抵押担保等，中止履行的一方应继续履行合同。当然，中止履行的一方须有上述对方不能履行合同的确切证据，方可中止履行自己的合同义务，否则无根据地怀疑对方不能履行合同，并无确切证据即擅自中止履行合同则应负违约责任。

如果在合同义务履行之前，明显看出一方当事人将根本违约，如特定物已经灭失，则在这种预期根本违约的情况下，对方可以解除合同。

---

**案例讨论**

中国甲公司（买方）与法国乙公司（卖方）于2003年4月7日达成协议，以CIF上海价格向乙公司购买电厂精密仪器配件。合同付款条件规定："买方应在配件制造过程中，按进度预支货款。"买方十分关心配件的质量，如果卖方不能按时、按质供应配件，将给买方带来严重损失。合同签订不久，据可靠消息透露，卖方供应的电厂精密仪器配件质量不稳定。2003年7月11日，买方立即通知卖方："据传供货质量不稳定，我方将中止向卖方履行一切义务。"卖方接到上述通知后，于2003年7月19日向买方提出书面保证："如果我方不履行义务，将由我方的担保银行偿还买方按合同规定所作的一切支付。"但买方在收到上述书面保证后，仍然中止履行合同。

为此，双方发生争议，经协商不能解决，卖方遂根据合同中的仲裁条款提起仲裁，卖方认为自己已经在一个合理期限内作出了履约的保证，买方仍有义务继续履行合同，按合同规定支付货款，并支付违约金。买方则认为卖方所提供的担保并不充分。

问：（1）本案例是否属于预期违约？

（2）卖方的仲裁请求能否得到支持？

---

## 二、卖方的义务

国际货物买卖中卖方的主要义务是交付货物、移交一切与货物有关的单据、承担对货物的权利担保与品质担保等。

（一）交货义务

交付货物一般是指卖方按照约定向买方提交货物的行为，这是卖方的主要义务。根据《公约》和一些国家的法律规定，卖方应按照合同的约定交付货物，如果合同中没有具体约定，则可参照各国国内法；如果该合同适用《公约》，则可以参照《公约》的有关规定进行处理。

如果合同中已明确规定了交货地点和时间（或期限），卖方应按照合同规定的交货地点、时间交付货物。关于这一点，各国法律基本上是一致的。另外，如果合同中使用了某种国际贸易术语，那么交货地点应根据贸易术语确定，如"CIF纽约港"表明卖方在装运港口纽约港交货。如果合同中没有明确规定交货地点和时间，那么如何确定交货地点和时间呢？对此，各国法律往往有不同的规定，现简要介绍如下：

1.交付货物的时间

英美法系国家的有关法律以"合理时间"作为合同未规定交货时间的解决办法。例如，《美国商法典》第2-309条第（a）款指出："如本章未作规定，当事人又未作约定，合同上指的发货时间或交货时间或其他合同规定的行为的时间应为合理时间。"

大陆法系国家，如《德国民法典》第271条规定："未约定给付期限或不能从情况推断给付期限者，债权人得立即请求给付，债务人亦得立即履行给付。"中国《合同法》第62条第4款及第61条综合了两大法系对交货时间的要求，规定：合同生效后，对履行期限不明确的，可以协议补充或者依照有关条款或交易惯例确定；如果仍不能确定，则债务人可以随时履行，债权人也可以随时要求履行，但应给对方必要的准备时间。同时，《合同法》规定，标的物在订立合同之前已为买受人占有的，合同生效的时间为交付时间。

《公约》将合同交付货物的时间分为具体日期和一段时间，认为在合同没有约定也不能确定具体日期时，如果合同规定有一段时间，或从合同中可以推断确定一段时间，除非另有情况表明应由买方选定一个日期，否则应当在该段时间内任何时候交货；而在其他情况下，应在合同订立后的一段合理时间内交货。《商事通则》第6.1.1条附和了《公约》的这一规定，并在第6.1.2条作了补充，即如果合同义务能够一次履行，那么当事人必须在上述原则确定的时间内一次履行其全部合同义务，而不能以分期履行的方式延迟履行的时间。按照一般的国际实践，"合理时间"是作为事实由法院或仲裁庭根据货物的性质及合同的其他规定来决定的。

2.交付货物的地点

交付货物的地点关系到买卖双方风险和费用的分担问题。

英美法系国家对交货地点的规定基本一致，如英国的《货物买卖法》和美国的《统一商法典》都规定，除非另有约定，对于非特定货物，交货地点为卖方的营业处所，如卖方无营业处所，则应为卖方的住所。但如果该契约买卖的是指定货物（特定化的货物），且缔约时双方都已了解该货存放在其他某地，那么在这种情况下，交货地点应该为货物存放地点。英国法还对货物由第三方控制的情况作出了规定："如果买卖时货物是在第三者的控制下，除非等到该第三者向买方承认他是代表卖方保管货物，否则不能认为卖方已经交货。但本款规定不应影响货物所有权证件的签发或移转。"如果卖方同意自负风险地将货物从出售时的所在地点运到另一地点交货，则除另有约定外，买方仍须承担货物在运输途中可能发生的变质的风险。

大陆法系国家对这个问题的规定各不相同。法国和瑞士的法律规定与英国和美国的规定相近，将货物区分为特定物和非特定物，特定物应于订约时该货物的所在地点交付，而非特定物应于卖方的营业所所在地交付。日本法也作了如上的货物区分，所不同的是，它认为非特定物的交付不应在卖方营业地，而应在买方营业地。德国法则没有将欲交付的货物区分为特定物或非特定物，根据《德国民法典》第269条关于"给付地"的规定，"未规定给付地或者根据情况，特别是根据债的关系不能确定给付地时，应在债务人于债的关系产生时其住所的所在地履行给付；债务产生于债务人的业务经营地的，当债务人的营业地在另一地时，以其营业所所在地为其住所所在地；不得仅以债务人承担运费这一情况推定运送到达地为给付地"，可以判断，通常情况下，无论货物是否特定，卖方均可选择的第一交付地为其住所所在地，只有当货物交付这种债务产生于业务经营过程中（尽管这是经常发生的）且营业地与住所地不同时，营业地才被确定为交付地点。但无论如何，都不能简单地依据卖方承担运费这样的事实推断货物的交付地为货物的运达地，因为这将关系到货物风险承担划分的依据。

中国《合同法》考虑到其适用的范围，在第141条和第61条规定，如果当事人无法确定交付货物的地点，可以适用以下两种方法：第一，如果货物需要运输，卖方将货物交付给第一承运人即视为向买方交付货物。第二，如果货物不需要运输，卖方和买方在订立合同时知道货物在某一地点的，卖方应在该地点交付货物；卖方和买方不知道货物在某一地点的，应当在卖方订立合同时的营业地交付货物。第三，交付不动产的，在不动产所在地履行；交付其他的，在卖方所在地履行。

《公约》从其制定的功用出发，在确定货物交付的地点时，除采纳多数国家对这一问题的一般性规定，即将交付货物的地点按照特定物与非特定物的区别确定为缔约时特定物的所在地和卖方的营业地外，还充分考虑了国际货物买卖合同对运输的依赖。其第31条作出了如下规定：如果卖方没有义务要在任何其他特定地点交付货物，他的交货义务首先为如果销售合同涉及货物运输，卖方应把货物移交给第一承运人，以运交给买方；只有在不属于上一款规定的情况下，才适用前述的一般性规定。

（二）提交有关货物的单证

单证是指国际货物买卖涉及的与货物有关的单据、票据、凭证及相应的电子数据（如电子提单），包括商业发票、装箱单、交货或装运单据、品质证书、原产地证书等。这些单证在国际货物买卖中具有十分重要的作用，是买方提取货物、办理报关手续、转售商品以及向承运人或保险公司请求索赔的不可缺少的文件。特别是对于某些具有物权证明效力的文件，如提单、海运单及其他装运单据，在象征性交货的情况下，提交单证具有转移货物所有权的物权变动的法律效力。因此，国际货物买卖合同中通常规定以卖方移交相关单据作为买方支付货款的对价。

《公约》第34条规定，如果卖方有义务移交有关货物的单证，他必须按照合同规定的时间、地点和方式移交这些单证。如果卖方在合同约定的时间之前移交这些单证，则他可以在那个时间到达前对单证进行纠正，但这一权利的行使不得使买方遭受不合理的损失或承担不合理的开支，否则应承担相应的赔偿责任。

但是《公约》没有进一步规定移交单证的具体内容，实践中一般由贸易术语来确定移交哪些单证。例如，《Incoterms 2000》在各组术语的A8条中规定，卖方应交付的单证包括通常的商业证明、运输单据或具有同等效力的电子数据。同时该通则还针对运输单证的提供对《公约》做了补充，即除了在C组和D组术语的A8条中规定出卖人应当向买受人提供运输单据外，还在F组术语中规定，如果出卖人向买受人交付的单据不包括运输单据，则出卖人应在买受人的请求下，协助买受人取得这些单据。

中国《合同法》第135条和第136条规定了出卖人应当履行向买受人交付提取货物的单证，并且按照约定或者交易习惯向买受人交付提取货物的单证以外的有关单证和资料。

（三）品质担保义务

根据各国法律及《公约》的规定，卖方所交付的货物应与合同规定的数量、质量和规格相符，并按照合同所规定的方式装箱或包装。如果买卖合同的当事人在合同中没有对货物的品质、规格等作出具体的规定，那么卖方应根据应使用的法律的有关规定履行品质担保义务。

1.大陆法的有关规定

根据《法国民法典》的规定，卖方对货物品质的瑕疵担保是指对货物隐蔽瑕疵的担保，即如果货物含有隐蔽的缺陷，对于这种缺陷，卖方可能知道也可能不知道，那么只要这种缺陷导致该货物不适于其应有的用途或减少其用途，卖方均应承担责任。但是如果这种缺陷明显且买方自己能发现，卖方则不承担责任。《德国民法典》规定，卖方应向买方保证他所出售的货物在风险责任移转给买方的时候不存在失去或减少其价值，或降低其通常的用途或合同规定的使用价值的瑕疵。并且，卖方应担保货物在风险责任转移给买方时确实具有卖方所担保的品质。但是，如果买方在订立买卖合同时已经知道出售的货物有瑕疵，则卖方可不负瑕疵担保责任。《日本民法典》对卖方的品质担保也有类似的规定。

2.英美法系的有关规定

（1）根据英国《货物买卖法》第12～15条的规定，卖方对商品质量应负有以下默示责任：①如果买卖合同中规定凭说明书交易，则应含有的默示条件为货物应与说明书相符。②如果买卖合同中规定凭样品交易，则应含有的默示条件包括所交货物在质量上应与样品一致，买方应有合理机会将货物与样品进行比较，以及所交货物不应存在合理检查样品时不易发现的导致不符合合同的瑕疵。③如果买卖合同中的规定兼具凭说明书和凭样品交易，则所交货物必须既与说明书相符，又与样品相符。④卖方在营业中出售货物，应有一项默示条件，即该合同项下的货物的品质是适合商销的。但是如果在买卖合同订立以前卖方已提请买方注意该货物有瑕疵或者买方已经对货物进行了检验而且应该能够发现瑕疵，则卖方不承担责任。⑤如果买方明示或默示地使卖方知道交易的货物是为了满足某项特定用途（fitness for particular purpose），则卖方提供的货物应合理地适合该项特定用途。但是如果有证据表明买方并不信赖或不可能信赖卖方的技能或判断的情况除外。

（2）《美国统一商法典》把货物品质担保分为明示担保和默示担保两种。明示担保是指卖方直接地对其货物所作出的保证。明示担保主要表现为以下3种方式：①卖方对买方就有关货物作了事实上的确认与许诺，而成为交易基础的一部分。这种方式除了可以在合同中明确规定以外，也可以用商品目录、标签等方法确定。②作为交易基础的一部分，卖方对货物所作的说明。③作为交易基础的一部分的样品或模型。以上3种方式都是卖方直接对货物作出的明示担保。例如，如果卖方在其出售服装的标签上写明"100%纯棉"，这就是一项对货物质量事实的确认，是一项明示的担保。但如果卖方仅确认货物的价值，或仅对货物提出意见或作出评价，则并不构成担保。例如，卖方在其所出售的饮料的包装上标有"喝了忘不了"的字样，就不构成一项明示担保。默示担保是指法律上认为应当包括在合同之内，只要买卖双方在合同中未作相反规定，则法律上规定的默示担保自动适用于该合同。按照《美国统一商法典》的规定，卖方对货物品质的默示担保主要包括适销性和适合特定用途两项内容。

适销性是指适合商业销售性（merchantable）。它至少应满足以下要求：合同项下的货物在该行业中通得过检查；如果出售的货物是种类货物，则必须是在该规定范围内的良好平均品质；货物适合于该商品的通常用途；除合同允许有差异外，货物的每一单位和所有单位在品种、品质和数量等方面都应相同；如果合同有要求把货物适当地装入容器，加上包装和标签，则货物与容器、标签应同所允许或确认的事实一致。

3.《公约》的有关规定

（1）卖方对货物品质担保方面的义务。《公约》在第35条中规定，卖方交付的货物必须与合同所规定的数量、质量和规格相符，并须按照合同所规定的方式装箱或包装。《公约》同时规定，除双方当事人另有协议外，货物必须符合以下要求，否则即为与合同不符：①货物适用于同一规格货物通常使用的目的。这是对卖方所交货物的最基本的要求。②货物适用于订立合同时曾明示或默示地通知卖方的任何特定目的，除非情况表明买方并不依赖卖方的技能和判断力，或者这种依赖对卖方来说是不合理的。例如，买方在一份服装销售合同中暗示他将把该批服装销往欧美地区，但是他同时指定了一名服装设计师协助卖方进行服装型号上的设计，这就表明买方并不依赖于卖方对服装型号的判断，从而解除了在卖方交付的货物与买方要求不一致时卖方所承担的货物不相符的责任。③货物的质量与卖方向买方提供的货物样品或样式相同，即凭样品或样式交易时，货物质量应与样品或样式相符。④货物按照同类货物通用的方式装箱或包装，如果没有此种通用方式，则按照足以保全或保护货物的方式装箱或包装。但是，如果买方在订立合同时知道或者不可能不知道货物不符合合同，那么卖方就无须按照以上4项规定承担货物不符合合同的责任。

（2）货物与合同不符的责任及风险的转移问题。《公约》规定：①一般情况下，卖方对风险转移到买方时所存在的任何不符合合同情形负有责任，即使这种不符合合同的情形在该时间尚不明显，在该时间后才明显，卖方仍然承担货物不符合合同的责任。②风险由卖方转移到买方以后出现的货物不符的情形，卖方不承担责任。但是，如果这种不符合合同的情形是由卖方违反他的某项义务所致，包括违反关于在一段时间内货物将继续适用于其通常使用的目的或某特定目的，或将保持某种特定质量或性质的任何保证（例如，交易货物为实木地板，由于买方地处潮湿地带，合同要求地板不易变形，保质期为3年，交货半年以后地板由于本身质量缺陷发生严重变形），那么此时尽管风险早已从卖方转移给买方，卖方仍要承担货物不符的责任。

4.我国《合同法》的规定

依据我国《合同法》的规定，卖方应当按照约定的质量要求交付货物。如果卖方提供了有关货物的质量说明，则所交付的货物应符合说明中的质量要求；如果双方在合同中没有约定或约定不明确的，则可以依据交易习惯来确定货物的质量标准；如果仍不能确定的，则可以依据国家标准、行业标准履行；如果没有相应的标准，则应按照通常标准或者符合合同目的的特定标准来履行。

（四）卖方对货物的权利担保义务

卖方的权利担保，是指卖方保证对其所交付的货物享有合法的权利，他可以出卖这些货物，此出卖行为没有侵害任何第三人的权利，因而第三人不能就该项货物提出任何权利或要求。权利担保义务主要包括三个方面的内容：卖方保证对其出售的货物享有合法的权利；卖方保证在其出售的货物上不存在任何未曾向买方透露的担保物权，如抵押权、质权等；卖方保证他所出售的货物没有侵犯他人的权利，包括专利权、商标权等。

1.大陆法系的有关规定

《德国民法典》将权利担保义务表述为权利瑕疵担保，认为除非买受人在买卖成立时明知权利有瑕疵，否则出卖人负有使买受人取得买卖标的物而第三人不得对买受人主张任何权利的义务。即使买受人明知标的物上设有抵押权、土地债务、船舶抵押权或者质权等负担的，出卖人亦负有排除此类负担的义务。但是当事人可以通过协议或合同以免除或限制出卖人的权利瑕疵担保义务，只有在出卖人故意隐瞒其瑕疵时，该协议才归于无效。

2.英美法系的有关规定

卖方必须保证货物在转移给买方时，买方能安全占有没有权利限制和负担的货物；否则，买方可以要求解除合同，返还价款或要求损害赔偿。

（1）英国《货物买卖法》的规定。对于货物的权利，卖方应承担以下默示义务：①除第2款另有规定外，在任何买卖合同中，卖方有一项默示的义务，保证他享有出售该项货物的权利；并且有一项默示的担保，保证他所出售的货物不存在任何订约时未曾告知买方的担保物权，从而使买方能够安稳地占有货物，不受他所不知道的第三方的干扰。②如果买卖合同表明，卖方所能够转移给买方的权利只是他所拥有的那一部分权利，或者表明某个第三方对货物享有某种权利，则卖方应承担一项默示担保，保证凡是他所知道而买方并不知道的有关货物的一切负担或债务，已于订立合同之前告知买方。

（2）美国《统一商法典》的规定。美国《统一商法典》对卖方的权利担保义务有如下规定：①转移的权利应是良好的，并且这种权利的转移是合法的。②交付的货物不应附有任何买方在订约时所不知道的担保权利。③交付的货物必须是任何第三人不能依侵权行为或其他理由提出合法要求的货物。

3.《公约》的有关规定

关于卖方对货物的权利担保义务，《公约》主要从以下两个方面作出规定：

（1）对于不是以工业产权和其他知识产权为基础的货物。《公约》第41条规定，卖方所交付的货物，必须是第三方不能提出任何权利或要求的货物，除非买方同意在这种权利或要求的条件下收取货物。此规定表明，卖方必须对所交付的货物享有合法权益，保证善意买方收到货物后不受任何第三方的干扰。因此，如果任何第三方对所售货物提出任何权利或请求，卖方应承担责任。但是如果买方在知道有第三方会对或者可能会对合同项下的货物提出权利或要求的情况下仍然收取了这项货物，那么卖方不承担责任。

（2）对于以工业产权或其他知识产权为基础的货物。《公约》第42条规定，卖方所交付的货物，必须是第三方不能根据工业产权或其他知识产权主张任何权利或要求的货物，但以卖方在订立合同时已知道或不可能不知道的权利或要求为限。

在国际贸易中，工业产权或其他知识产权是一个比较复杂的问题。由于工业产权和其他知识产权具有地域性，所以各国授予的工业产权或其他知识产权是相互独立的，一项商品在一个国家被认为是侵犯了工业产权或其他知识产权，在另一个国家可能并不构成侵犯，如果要求卖方所交付的货物不得侵犯任何国家的工业产权和其他知识产权显然是不公平的。同时，由于在国际货物买卖中侵犯知识产权的行为大多数发生在卖方国家之外，卖方有可能对该国的有关工业产权或其他知识产权的法律不甚了解。

针对以上情况，《公约》规定：①买卖双方在订立合同时已经知道货物将在某一国境内转售或作其他使用，如果根据该国有关法律，第三方可对交易货物提出任何权利或要求，那么卖方承担责任。②在其他任何情况下，如在订立合同时卖方并不知道买方将此货物送到哪个国家销售或使用，如果根据买方营业地所在国家的有关法律，第三方可对交易货物提出任何权利或要求，那么卖方应承担责任。也就是说，如果买方将合同项下的货物转售到其营业地所在国以外的第三国，卖方在订立合同时并不知晓买方要将货物销到该国，若根据该国法律有第三方向买方就交易货物提出权利或要求，则卖方不承担责任。

另外，在以下情况下，如果有第三方根据工业产权或其他知识产权对货物主张任何权利和要求，卖方也可以免于承担责任：①买方在订立合同时已经知道或不可能不知道第三方会提起此项权利或要求；②此项权利或要求是由卖方遵照买方所提供的技术图样、图案、程式或其他规格为其制造产品引起的；③买方没有在知道或理应知道第三方会提起此项权利或要求后一段合理时间内，将此事通知卖方。但是，在以下两种情形下，卖方仍应承担责任：a.尽管买方没有通知，但卖方已经知道第三方的权利或要求以及此权利或要求的性质；b.买方对其没有发出所需的通知具备合理的理由。

4.中国《合同法》的规定

中国《合同法》将卖方的权利担保义务概括为：出卖人就交付的标的物负有保证第三人不得向买受人主张任何权利的义务。至于什么是任何权利，《合同法》没有界定，但理论上认为应当包括第三人对货物的物权、债权或知识产权等任何可能对买受人享有货物权利构成障碍的权利。但法律另有规定的，或者买受人在订立合同时知道或应当知道第三人对买卖的标的物享有权利的，出卖人可以免除权利担保义务。

## 三、卖方违约时买方可以采取的救济方法

按照各国法律的规定，当一方违约使另一方的权利受到损害时，受损害的一方有权采取补救措施，以维护其合法的权益。各国法律一般将这些措施称为救济措施。实施补救的直接后果在于强迫违约方作出或不作出一定的行为，从而使受害方依合同所取得的权利得以实现，或补偿其由于违约行为而受到的实际损失。

《公约》将违反合同的补救方法分为三种情况：买卖双方都可以采取的救济方法；卖方违约时买方可以采取的救济方法；买方违约时卖方可以采取的救济方法。

（一）要求卖方实际履行合同义务

对于实际履行这种救济方式，大陆法系和英美法系的态度不同。大陆法系特别是德国法认为实际履行是对不履行合同的一种主要的救济方法，当债务人不履行合同时，债权人有权要求债务人实际履行其义务。英美法系则认为，对违反合同的主要救济方法是损害赔偿，而不是实际履行。只有当金钱赔偿不足以弥补受损害一方的损失时，衡平法才考虑判令实际履行。所以，根据英美法系的规定，实际履行只是一种在例外情况下才采用的辅助性的救济方法。一般而言，英美等国的法院对于一般的货物买卖合同，原则上不会作出实际履行的判决，而只判决违约一方支付金钱上的损害赔偿，除非买卖的标的物是特定物或特别珍贵稀有的，在市场上不容易买到的，而且当金钱赔偿不足以弥补受损方的损失时，法院才会考虑判令实际履行。

由于两大法系在实际履行问题上分歧较大，难以完全统一，《公约》只好让各个法律体系国家的法院按其自身的法律来处理这个问题，遂作出了下述规定：当一方当事人要求另一方履行某项义务时，法院没有义务作出判决要求具体履行此项义务，除非法院依其本

身的法律对不属于公约范围的类似销售合同也会这样做。这就意味着，当买方依公约的规定向法院提起实际履行诉讼时，法院不一定作出强制卖方交货的判决。法院是否作出强制执行的判决，要看法院所在国家的法律对其他类似的买卖合同如何处理。在大陆法系国家，法院可能作出强制执行的判决；在英美法系国家，法院可能不作出强制执行的判决。

（二）要求卖方交付替代物

如果卖方交付的货物与合同的规定不符，且这种情形已构成根本违反合同，买方可要求卖方交付替代物。这是因为，要求卖方交付替代物，意味着卖方要承担运费损失、处理与合同不符的货物等，实际上是一种实际履行的要求。

（三）要求卖方对货物进行修补，使之与合同的规定相符

这适用于货物不符合合同的情形并不严重，尚未构成根本违反合同，只需卖方加以修理即可使之符合合同要求的情形。但是，如果根据当时的具体情况，要求卖方对货物不符合合同之处进行修理的做法是不合理的，买方就不能要求卖方对货物不符合之处进行修理。例如，货物的缺陷轻微，只需略加修理即可符合合同的要求，在这种情形下，买方可以自行修理或请第三人进行修理，所需费用或开支，可以要求卖方予以赔偿。

（四）给卖方一段合理的额外时间

这是《公约》针对卖方迟延交货而规定的一种买方可采用的救济方法。这种额外时间的规定意味着买方在这段宽限期内，不能采用其他的救济措施。这种规定的实质是《公约》鼓励交易原则的一种体现。《公约》规定，只有在这种合理的宽限期之后，卖方仍然不履行合同，或者在这段时间内，卖方申明将不履行合同，买方才享有宣告合同无效的权利。但在迟延履行构成对合同的根本违约的情形下，买方就不需要给予卖方这种额外的宽限期，而可以直接宣告合同无效。

（五）要求减价

《公约》规定，如果卖方所交货物与合同规定不符，不论货款是否已付，买方可以要求减价。减价应按实际交付的货物在交货时的价值与符合合同的货物在当时的价值两者之间的比例计算。但如果卖方已对货物不符合合同的规定做了补救，或者买方拒绝卖方对此作出补救，则买方无权采用这种救济方法。

---

**案例讨论**

我国某出口商与印度斯里兰卡的某进口商在签订货物买卖合同时约定，以 CIF 价格条件销售泼纹绸，合同价款共计 8 514.50 美元。但在产品接受出口检验时发现其中混有不合格产品，约占全部货物的 39.4%，且卖方未予处理。因卖方在合同与信用证上均未标明在货物中混有不合格产品的比例，故买方在发现货物存在瑕疵后拒绝支付货款，并要求卖方减价赔偿损失。

后来经双方协商，卖方准备将未出口的下一批货物以减价的方式，来弥补由于其交货不符而给买方造成的损失，买方也同意按照汇票金额付款。因此，卖方在另一批准备装运出口的货物中扣除价金总额中的 1 050 美元向买方供货。

问：（1）本案是否发生了违约行为？

（2）本案采取了哪种救济方式？

（六）损害赔偿

损害赔偿是指违约方针对给对方造成的损害予以补偿的一种方法。在国际货物买卖中，它是使用最广泛的一种救济方法，而且这种救济方法可以与其他救济方法并存。

（1）损害赔偿的原则及责任范围。《公约》规定，一方当事人违反合同应承担的损害赔偿额，应与另一方当事人因其违反合同而遭受的包括利润在内的损失额相等，但这种损害赔偿不得超过违反合同一方在订立合同时，依照他当时已知或应知的事实和情况，对违反合同预料到或理应预料到的可能损失。换言之，《公约》对损害赔偿既规定了全部赔偿原则（赔偿范围包括预期利润在内），又规定了限额赔偿原则（赔偿仅以违约方在订立合同时可以预见到的损失为限）。此外，违约责任的损害赔偿并不以过失为要件，只要给另一方当事人造成损失，就应承担责任。

（2）卖方在违约时，买方要求损害赔偿的权利并不因采用了拒收货物、宣告合同无效等救济措施而丧失。《公约》对买方在宣告合同无效的一段合理时间内，以合理方式购买替代物的损害赔偿额作了规定。此时买方可以取得合同价格和替代价格之间的差价。如果买方没有采取实际买进，则原合同的价格与宣告合同无效时的时价之间的差价就是损害赔偿的额度。

（3）减轻损失原则即买方有防止损失扩大的义务。根据《公约》的规定，声称另一方违约的合同的一方，应按情况采取合理措施，减轻由违约造成的损失，包括利润方面的损失。如果不采取这种措施，则违约一方可要求从损害赔偿中扣除原应可以减轻的损失数额。

（七）撤销合同

根据《公约》的规定，当卖方违反合同时，买方在下列情况下可以撤销合同：①卖方不履行其在合同中或公约中规定的任何义务，已构成根本违反合同；②如果发生不交货的情况，卖方在买方规定的合理的额外时间内仍不交货，或卖方声明将不在买方规定的合理的额外时间内交货。

## 四、买方可以采取的其他救济方法

（一）损害赔偿方式

根据《公约》的规定，当卖方违反合同时，买方有权要求赔偿损失，而且要求损害赔偿的权利并不因其已经采取其他救济方法而丧失。

（二）对于预期违约的补救

预期违约的结果是使另一方当事人可以中止履行合同。如在卖方先期违约时，买方可以停止付款。当然，预期违约如果构成了根本违约，也可以宣告撤销合同。

（1）中止履行合同。如果订立合同后，卖方当事人显然将不履行其大部分重要义务，则买方当事人可以中止履行本方的合同义务。对于如何判断一方当事人是否显然将不履行其大部分重要义务是有严格标准的：①他履行义务的能力或他的信用有严重缺陷，例如，卖方在订立合同后失去偿付能力；②他在准备履行合同或履行合同中的行为显示他将不履行其主要义务。

买方当事人中止履行合同义务以后，必须立即通知卖方当事人，这是中止履行合同一方应尽的义务；并且，如果卖方当事人对履行义务能够提供充分保证，中止履行义务方必须继续履行义务，以使合同得以继续实施。

（2）宣告合同无效。《公约》第72条规定，如果在履行合同日期以前，明显看出卖方当事人根本违反合同，买方当事人可以宣告合同无效。

（三）对于分批交货合同的违约救济

（1）对于分批交付货物的合同，如果卖方当事人不履行对任何一批货物的义务，便对该批货物构成根本违约，买方当事人可以宣告合同对该批货物无效。

（2）如果卖方当事人不履行对任何一批货物的义务，使买方当事人有充分的理由断定其对今后各批货物将发生根本违约，买方当事人可以在一段合理的时间宣告合同今后无效。

（3）如果各批货物之间是相互依存的，不能将其中的任何一批货物单独用于当事人订立合同时的预期目的，买方宣告合同对任何一批货物的交付为无效，则可以同时宣告合同对已交付的或今后交付的各批货物均为无效。

# 任务 五
# 买方违约的争端与解决

## ◎任务描述

法国卖方和德国买方签订一份出售大米的合同。合同规定，按照卖方仓库交货条件买卖，买方提货时间为8月。合同订立后，卖方于8月5日将提货单交给买方，买方据此付清了全部货款。由于买方未在8月底前提货，卖方遂将该批货物移放到另外的仓库。但在9月10日买方前来提货时发现，该批货物因新仓库贮存条件欠佳已发生部分腐烂变质。双方为应由谁来承担此损失而产生争议。

请问：

（1）买方常见的违约情形有哪些？

（2）本案买方行为是否构成违约？

（3）本案中的损失应由谁来承担？

## 任务分析

（一）弄清买方常见的违约情形

在国际货物买卖合同的履行上，违约是指买方或卖方在不存在合同约定的不可抗力事故的情况下未能全部或者部分履行其合同义务（包括不符合合同约定的内容）的一种行为。买方常见的违约情形有：买方不按约定支付货款、不及时办理进口证件、不按约定接收货物或对货物进行复验。

（二）判别本案买方行为的性质

根据合同约定，买方应当在8月提货，但到8月底买方仍未提取货物，买方的行为属于不按约定接收货物，属于买方常见的违约情形之一，买方的行为当属合同违约行为。

（三）确定损失应由谁来承担

《公约》第85条规定，如果买方推迟收取货物，或在支付货款和交付货物应同时履行时，买方没有支付货款，而卖方仍拥有这些货物或仍能控制这些货物的处置权，则卖方必须按情况采取合理措施，以保全货物。

《公约》第87、88条还规定，负有保全货物义务的一方可以将货物存入或寄放于第三人的仓库，对于仓储费用过高或易于腐烂的货物应及时转售。为保全货物而支付的合理费用，负有保全义务的一方可以要求对方给予补偿或从出售货物的收入中扣除，并应在可能的范围内，将出售货物的打算及余额通知另一方当事人。

本案中卖方知悉合同项下货物的特性，在买方延迟收货的情况下，未妥善保管货物从而造成损失，应当承担由此造成的货损责任。

**★相关知识与案例**

# 一、买方的义务

买方的义务通常与卖方的权利相对应。根据各国法律和《公约》的规定，国际货物买卖合同中买方的主要义务是支付货款和收取货物。

（一）买方支付货款的义务

1.大陆法的有关规定

关于买方支付货款的义务，大陆法国家一般在民法典中作出规定。例如，《德国民法典》规定，买方对卖方负有支付价金及受领货物的义务。《德国民法典》第433条规定，如果在签订合同时买卖双方未对价金作出规定，而是依市价来确定价金者，则应以清偿时清偿地的市价为标准。如果合同未对清偿地点作出规定，则买方应在卖方的所在地付款。

《法国民法典》在第1 650条至1 657条中对买方支付货款的义务作了规定：（1）买方的主要义务是按合同规定的时间和地点支付价金；（2）如果在合同中未对支付价金的时间和地点作出规定，买方应在交付标的物的时间和地点支付价金；（3）当买方未按期支付价金而受到催告时，应支付自催告之日起计算的买卖价金的利息，直至价金清偿完毕为止；（4）如果买方不支付价金，卖方有权请求解除买卖合同。

可以看出，在合同没有规定支付时间和地点时，法国法采取了与德国法不同的做法，认为应在交付标的物的时间和地点支付价金。

2.英美法的有关规定

英国《货物买卖法》规定，买方有义务按合同的规定收受货物和支付价款，除合同另有规定外，卖方交付货物和买方支付价款是对流条件，两者应同时进行，即卖方交付货物的同时买方支付货款，货款同时两讫。

美国《统一商法典》认为，除非合同另有约定，买方的付款义务是卖方履行交付和完成交付义务的前提条件，并且买方收货的时间和地点是付款的时间和地点。也就是说，卖方在买卖合同中处于先履行义务的地位，这与英国法的同时履行的规定是不相同的。但关于付款义务与接受货物的义务同买方检验货物的权利联系起来的规定，则与英国法的规定相似，即买方只有在合同约定的时间、地点，以合理的方式对货物进行检验后，才确定是否对货物表示接受或是否付款。

3.《公约》的有关规定

国际货物买卖中的付款比国内货物买卖要复杂得多，因此，《公约》在这方面的规定更具针对性，在第三章"买方的义务"的第一节中对支付价款作了详细、具体的规定。

（1）履行必要的步骤和手续。《公约》第54条规定，买方支付价款的义务包括根据合同或任何有关法律和规章规定的步骤和手续，以便支付价款。按照一般的国际贸易实践，买方付款应履行必要的步骤和手续，包括买方向银行申请信用证或银行付款保函，在实行外汇管制的国家须向政府部门申请进口许可证及所需外汇等。这些手续在国际贸易中十分重要，是买方付款的准备工作，也是买方付款的前提和保证。根据《公约》规定，如果买方没有完成这些步骤和手续，导致无法付款，就构成买方违反付款义务，买方应承担责任。

（2）确定货物的价格。一般情况下，双方当事人在合同中规定了货物的价格或确定价格的方法，如单价每公吨2 000英镑或按提单日期的国际市场价格计算，买方应按合同规定的价格付款或根据合同规定的计算价格的方法计算出的价格付款。但是也有例外的情况，即双方当事人在合同中未对价款作出规定。针对此种情况，《公约》第55条规定，如果合同已有效订立，但没有明示或暗示地规定如何确定价格，在没有任何相反表示的情况下，双方当事人视为已默示地引用订立合同时此种货物在有关贸易的类似情况下销售的通常价格。对于此条规定，我们需要注意两方面问题：①尽管价格是国际货物买卖合同的一项重要内容，在某些情况下，价格的高低甚至是买卖双方能否签订合同的决定性因素，但是在一份合同中是否对价格作了规定，并不影响合同的有效性。《公约》的这项规定是为了使合同不至于因为没有规定价格或作价方法而不能履行。②当合同中没有明示或暗示地规定价格或规定如何确定价格，并且没有任何相反表示时，就应以参照货物价格支付价款，参照货物价格的确定应满足4个条件：a.参照货物价格的确定时间以合同订立时为准；b.参照货物与交易货物相同或属于同一种类货物；c.贸易情况类似；d.参照货物价格是销售中的价格，而不是其他情况下的价格，如不能以跨国公司内部转让价为参照价格。如果价格是按货物重量规定的，而合同中又没有明确规定是按毛重计价还是按净重计价，双方出现疑问时应按净重计价，即不包括货物包装的重量。

（3）付款地点。如果合同中已规定了买方付款的地点，买方应在合同中规定的地点付款。如果合同中对买方付款的地点未作规定，根据《公约》第57条的规定，分为两种情况：①如凭移交货物或单据支付价款，则为移交货物或单据的地点；交单的地点应根据所使用的支付方式来判断。如果是跟单信用证，由于通常是卖方向处于其营业地的议付行提交单证，获得付款，因此该议付行所处的卖方营业地就是交单地，也就是付款地。如果采用托收方式，卖方应由托收行在买方的营业地向买方交单，获得付款，因此交单地在买方的营业地，付款地也应在买方的营业地。②在卖方的营业地付款，如果卖方存在一个以上的营业地，则买方应在与该合同及该合同的履行有最密切关系的那个营业地向卖方支付货款。如果由于卖方营业地在订立合同后发生变动而引起买方支付货款时增加了费用，卖方应承担增加的有关费用。

（4）付款时间。如果合同中规定了买方付款的时间，则买方应按照合同规定的时间付款。如果双方当事人在合同中未对付款时间作出规定，则根据《公约》第58条的规定：

①如果买方没有义务在任何其他特定时间内支付价款，他必须于卖方按照合同和本《公约》规定将货物或控制货物处置权的单据交给买方处置时支付价款。卖方可以把支付价款作为移交货物或单据的条件，即只有当买方支付价款时卖方才将货物或单据移交给买方，或只有当卖方将货物或单据移交给买方时，买方才支付价款。这一规定有利于保障买卖双方的权益，避免货物已交却收不到款或款已付却收不到货的情形出现。②如果合同涉及货物的运输，卖方可以把支付价款后将货物或控制货物处置权的单据交给买方作为发运货物的条件，即卖方可以在发货时订明条件，规定必须在买方支付货款时方可把货物或代表货物所有权的装运单据交给买方。③买方在未有机会检验货物前，无义务支付价款，除非这种机会与双方当事人议定的交货或支付程序相抵触。

值得注意的是，《公约》将检验货物与支付价款联系在一起，这与美国《统一商法典》的规定具有相似之处，但是在实际的交易中，可能出现买方付款前没有机会检验货物的情况。例如，当事人在合同中约定以信用证方式付款，则在卖方将控制货物处置权的单据交给买方处置时，买方即应支付价款，然而此时货物尚未运到目的地，买方自然不能检验货物，在这种情况下，买方不能以他未有机会检验货物为由而拒绝付款。在国际贸易实务中，一般情况下买方是有权检验货物的，一旦发现有货物不符合合同的情形，可向卖方要求赔偿损失或退换货物。

对于买方应在何时何地对货物进行检验，《公约》作了以下具体规定：

关于对货物的检验时间，《公约》规定：①如果合同中明确规定了买方检验货物的时间，则应按照合同中规定的时间进行检验。例如，合同中规定买方在收到货物后30天内检验，那么买方就应在这一时间段内检验货物，如果超过此期限，买方就失去了主张货物与合同不符的权利。②如果合同中对检验货物的时间未作规定，根据《公约》第38条第1款的规定，买方必须在按情况实际可行的最短时间内检验货物或由他人检验货物。"按情况实际可行的最短时间"，主要是根据货物的性质、交易的实际情况以及双方的贸易惯例等来确定的，不同的货物、不同的交易情况或贸易惯例，其检验时间往往不同。

关于检验货物的地点，《公约》规定：①如果合同中明确规定了检验货物的地点，则在合同规定的地点检验。②如果合同中未规定检验货物的地点，买方可在货物装运前检验也可在货物到达目的地后检验。《公约》第38条第2款规定，如果合同涉及货物的运输，检验可推迟到货物到达目的地后进行。③在特殊情况下，检验可推迟到货物到达新目的地后进行。《公约》第38条第3款规定，如果货物在运输途中改运或买方需再发运货物，没有合理机会加以检验，而卖方在订立合同时已知道或理应知道这种改运或再发运的可能性，检验可推迟到货物到达新目的地后进行。

对于存在货物不符合合同的情形，买方必须及时履行通知卖方的义务。①关于通知的时间。如果合同中已规定通知的时间，应按规定时间通知。对于合同中未对通知时间进行规定的，根据《公约》第39条的规定，买方必须在发现或理应发现不符情形后一段合理时间内通知卖方。无论如何，如果买方不在实际收到货物之日起2年内将货物不符合合同的情形通知卖方，他就丧失了声称货物不符合合同的权利，除非这一期限与合同规定的保证期限不符。例如，合同中规定交易货物保证期限为4年，那么通知期限可延长到4年。②关于通知的内容。根据《公约》第39条的规定，买方在通知中应说明不符合合同情形的性质。由此可见，如果买方没有及时履行通知卖方货物不符合合同的义务，他就丧失了声称货物不符合合同的权利。

另外，《公约》第59条规定，买方必须按合同和本《公约》规定的日期或按合同和本《公约》可以确定的日期支付价款，而无须卖方提出任何要求或办理任何手续，即买方到期付款的义务是自动执行的，无须卖方催告或办理任何手续。

（二）买方收取货物的义务

1.大陆法的有关规定

关于买方收取货物的义务，在大陆法的国家中主要由民法典作出规定。如《法国民法典》规定，关于商品及动产的买卖超过协议期限，买受人未受领其买受物，不经催告，买卖即当然解除。

2.英美法的有关规定

关于买方接受货物的义务，根据英国《货物买卖法》的规定，有两个问题需要加以说明：

（1）英国《货物买卖法》把买方接受货物的义务同他对货物的检验权利联系在一起。该法第34条规定，当卖方提交货物时除非另有约定，买方有权要求让他有合理的机会检验货物以便确定货物是否与合同相符。凡是买方事先未曾检验过货物，就不能被认为是已经接受了货物，即买方没有丧失其拒收货物的权利，直到他有合理的机会检验货物为止。买方是否利用让其检验货物的机会，完全由买方自行决定，但是如果买方在有机会检验货物时，不对货物进行检验，则是放弃了这种检验的权利，在这种情况下，买方就丧失了其拒收货物的权利。

（2）在英国《货物买卖法》中，买方"收到货物"（receipt of goods）与"接受货物"（acceptance of goods）是有区别的，"收到货物"不等于"接受货物"。如果买方仅仅是"收到货物"，日后如果发现货物与合同不符，则他仍可以拒收货物，但如果他属于"接受货物"，则他就丧失了拒收货物的权利。根据该法第35条的规定，只有在下列情况下，才认为买方是接受了货物：如果买方表示，他已接受该项货物；或者如果货物已交付给买方，而买方对货物作出了任何与卖方所有权相抵触的行为，如买方对货物作了处分，将货物转卖给第三人或已付诸使用，在这种情况下，可以认为买方已经接受了货物；或者如果买方收到货物后，经过一段合理的时间，并没有通知卖方拒绝接受该项货物，则认为买方已经接受了货物。至于何为"合理时间"，需视具体情况而定，故对买方而言，最好是在货物运到目的地后尽快进行检验，以便决定是否接受货物。

美国《统一商法典》也将买方接受货物的义务同买方对货物的适当检验权利联系在一起。《统一商法典》第2-513条规定，除双方当事人另有约定外，买方在接受货物和支付货款之前，有权对货物进行检验。检验的时间、地点和方法应按合同的规定办理。如果合同没有对此进行约定，则在卖方负责把货物运到目的地的情况下，在货物的目的地进行检验；在其他情况下，在合理的时间、地点，以合理的方法进行检验。如果根据合同规定的付款方式，要求买方在检验货物之前付款，如采用交单付款（document against payment）方式，买方通常是在卖方移交装运单据时支付货款，待货物运抵目的地后再进行检验。在这种情况下，买方虽按合同规定支付了货款，但这并不必然构成买方对货物的接受，也不影响买方在货物运到后进行检验的权利及采取各种法律上的救济措施的权利。

3.《公约》的有关规定

根据《公约》第60条的规定，买方收取货物的义务主要包括：

（1）采取一切应采取的行动，以便卖方能交付货物。这项规定主要是要求买方合作，采取必要的行动，以便使卖方能履行其交货义务。

（2）接收货物。买方有义务在卖方按照合同规定交货时接收货物，如果买方无理拒收货物，由此产生的额外费用应由买方承担。

---

**案例讨论**

2011年4月15日和2012年8月10日，交易双方中国台湾某公司和荷兰某公司分别签订了两份买卖合同。合同订立后，卖方分别于2011年7月7日和2012年12月10日将这两份合同项下的货物，按照约定时间运抵青岛港，并同买方办理了交接手续，买方实际上也收到了这两份合同项下的货物。买方收到货物后，对第一份合同项下的货款没有全部付清，拖欠货款500 345.58美元，对第二份合同项下的货款1 034 256.33美元则全部未付。卖方多次催缴未果，遂按照约定向中国国际经济贸易仲裁委员会提请仲裁，作为被提请人的买方对提请人提出的上述事项，没有派人参加庭审。

问：（1）本案适用何种法律？

（2）仲裁庭应如何裁决？

---

## 二、买方违约时卖方可以采取的救济方法

买方违约主要指买方拒付货款和拒收货物。在买方违约时，卖方的救济方法有两种：一种是物权方面的救济，主要是保留货物所享有的权利，包括所有权的保留和留置权等；另一种是债权方面的救济，包括提出损害赔偿之诉、要求实际履行、撤销合同等。物权方面的救济与债权方面的救济的区别在于：前者是卖方对货物的权利，是一种对物权；后者是卖方对买方的权利，是一种对人权和诉权，必须通过诉讼来实现其权利。《公约》在此规定的主要是债权方面的救济，主要有以下几种：

1.实际履行

卖方可以要求买方支付价款、收取货物或者履行其他义务，除非卖方已采取与此要求相抵触的某种补救办法。

2.规定一段合理的额外期间

（1）卖方在买方不履行付款义务时，可规定一段合理的额外时间，让买方履行义务。（2）除非卖方收到买方通知，声称他将不在所规定的时间内履行义务，否则卖方不得在这段时间内对违反合同采取任何补救办法，但卖方并不因此丧失他对迟延履行义务可能享有的要求损害赔偿的任何权利。

3.确定货物的品质、规格

（1）如果买方应根据合同规定明确货物的形状、大小或者其他特征，而他在议定的日期或在收到卖方的要求后一段合理时间内没有订明这些规格，那么卖方在不损害其可能享有的任何其他权利的情况下，可以依照他所知的买方的要求，自己订明规格。（2）如果卖方自己订明规格，他必须把订明规格的细节通知买方，而且必须规定一段合理的时间，让买方可以在该段时间内提出不同的要求，如果买方在收到通知后的合理期间内没有表示异

议，那么卖方所订的规格就具有约束力。

4.宣告合同无效

卖方宣布合同无效的情况：（1）买方不履行其在合同或本《公约》中的任何义务，相当于根本上违反合同；（2）买方不在卖方规定的额外时间内履行支付价款的义务或收取货物，或者买方声明他将不会在规定的时间内履行。

如果价款已经由买方支付，卖方就丧失了宣告合同无效的权利，除了以下情况：（1）对于买方的延迟履行义务，他在知道买方履行义务前这样做。（2）对于买方延迟履行义务以外的任何违反合同事情，他在知道或理应知道合同被违反的一段合理时间内这样做，或者他在按照规定的额外时间期满后或在买方声明其将不在这一额外时间内履行义务后一段合理时间内这样做。

5.请求损害赔偿

当买方违反其合同义务或《公约》所规定的义务时，卖方有权请求损害赔偿，而且根据《公约》的规定，卖方请求损害赔偿的权利不因其已采取上述其他补救方法而受到影响。

6.要求支付利息

如果买方没有支付价款或任何其他拖欠金额，卖方有权对这些款额收取利息，但这并不妨碍卖方根据《公约》的规定可以取得的损害赔偿。

---

**案例讨论**

2012年8月，我国A公司向日本B公司出口一批电子设备。日本B公司在收到电气设备后，将该批设备转卖给美国C公司。美国C公司收到设备后将其在美国国内进行销售。这批设备被发现侵犯了美国国内D公司的专利权，C公司被起诉，法院判决C公司赔偿D公司的损失。美国C公司此时向日本B公司进行追偿，而日本B公司又向我国A公司要求索赔。

问：（1）美国C公司可否直接向我国A公司要求索赔？

（2）我国A公司是否应当承担责任？

---

## 三、卖方可以采取的其他救济方法

1.损害赔偿

根据《公约》的规定，当买方违反合同时，卖方即有权要求赔偿损失，而且要求损害赔偿的权利并不因其已经采取其他救济方法而丧失。

2.对于预期违约的补救

预期违约的结果是使买方当事人可以中止履行合同。如果买方有预期违约的事实，则卖方可以停止发货或对在途货物行使停运权。当然，预期违约如果构成了根本违约，也可以宣告撤销合同。

（1）中止履行合同。《公约》第71条规定：如果订立合同后，买方当事人显然将不履行其大部分重要义务，则卖方当事人可以中止履行本方的合同义务。

卖方当事人中止履行合同义务以后，必须立即通知买方当事人，这是中止履行合同一方应尽的义务；并且，如果买方当事人对履行义务能够提供充分保证，则卖方必须继续履行义务，以使合同得以继续实施。

（2）宣告合同无效。《公约》第72条规定：如果在履行合同日期之前明显看出买方当事人根本违反合同，则卖方当事人可以宣告合同无效。

3.对于分批交货合同的违约救济

（1）对于分批交付货物的合同，如果买方当事人不履行对任何一批货物的义务，便对该批货物构成根本违约，卖方当事人可以宣告合同对该批货物无效。

（2）如果买方当事人不履行对任何一批货物的义务，使卖方当事人有充分的理由断定其对今后各批货物将发生根本违约，卖方当事人可以在一段合理的时间内宣告合同今后无效。

（3）如果各批货物之间是相互依存的，不能将其中的任何一批货物单独用于当事人订立合同时的预期目的，卖方宣告合同对任何一批货物的交付为无效时，可以同时宣告合同对已交付的或今后交付的各批货物均为无效。

**案例讨论**

法国A公司与德国B公司签订了一份汽车买卖合同，合同规定A公司应当按照汽车制造的进度支付货款。在合同履行过程中，A公司发现德国B公司生产的汽车存在严重的质量问题，并通知B公司称："你公司制造的汽车存在质量问题，我方暂时中止履行支付货款的义务"。德国B公司在收到法国A公司的通知后，立即表示可以保证所生产汽车的质量符合合同规定，并取得了德国某银行的担保，但法国A公司仍然坚持中止履行义务。

问：（1）德国某银行能否为B公司提供担保？

（2）法国公司的做法是否合理？

★**实训演练**

分组案例讨论

1.我国某公司于2013年7月16日收到法国巴黎D公司发盘："马口铁500公吨，每公吨545美元CFR中国口岸，8月份装运，即期信用证支付，限20日复到有效。"我国某公司于17日复电："若单价为500美元CFR中国口岸可接受500公吨马口铁，履约中如有争议，在中国仲裁。"法国D公司当日复电："市场坚挺，价格不能减，仲裁条件可接受，速复。"此时马口铁价格确定趋涨。我国某公司于19日复电："接受你16日发盘，信用证已由中国银行开出，请确认。"但法国D公司未确认并退回信用证。

问：合同是否成立？我方有无失误？请说明理由。

2.2009年4月12日，中国A公司以信件方式向荷兰B公司提出一项书面要约，以每公吨CIF鹿特丹1 840元人民币的价格向B公司销售某初级产品210公吨，要约规定B公司应在20天内作出承诺。荷兰B公司收到要约后，在规定的期限内向A公司发出了载有承诺通知的信件，该信件本来可在承诺期限的最后一天即5月1日送达A公司，但因适逢五一劳动节假期信件未能送达A公司，直至假期后的第一个工作日即5月4日承诺通知才送达A公司。A公司收到承诺通知后，认为该承诺已逾期，便未予理睬。后B公司要求A公司履行交货义务，A公司以B公司的承诺因逾期而无效为由，认为A、B两家公司间的买卖合同并未成立，A公司不应承担交货义务，双方为此发生争议。

问：B公司的承诺是否逾期？A、B公司之间的买卖合同是否成立？请说明理由。

## ★单元教研交流

1.本单元的重点和难点

重点：国际货物买卖合同的订立；合同的效力；买卖双方的义务及违反合同的补救方法。

难点：对要约、承诺的具体判断；对合同成立条件的判断；对合同生效的认定。

2.学生在学习中容易出现的问题

（1）不能清楚地对要约和要约邀请进行区分。

（2）不能界定合同生效的要件。

（3）对合同成立的基本条件认识不清。

3.教学建议

（1）能力培养方面：以任务导入，培养学生问题意识，引导学生分析国际货物买卖合同的订立、生效及违约的救济措施等的思路与应对策略。

（2）知识体系方面：针对授课重点与难点，以学生分小组演讲的方式进行；课堂案例讨论环节可引导学生进行对抗式实战演练。

4.单元教学思路

本单元主要围绕国际贸易货物买卖合同订立、生效及违约救济等法律问题讲授，旨在培养学生对国际货物买卖合同所需要的法律知识的掌握及处理能力。国际货物买卖合同中的要约和承诺过程以及其成立、生效等，都是国际商法中比较重要的知识点。

本单元通过任务导入的方式，依照案例分析的步骤，引导学生分析国际贸易货物买卖合同案例，培养学生分析问题的意识。在相关知识与案例部分，对合同主体资格的审查、合同的法律效力、要约和承诺等予以重点介绍。这些内容是正确分析国际贸易货物买卖合同案例的必备基础知识，需要给予重点关注。

# 单元二　国际海上货物运输争端与解决

## ◎任务目标

★ 学会判断国际海上货物运输合同
★ 了解国际海上货物运输的特殊性
★ 了解国际海上货物运输的重要单据——提单
★ 了解提单在国际海上货物运输不同阶段具有的不同法律意义

## 任务 一　国际海上货物运输合同争端与解决

### ◎任务描述

某轮将 10 000 袋大米从大连港运往日本某港口。船长签发了两张清洁提单，载明每袋大米 60 千克，状况良好。货物到达目的港卸货后，发现其中 300 袋有重量不足及松袋现象，经过磅约短少 15%。于是，收货人提起诉讼，认为承运人所交货物数量与提单的记载不符，要求承运人赔偿货差损失。承运人认为，在装船时，其未对所装货物一一进行核对，所以承运人不应该对此负赔偿责任。

请问：

1. 该货物运输是否构成国际海上货物运输？
2. 调节国际海上货物运输的主要法律有哪些？
3. 何谓清洁提单？
4. 根据现有法律法规，承运人是否要承担货物短少的赔偿责任？
5. 承运人如何依法维护自己的权益？

### 任务分析

（一）判断是否属于国际海上货物运输合同

海上货物运输合同是指承运人收取运费，负责将托运人托运的货物经海路由一港口运至另一港口的合同。相对于空运、陆运等运输方式，海上货物运输具有价格低、运量大的特点。国际海上货物运输涉及两个或两个以上国家之间的海上货物运输，是国际贸易中的主要运输方式。国际海上货物运输，按照经营方式和法律适用的不同，可分为班轮运输和租船运输两类。本案中，该轮将大米通过海运方式从大连港运往日本某港口，属于国际海上货物运输。

（二）了解调整国际海上货物运输的主要法律有哪些

国际海上货物运输合同在法律性质上属于民商事合同，理论上权利和义务关系应该由作为合同当事人的承运人和托运人自行约定，但在实践中，尤其在班轮运输业务下，考虑到承运人商业经验和议价能力悬殊，双方的权利和义务仍然要遵循某些强行法的规定。在我国，调整国际海上货物运输合同的主要法律为1992年制定的《中华人民共和国海商法》（以下简称《海商法》），在《海商法》没有相关规定的情况下，《民法》及《合同法》作为一般民事法律也可以用来调整国际海上货物运输关系。

除了国内法之外，针对签发提单的班轮运输，国际上还有《海牙规则》和《海牙－维斯比规则》，两者的制定旨在统一各国国际海上货物运输法律。伴随20世纪集装箱革命的深化以及多式联运的兴起，《汉堡规则》和《鹿特丹规则》这两个旨在规范与统一新型运输法律关系的条约应运而生。目前，世界主要国家的国际海上货物运输法律都是根据《海牙－维斯比规则》制定的。我国调整海上货物运输关系的法律主要借鉴了《海牙－维斯比规则》与《汉堡规则》。

（三）判断承运人是否应当承担赔偿责任

首先，应判断承运人的免责情形是否存在。《海商法》第51条规定了承运人的12种免责情形，只要符合这12种情形，承运人即可免除责任。

其次，判断海上货物运输双方有无关于责任免除的协议。只要没有违背法律强制性规定，遵从意思自治的原则，应对该协议的效力给予认可。

最后，如果既不存在免责情形，双方又没有约定不承担责任的特殊情形，且由于承运人的原因出现了货物的灭失或迟延交付，那么承运人应该承担赔偿责任。

本案中，承运人签发了清洁提单，意味着货物装船时不存在异常，而到岸交货时出现短量情形，除非存在不可抗力或协议免责情形，否则推定承运人没有履行谨慎管理货物的义务，应承担相应责任。

★ 相关知识与案例

# 一、国际海上货物运输合同的订立与履行

国际海上货物运输合同是指承运人收取运费，负责将托运人托运的货物经海路由一港口运至另一港口的合同。

合同的当事人主要为承运人和托运人。承运人是指本人或者委托他人以本人名义与托运人订立国际海上货物运输合同的人。传统上来说，承运人就是船舶所有人，也就是我们在航运实务中常说的船公司，但随着海运物流的发展，承运人越来越多地以无船承运人甚至货物代理人的形态出现。托运人是指本人或委托他人以本人名义或委托他人为本人与承运人订立国际海上货物运输合同的人，或者指本人或委托他人以本人名义或委托他人为本人将货物交给与国际海上货物运输合同有关的承运人的人。托运人在实践中一般为国际贸

易中的买方、卖方或者是他们的委托人。

（一）国际海上货物运输合同的订立

国际海上货物运输合同的订立是指处于平等地位的船货双方的民事法律行为，只有双方的意思表示一致才能成立。国际海上货物运输合同的订立过程，就是船货双方协商的过程，一般要经过要约和承诺两个阶段。但就订立的具体方式与程序而言，班轮运输合同与航次租船合同有着很大的区别。

班轮公司为了揽货，通常就自己所经营的班轮航线和船舶离港、抵港时间在航务周刊等行业媒体上做广告宣传。货物托运人或其代理人在向班轮公司或其代理机构、营业所等申请货物运输时，需要填写订舱单，载明货物的品种、数量、装船期限、卸货港等内容。承运人根据订舱单的内容，并结合船舶航线、停靠港、船期和船位，决定是否接受托运。如果接受托运，就在托运单上指定船名并签字，双方的意思表示一致，运输合同即告成立。因此，班轮合同一般通过订舱的方式成立。

航次租船合同除了通过船舶出租人和承租人直接洽谈签订外，还经常通过中间人，即船舶经纪人签订。船舶经纪人在租船业务中受出租人或承租人的委托，代表出租人或承租人磋商租船业务。为了简化签订租船合同的手续、加速签约的进程、节省费用，也为了在合同中订立有利于自己的条款，一些航运组织、船公司、货主组织和大货主，根据不同航线和货物的需要，事先拟定多种租船格式合同。实践中，一般双方当事人是在协议选定的租船格式合同的基础上，订立附加条款，对格式合同中所列的条款，按照双方的意图进行修改、补充。如果附加条款与格式合同上的印刷条款内容相抵触，则附加条款的效力高于印刷条款。

无论是班轮运输合同还是航次租船合同，一般都以书面形式订立，以便事后发生争议时举证。我国《海商法》第43条规定：承运人和托运人可以要求书面确认国际海上货物运输合同的成立。但是，航次租船合同应当书面订立。电报、电传和传真具有书面效力。

（二）国际海上货物运输合同的履行

国际海上货物运输合同成立后，合同当事人就应依法履行各自的合同义务，同时享有相应的权利。

1.承运人的义务

承运人在国际海上货物运输合同下的义务，主要包括使船舶适航、管理货物和及时开航，按预定航线航行。

（1）使船舶适航（以下简称"适货"）义务。我国《海商法》第47条规定："承运人在船舶开航前和开航当时，应当谨慎处理，使船舶处于适航状态，妥善配备船员、装备船舶和配备供应品，并使货舱、冷藏舱、冷气舱和其他载货处所适于并能安全收受、载运和保管货物。"

（2）管理货物（以下简称"管货"）义务。我国《海商法》第48条规定："承运人应当妥善地、谨慎地装载、搬移、积载、运输、保管、照料和卸载所运货物。"

承运人的管货义务贯穿于承运人掌管货物期间的全部过程，从货物装船时起至货物卸船时止。在管理货物方面，承运人或其受雇人、代理人不能有过失，如果因为他们的过失造成货物的灭失或损坏，承运人应负赔偿责任。

承运人的管货义务与适货义务往往不容易区分。这两种义务在目的上是一致的，都是把货物从装货港安全地运到目的港。但是，两者有着不同的内容：①管货的对象是货物，而适货的对象是船舶的货舱，即所有的载货处所应能适于安全地收受、运载和保管货物；②承运人只有在履行了适货义务后，才能有效地履行管货义务，如果货舱条件不适合所装货物，就不存在管货的基础条件；③履行适货义务的时间是开航之前和开航当时，而履行管货义务的时间为承运人的整个责任期间，从装船开始一直到卸货为止。

（3）及时开航，按预定航线航行的义务。我国《海商法》第49条规定："承运人应当按照约定的或者习惯的或者地理上的航线将货物运往卸货港。""船舶在海上为救助或者企图救助人命或财产而发生的绕航或者其他合理绕航，不属于违反前款规定的行为。"承运人的这一义务包括按预定航线航行和不得进行不合理绕航两方面内容，所以也称不得绕航义务。据此，在班轮运输的情况下，承运人应当按照船期表的规定，使船舶按时在装货港装货。货物装载妥当后，准时起航，按约定的或者习惯的或者地理上的航线航行，安全到达目的港，将货卸下。同时规定，承运人在运输时不得无故绕航。

但在下列情况下，船舶偏离约定航线被认为是合理的，不构成对本义务的违反：①因运输合同中列明的一些具体事由而发生的绕航。例如，有些合同中订有保赔协会添加燃料条款，船舶根据这一条款，在航行途中挂靠合同订明的或习惯的燃料添加港口添加燃料而驶离预定航线，就不视为绕航。②船舶在海上为救助或者企图救助海上人命或财产而发生的绕航。③为了船舶的安全而进行的合理绕航。船舶在航行中遇到危险，威胁到船舶的安全，即使这种危险是由船舶开航前，承运人没有做到谨慎处理使船舶不适航所致，船舶必须离开原定航线，绕航到附近港口，这类绕航也是合理的。④因不可抗力等致使船舶不能在合同约定的港口卸货的，除合同另有约定外，船长有权将货物在目的港邻近的安全港口或者地点卸载，不视为不合理绕航。

是否合理绕航或绕航是否合理是一个事实问题，要根据实际情况分析。一般说来，凡是为了船、货双方共同的利益而发生的绕航都是合理的，而为了船方（承运人）或存在多个货主时为单个或单独几个货主的利益而发生的绕航，则是不合理的。需要注意的是，比如，船舶遭受海损事故到临近的但非约定航线内港口修船，是合理绕航；又如，为了加载货物，船舶弯靠约定航线外的港口，属于不合理绕航；再如，船长让一个随船修理工在工作完成后弯靠约定航线以外的一个港口登陆，也属于不合理绕航。

承运人违反上述任何一项基本义务而导致货物的灭失或损坏，都应当承担赔偿责任。

**案例讨论**

太平洋保险于2009年6月5日签发了以DISTRIBUIDORA MARTI PEIX,S.A.（以下简称D公司）为被保险人的AJINF6224209Q000185N号货物运输保险单。该保单正面记载：保险货物为大西洋鳕鱼片2 200箱，保险金额74 536美元；货物装载于"远大先锋"轮9042航次，自烟台港至西班牙比戈港(VIGO)；货损的理赔在西班牙进行并由其西班牙代理人办理。太平洋保险承保的上述货物系由烟台金阳食品有限公司售予西班牙D公司，CIF价格为2.80美元/千克，共计净重24 200千克，总金额67 760.00美元。全部货物装于一个冷冻集装箱（箱号CBHU2979986/铅封号YT16477）。中远运输公司接受货物装船并于2009年6月6日签发了COSU6024644820号清洁提单。提单正面记载：托运人为烟台金阳食品有限公司，收货人为西班牙D公司，卸货港为西班牙比戈港；托运人装箱、计数和铅封，箱内温度设定为-20℃；运输期间场站到场站（CY-CY）。提单背面的法律适用条款规定"适用中华人民共和国法律"。上述集装箱货物经青岛港中转，于2009年6月12日装载于"COSCONAPOLI"轮023W航次。航行途中，该集装箱出现故障，于2009年7月8日卸载于鹿特丹港，由中远运输公司的船东保赔协会委托的检验人员进行了检验。检验报告认为：该集装箱在6月25日已经发生故障，船员却在3.5天之后即6月29日才发现冷藏装置运转异常；在这期间温度记录显示冷藏箱的温度已经升高到0℃以上，船员并未发现故障的真正原因；冷藏箱不制冷是由键板故障所导致的，如果没有备用键板，将故障键板拆掉便可以解决问题。检验人并未开箱对货物进行检验，但闻到了箱内发出的强烈鱼腥味，认为不排除货物已经变质的可能。该冷藏箱经修理后（更换键板）正常运转，被转运船继续运至西班牙目的港。该集装箱货物抵达目的港清关后被运至收货人的冷冻仓库。太平洋保险委托的 ESTANISLAO DURAN SHIPPING P&I SERVICE,S.L.(以下简称E.DURAN公司)的检验人员、中远运输公司（船东保赔协会）委托的检验人员及收货人"D公司"的代表共同参加，于2009年7月24日对货物进行了开箱检验，并分别出具了货损检验报告。太平洋保险一方的检验人于2009年8月18日出具的检验报告显示：1.货损原因。由长时间的冷冻不连续所致。2.货损程度。总计24 200千克鳕鱼中，4 246千克全损，7 084千克贬值80%，12 870千克贬值50%。3.货损数额。依据收货人提供的数据，根据市场售价确定为36 619.97欧元。中远运输公司一方的检验人员于2009年9月3日出具的检验报告记载：1.货损原因。由航行途中集装箱内温度升高，冷藏设备恢复工作后重新制冷造成。2.货损程度。因收货人未告知货物处理后的相关信息，仅对货损程度进行了评估：总计24 200千克鳕鱼中，4 246千克全损，7 084千克贬值50%，12 870千克贬值15%。3.货损数额。根据进口贸易商业发票价格2.80美元/千克计算，为27 212美元。太平洋保险于2010年3月17日通过中国银行烟台分行向E.DURAN公司汇付款项52 790.21美元。E.DURAN公司将其中的50 352.46美元（37 890.30欧元）于2010年4月7日转付给了收货人D公司。后太平洋保险就50 352.46美元的货损赔付代位向中远运输公司追偿，提起了本案诉讼。

问：（1）本案承运人是否应该承担责任？

（2）如果承运人应该承担责任，其违反的是什么义务？

2.承运人的权利

（1）运费请求权。承运人根据运输合同的规定，有请求运费的权利。同样，根据租船合同收取租金，是船舶出租人享有的与运费请求权本质上相同的权利。

运费分为预付运费和到付运费两种。预付运费是指托运人在货物装船前或装船后的一段时间，如装船后的5天或7天，向承运人支付的运费。在英国法下，如果合同中有明确约定运费属于不可退还的预付运费，则不论货物最后是否运到目的港，也不论在运输途中或装卸过程中造成货物灭失或损坏的原因，预付运费概不退还。到付运费是指当货物运到目的港后，收货人在提货时才支付的运费，所以当货物没有达到目的港时，到付运费的请求权就不会发生。

运费请求权，还包括对亏舱费、滞期费及应当由货主支付的其他费用的请求权。亏舱费又称空舱费，是指因托运人提供的货物少于约定的数量，使承运人预留的舱位未能充分利用而造成承运人未能收取的运费损失。滞期费则一般产生在航次租船中，是指当船舶装货或卸货延期超过装卸货时间时，由承租人向船东所支付的约定款项。其他费用主要指应由货主承担的共同海损分摊费用、承运人为货物垫付的费用等。

（2）留置权。留置权是指承运人为担保其债权而占有债务人货物的权利。我国《海商法》第87条规定："应当向承运人支付的运费、共同海损分摊费用、滞期费和承运人为货物垫付的必要费用以及应当向承运人支付的其他费用没有付清，又没有提供相应担保的，承运人可以在合理的限度内留置其货物。"

这里应该注意下列事项：

可以行使留置权的原因限于承运人控制下的货物应付的费用未付。除法律另有规定外，承运人可以自行留置货物，而不必要通过法定程序。

如果运输合同约定，运费支付方式是"预付运费"，特别是在 CIF 和 CFR 两种价格条件下，货物所有权已从负责支付运费的托运人转移给包括收货人在内的提单持有人，除非提单载明由收货人支付运费，否则承运人无权对收货人的货物行使留置权。

行使留置权的限度，即"在合理限度内"留置其货物，其含义是承运人留置货物的数量应当合理，其价值应包括未支付费用加上可能因诉讼而产生的各项费用。超过合理的限度，承运人要承担由此引起的货主损失。例如，货主未付费15万美元，结果承运人留置了100万美元的货物，这显然不在合理的限度内。

应由货主向承运人支付的滞期费没有付清，承运人也可以实施货物留置权。但应注意，除合同另有规定外，滞期费通常是在航次租船合同下发生的，如果提单上没有载明滞期费由收货人支付，则收货人没有义务支付滞期费，承运人也就不能留置收货人或提单持有人的货物。

---

**案例讨论**

2005年10月27日至11月21日，无锡富通摩托车有限公司（以下简称富通公司）向青岛思锐国际物流有限公司（以下简称思锐物流）发出了3份订舱单，委托思锐物流将一批摩托车从上海运至波多黎各，成交方式为 FOB 上海，运费约定到付，货物品名为摩托车，装货地点为无锡市梅园贾巷108弄。思锐物流收到订舱单后，分别于2005年11月6日、15日和29日向富通公司签发了思锐物流作为承运人的8份提单，提单上均记载了托运人是富通公司，收货人和通知方均是 VERUCCI MOTORCYCLES LLC（以下简称 VERUCCI 公司），运费到付。思锐物流实际出运了13个集装箱的货物。在涉案业务进行过程中，富通公司曾向思锐物流确认13个集装箱的运费总计为63 050美元。

2006年2月17日，思锐物流致函富通公司称涉案货物运抵目的港后无人清关提货，即将超过目的港最后滞港期限，如富通公司决定退运，需有书面通知并需支付运费和所有滞港费用。富通公司收到该函件，并回函称同意退运，但不应由其支付从上海到波多黎各的运费，富通公司只负担退运的运费。当事人因从上海到波多黎各的运费是否由富通公司负担未达成一致意见而未予退运。

因富通公司拒绝向思锐物流支付从上海至波多黎各的运费63 050美元，导致思锐物流起诉富通公司。

问：（1）托运人和承运人在约定运费到付的情况下，如果无人提货或收货人拒绝提货，承运人是否有权向托运人主张运费？

（2）如果承运人有权向托运人主张运费，是否应当先在目的港行使对货物的留置权？其只能向托运人主张不足的运费吗？

### （三）国际海上运输合同的解除

大多数国际海上货物运输合同，因双方当事人的履行而终止，但在实践中，一部分合同由于种种原因，其效力提前终止，使当事人之间根据合同确定的权利、义务归于消灭。除了当事人的变更、当事人双方的协议、作为合同当事人的一方公民死亡或法人撤销、当事人权利义务抵销以及合同标的物的提存等原因外，合同的解除是国际海上货物运输合同的效力提前终止的重要原因。合同解除的原因不同，其法律后果也不一样。国际海上货物运输合同的解除，通常有下列几种形式：

**1.任意解除**

国际海上货物运输合同当事人的一方，基于某种原因，在合同仍可履行的情况下，主动提出解除合同。为此，一些国家的海商法对国际海上货物运输合同的托运人或承租人任意解除合同的赔偿责任作了特别规定。

（1）船舶开航前解除。我国《海商法》规定：船舶在装货港开航前，托运人可以要求解除合同。但是，除合同另有约定外，托运人应当向承运人支付约定运费的一半；货物已经装船的，并应负担装货、卸货和其他与此有关的费用。《日本商法》（《日本商法》涉及海商法的章节只调整国内海上货物运输，相关条款参照调整国际海上货物运输的国际海上货物运输法）规定：在租用整船的情况下，承租人可以通过支付半额运费解除合同。在解除合同时，承租人还须支付附带的相关费用及垫付款。当租船合同就往返航次作出约定时，承租人在回程开航前解除合同的，须支付三分之二的运费；需从其他港口航行至装船港时，承租人在装船前解除合同的，亦同。在上述情形下，除附带的相关费用及垫付款外，按照货物的价值产生应由承租人分摊的共同海损或者海难救助费用时，承租人还须对此进行支付。货物的全部或者部分装船后，承租人在开航前解除合同的，除了需要支付上述法定的解约所需运费外，还须承担因装船及卸货所产生的费用。在租用部分舱位的情况下，部分舱位的承租人与其他承租人共同解除合同的，与租用整船的情形相同；部分舱位的承租人需单独解除合同的，须支付全额的运费，但应扣除承运人因装载其他货物所获取的费用。《韩国商法》规定：在租用整船的情况下，承租人支付一半的租金方可解除合同。但在往返航次租船的情况下，承租人在返航前要求解除合同的，应当支付租金的三分之二。租用部分仓位的承租人或全体承租人解除合同，则应支付全部运费。如果货物全部或部分已经装船，则不经过其他承租人或托运人的同意，不得解除合同。

（2）船舶开航后任意解除合同。我国《海商法》对这种解除合同的情况没有作出规定。《日本商法》规定：在租用整船的情况下，船舶开航后，承租人需支付运费及其他费用，并负担共同海损、国际海上救助费用，以及应由其负担的损害，或提供足够的担保，方可解除合同。在租用部分舱位的情况下，部分舱位承租人不得单独解除合同，部分舱位承租人与其他承租人共同提出解除合同的，相关费用承担同租用整船的情形。根据日本《国际海上货物运输法》的规定，该条款也适用于国际海上货物运输。《韩国商法》规定：

船舶开航以后，承租人或托运人如果不支付全部运费、垫款和其他费用，以及因共同海损或海上救助而应承担的款项，不赔偿所造成的损害，或者不提供与之相应的担保，不得终止合同。

2.因当事人一方违反合同而解除

这是指合同当事人一方不履行合同规定的义务，另一方依照合同或法律的规定解除合同。具体来说，包括以下两种情况：

（1）依照合同的规定解除合同。在航次租船合同下，出租人未能使船舶在合同规定的解约日之前到达装货港口或泊位，并做好装货准备，承租人有权按照合同中规定的解约条款解除合同。如果船舶延误是由于出租人不能免责的原因造成的，承租人解除合同后，还可就因此造成的损失向出租人索赔。

（2）依照法律的规定解除合同。合同一方当事人违约，使合同不能履行或失去履行的意义致使另一方所期望的利益不能实现，则另一方当事人可以要求解除合同，并可以要求损害赔偿。英美法系国家和地区一般将合同的违反分为重大违约和轻微违约两种。重大违约是指一方当事人不履行合同或履行合同有缺陷，致使另一方当事人不能实现合同的主要目的。轻微违约是指一方当事人不履行合同或履行合同有缺陷，但另一方当事人仍能实现合同的主要目的。一方当事人重大违约，另一方当事人可以解除合同并请求损害赔偿；而一方当事人轻微违约，另一方当事人只能要求损害赔偿，而不能要求解除合同。

3.因非双方当事人应负责的原因而解除合同

我国《海商法》规定：船舶在装货港开航前，如果由于不可抗力和其他不能归责于双方当事人的原因致使合同不能履行，双方均可要求解除合同，并互相不负赔偿责任。除合同另有约定外，承运人应当退还托运人支付的运费，如果货物已经装船，装卸费用由托运人承担；如果承运人已经签发提单，托运人应当退还。如果由于不可抗力或不能归责于双方当事人的原因致使合同不能在约定的目的港卸货，除合同另有约定外，船长有权将货物卸于目的港邻近的安全港口或者地点，合同视为已经履行。但是，船长决定卸货时，应及时通知卸货人或收货人，并应考虑到托运人或收货人的利益。英美法系将这种合同的终止称为因受阻而终止。合同的受阻，即合同履行的受阻。法国及韩国法律均对此作出了规定：如果由于不可抗力或其他双方当事人可免责的原因导致合同的目的不能达到，或者合同不能履行，或者不能继续履行，或者合同的履行或继续履行对当事人已无利益，则任何一方当事人均可解除合同，或者合同的效力归于自然终止。

## 二、与国际海上货物运输相关的国际公约介绍

与国际海上货物运输有关的法律制度，从历史沿革来看，可以分为英美法系、法国法系和德国法系，但各法系内不同国家的法律在细节规定上也存在差别。法律上的千差万别给海上货物运输企业带来极大的不便。因此，自19世纪下半叶以来，随着全球经济联系的不断加深，海商法开始了其国际统一化之路，经过各国海商法学者和实务人士半个多世纪的不懈努力，终于在20世纪结出了丰硕的立法成果。目前调整国际海上货物运输合同的公约主要有《海牙规则》《维斯比规则》《汉堡规则》《鹿特丹规则》。

（一）《海牙规则》

《海牙规则》全称为《统一提单的若干法律规定的国际公约》，也是关于提单法律规定

的第一部国际公约。最初，作为最大货主国家的美国于1893年通过了《哈特法》，这部法律最大的特点就在于对承运人免责的限制。《哈特法》的这种规定对许多普通法系国家的海上货物运输立法乃至整个航运界都产生了重大影响。为此，国际法协会所属海洋法委员会于1921年5月在荷兰首都海牙召开会议，制定了一个提单规则，定名为"海牙规则"，供合同当事人自愿采纳。之后几经修改，1924年8月在比利时首都布鲁塞尔召开的有26国代表出席的外交会议上，以该规则为基础，通过了《关于统一提单若干法律规定的国际公约》，简称《海牙规则》。《海牙规则》于1931年6月2日起生效，现在参加国近80个，主要内容如下：

1.承运人的义务

规定承运人应当谨慎处理使船舶适航；妥善和谨慎地管理货物。

2.承运人的责任期间

规定船货双方可以约定承运人的责任期间。

3.承运人的免责

《海牙规则》的第4条第2款规定，承运人可以因以下事项对货物的损失免责：船长、船员、引航员或者承运人的其他受雇人在驾驶船舶或者管理船舶中的过失；火灾，但是由于承运人本人的过失所造成的除外；天灾，国际海上或者其他可航水域的危险或者意外事故；战争或者武装冲突；政府或者主管部门的行为、检疫限制或者司法扣押；罢工、停工或者劳动受到限制；在国际海上救助或者企图救助人命或者财产；托运人、货物所有人或者他们的代理人的行为；货物的自然特性或者固有缺陷；货物包装不良或者标志欠缺、不清；经谨慎处理仍未发现的船舶潜在缺陷；非由于承运人或者承运人的受雇人、代理人的过失造成的其他原因。

4.承运人赔偿责任限制

规定承运人对每件货物的损失除另有约定外，不超过100英镑。

5.运输合同中的无效条款

将货物的保险利益转让给承运人的条款无效。

6.托运人的义务与责任

托运人应保证其提供货物情况的正确性；不得擅自装运危险品。

7.灭失或损坏的通知、诉讼时效

一般情况下，提交通知的时间从收货之日起不能超过3天。货方对承运人或船舶提起货物灭失或损坏索赔的诉讼时效期间为1年。

（二）《维斯比规则》

《海牙规则》的生效实施对统一国际海上货物运输法律起到了很大的作用。但是随着经济和技术的发展，代表货方利益的发展中国家认为《海牙规则》存在诸多问题。譬如，由于通货膨胀，《海牙规则》规定的责任限制过低；承运人的代理人及受雇人的法律地位尚不够明确；关于承运人的责任限制，不适用于集装箱这一新兴的运输方式；货物的适用范围过于狭窄。针对这种情况，国际海事委员会于1963年在瑞典的维斯比城签署了《维斯比规则》，其内容是对《海牙规则》的修改。经《维斯比规则》修改后的《海牙规则》被称为《海牙-维斯比规则》。该规则在1977年6月23日生效，在《海牙规则》的参加国中，有20多个国家参加了《海牙-维斯比规则》。

《海牙-维斯比规则》的主要内容如下：

1.承运人的责任限制

承运人的责任限额采用双轨制，每件货物或每单位货物 10 000 金法郎或按受损货物的毛重计算，为每千克 30 金法郎，二者以较高者为准。

2.单据的证据效力

当提单从托运人手中转让至善意的收货人或其他第三者时，提单便成为承运人收到该提单记载货物的最终证据。

3.非合同之诉

《海牙-维斯比规则》规定的抗辩和责任限制，应适用于因运输合同所载货物的灭失或损坏而对承运人提起的任何诉讼，而不论该诉讼是以合同为依据还是以侵权为依据。

4.承运人的受雇人或代理人的法律地位

该规则中的"喜玛拉雅条款"规定承运人的受雇人或代理人可以援引承运人的免责或责任限制。

5.诉讼时效

该规则规定：即使在 1 年期届满后，只要在受诉法院所在地法律允许期间内，责任人都可以向第三者提起追偿之诉。

（三）《汉堡规则》

作为对《海牙规则》的有益修改，《海牙-维斯比规则》对平衡船货双方利益起到了一定的积极作用，但是代表广大货主利益的发展中国家想要彻底修改《海牙规则》的诉求越发强烈。联合国贸易和发展会议的航运委员会于 1969 年 4 月的第三届会议上设立了国际航运立法工作组，主要负责研究国际海上货物运输的法律问题。该工作组于 1976 年 5 月完成了起草工作，并于 1978 年 3 月 6 日至 31 日在德国汉堡召开的有 78 个国家代表参加的联合国国际海上货物运输公约外交会议上将其提交审议，最后通过了《1978 年联合国国际海上货物运输公约》。由于这次会议是在汉堡召开的，故该公约又被称为《汉堡规则》。

《汉堡规则》全文共分 7 章 34 条，在《汉堡规则》的制定中，除保留了《海牙-维斯比规则》对《海牙规则》修改的内容外，还对《海牙规则》进行了根本性的修改，该公约明显地扩大了承运人的责任，是一个较为完备的国际海上货物运输公约。其主要内容包括：

1.承运人的责任原则

《汉堡规则》确定了推定过失与举证责任相结合的完全过失责任制。很明显，《汉堡规则》较《海牙规则》扩大了承运人的责任。

2.承运人的责任期间

《汉堡规则》第 4 条第 1 款规定：承运人对货物的责任期间包括在装货港、在运输途中以及在卸货港，货物在承运人掌管的全部期间，即承运人的责任期间从承运人接管货物时起到交付货物时止。与《海牙规则》相比，明显地延长了承运人的责任期间。

3.承运人赔偿责任限额

《汉堡规则》第 6 条第 1 款规定：承运人对货物灭失或损坏的赔偿，以每件或其他装运的灭失或损坏相当于 835 特别提款权或毛重每千克 2.5 特别提款权的金额为限，两者之中以较高者为准。

**4.对迟延交付货物的责任**

《汉堡规则》在第5条第3款中还进一步规定：如果货物在第2款规定的交货时间期满后连续60天内仍未能交付，有权对货物灭失提出索赔的人可以认为货物已经灭失。第6条第1款还规定：承运人对迟延交付的赔偿责任，以相当于迟延交付货物应支付运费的2.5倍的数额为限，但不得超过国际海上货物运输合同规定的应付运费总额。

**5.承运人和实际承运人的赔偿责任**

《汉堡规则》中增加了实际承运人的概念。当承运人将全部或部分货物委托给实际承运人办理时，承运人仍需按公约规定对全部运输负责。如果实际承运人及其雇用人或代理人的疏忽或过失造成的货物损害，承运人和实际承运人均需负责的话，则在其应负责的范围内，承担连带责任。

**6.托运人的责任**

《汉堡规则》第12条规定：托运人对于承运人或实际承运人所遭受的损失或船舶遭受的损坏不负赔偿责任。除非这种损失或损坏是由于托运人、托运人的雇用人或代理人的过失或疏忽所造成的。这意味着托运人的责任也是过失责任。但需指出的是，托运人的责任与承运人的责任的不同之处在于，在承运人的责任中，举证由承运人负责，而在托运人的责任中，托运人不负举证责任。这是因为货物在承运人掌管之下，所以也同样需要承运人负举证责任。《汉堡规则》的这一规定，被我国《海商法》所接受。

**7.保函的法律地位**

《海牙规则》和《海牙-维斯比规则》没有关于保函的规定，而《汉堡规则》第17条对保函的法律效力作出了明确的规定：托运人为了换取清洁提单，可以向承运人出具承担赔偿责任的保函，该保函在承运人与托运人之间有效，对包括受让人、收货人在内的第三方一概无效。但是，如果承运人有意欺诈，对托运人也属无效，而且承运人也不再享受责任限制的权利。

**8.索赔通知及诉讼时效**

《汉堡规则》延长了《海牙规则》要求的通知时间，规定收货人可在收到货物后的第一个工作日将货物索赔通知送交承运人或其代理人，当货物灭失或损害不明显时，收货人可在收到货物后的15天内送交通知。同时还规定，对于货物迟延交付造成的损失，收货人应在收货后的60天内提交书面通知。

关于诉讼时效，《汉堡规则》第20条第1款和第4款分别规定："按照本公约有关运输货物的任何诉讼，如果在2年内没有提出司法或仲裁程序，即失去时效。""被要求赔偿的人，可以在时效期限内任何时间，向索赔人提出书面声明，延长时效期限，还可以再一次或多次声明再度延长该期限。"可见，与《海牙规则》和《海牙-维斯比规则》的有关规定相比，《汉堡规则》的索赔和诉讼时效期间既作了延长，又体现了其更为灵活的特点。

**9.管辖权和仲裁的规定**

《海牙规则》《海牙-维斯比规则》对于管辖权均无规定，只是在提单背面条款上订有由船公司所在地法院管辖的规定，这一规定显然对托运人和收货人极为不利。《汉堡规则》第21条规定，原告可在下列法院选择其一提起诉讼：被告的主要营业所所在地，无主要营业所时，则为其通常住所所在地；合同订立地；装货港或卸货港；国际海上运输合同规定的其他地点。

10.规则的适用范围

同《海牙规则》一样,《汉堡规则》不适用于租船合同,但如果提单是根据租船合同签发的,并且调整出租人与承租人以外的提单持有人同出租人或承租人之间的关系,则适用该规则的规定。

（四）《鹿特丹规则》

由于《汉堡规则》只有少数国家加入,没有实现统一国际海运立法的期望,而且由于三个公约并存,加剧了国际海运法律的不统一,而这种法律的不统一,阻碍了国际间货物的自由流动,直接增加了国际贸易的交易成本。另外,自20世纪下半叶以来,海上件杂货运输集装箱化、门到门运输普遍化以及单证文书电子化的趋势都加剧了实务与立法的不协调。因此,新公约的孕育迫在眉睫,在这一背景下,《鹿特丹规则》应运而生。

《鹿特丹规则》共有18章96条,主要是围绕船货双方的权利义务、争议解决及公约的加入与退出等作出一系列规定。目前,加入的国家主要包括刚果、丹麦、加蓬、加纳、希腊、几内亚、荷兰、尼日利亚、挪威、波兰、塞内加尔、西班牙、瑞士、多哥和美国。《鹿特丹规则》主要的内容和变革有:

（1）调整范围。与《海牙规则》"钩至钩"或"舷至舷"及《汉堡规则》"港至港"的调整范围不同,为适应国际集装箱货物"门到门"运输方式的变革,《鹿特丹规则》调整范围扩大到"门至门"运输,国际海运或包括海运在内的国际多式联运货物运输合同均在公约的规范范围之内,公约排除了国内法的适用,使公约成为最小限度的网状责任制,拓宽了公约的适用范围,有利于法律适用的统一。

（2）电子运输记录。与前述3个公约不同,《鹿特丹规则》明确规定了电子运输记录,确认其法律效力,并将电子运输记录分为可转让与不可转让电子运输记录。该规定适应了电子商务的发展,具有一定的超前性,势必加速运输单证的流转速度并提高安全性。

（3）承运人的责任。承运人必须在开航前、开航当时和海上航程中恪尽职守使船舶处于且保持适航状态,适航义务扩展为贯穿航程的始终。根据该公约,承运人对货物的责任期间,自承运人或履约方为运输而接收货物时开始,至货物交付时终止。承运人责任基础采用了完全过错责任原则,废除了现行的航海过失免责,并对火灾免责的情形作出了一些改变。也就是说,新公约在承运人的免责事项中,取消了承运人的航海过失免责,即船长、船员驾驶船舶和管理船舶的过失责任,使海运承运人又进入了完全过失责任制机制;同时,还扩大了承运人对船舶适航的义务,从开航前和开航当时扩展到全航程。

该公约还规定,未在约定时间内在运输合同规定的目的地交付货物为迟延交付,承运人承担迟延交付的责任限于合同有约定时间,未采纳《汉堡规则》规定的合理时间标准。该公约对船货双方的举证责任和顺序作了较为具体的规定,这是以前立法所没有的。承运人的单位责任限制有较大幅度的提高。《海牙-维斯比规则》和《汉堡规则》中都有责任限额,其中后者要高于前者。很多国家不愿意加入《汉堡规则》的主要原因是限额太高。但该公约的限额比《汉堡规则》还高。

按照该公约的规定,如果船东与货主直接签订运输合同,船东就是承运人;如果船东不直接与货主签订合同,船东至少也是海运履约方。所以,船东责任大大提高了。航海过失免责的取消、适航义务的扩大、赔偿责任限额的提高,都会对船东产生重大影响,由此会导致其保险人的责任相应增加,从而引起保费支出增加。

关于承运人的识别，该公约规定：在运输单证中未载明承运人的名称和地址时，可以推定载货船舶的登记船东为承运人，如果登记船东可以证明船舶已经光船租赁给其他人，则推定光船租船人为承运人。但在现代海上运输中，登记船东与真正的承运人之间不知要间隔多少层，要分辨真正接受该单证的承运人并不容易。因此，仅就海上运输而言，通过推定登记船东或光船租船人为承运人的做法在实践上很有必要，在法理上也有一定的基础，即无论登记船东或光船租船人是否是与托运人签订运输合同的人，其总是实际运送货物的人，也就是《汉堡规则》中的实际承运人。根据《汉堡规则》或许多国内法的规定，实际承运人要承担与承运人大致相同的责任。因此，即便登记船东或光船租船人不是与托运人签订运输合同的承运人，推定其为承运人并承担承运人的责任并不会产生过大的不公平。但这种推定在新公约中则存在很大问题，其原因是新公约的适用范围超出了传统的海上运输范畴。在这种情况下，推定登记船东或光船租船人为承运人很可能会使其为其所不了解的其他运输区段的损失承担责任，这无疑是不合理的，也是不公平的。

（4）托运人的义务。前述三个国际公约都侧重于承运人，对承运人义务都有详细的规定，但对货主应该承担什么样的责任没有作出明确的规定，即便有，也是各国国内法作出的规定。新公约基于对等、平衡原则，参照对承运人的规定，对托运人的义务、赔偿责任作出类似的设置和规定。托运人应交付备妥待运的货物，及时向承运人提供承运人无法以其他合理方式获取而合理需要的有关货物的信息、指示和文件。托运人应在货物交付给承运人或履约方之前，及时将货物的危险性质或特性通知承运人，并按规定对危险货物设置标志或标签。托运人对承运人承担赔偿责任的责任基础是过错原则，对于承运人遭受的灭失或损坏，如果承运人证明，此种灭失或损坏是由于托运人违反其义务而造成的，托运人应负赔偿责任。新公约增加了单证托运人。单证托运人是指托运人以外的同意在运输单证或电子运输记录中记名为"托运人"的人，其享有托运人的权利并承担其义务。此外，新公约还对托运人披露货物信息作出了明确的规定。

（5）海运履约方。《海牙-维斯比规则》的责任主体是承运人，《汉堡规则》的责任主体包括承运人和实际承运人。《鹿特丹规则》下没有实际承运人的概念，但创设了海运履约方这一概念，指凡在货物到达船舶装货港至货物离开船舶卸货港期间履行或承诺履行承运人任何义务的履约方。内陆承运人仅在履行或承诺履行其完全在港区范围内的服务时方为海运履约方。海运履约方与托运人之间不存在直接的合同关系，而是在承运人直接或间接的要求、监督或者控制下，实际履行或承诺履行承运人在"港至港"运输区段义务的人。海运履约方承担该公约规定的承运人的义务和赔偿责任，并有权享有相应的抗辩和赔偿责任限制。班轮运输条件下的港口经营人作为海运履约方将因此受益。

港口经营人将首次需要遵守国际海运强制性公约。新公约下，海运履约方的范围涵盖至任何会在海运过程中参与处理和看管货物的群体，因此港口营运商的赔偿责任亦需提高至规则的限定水平。而现时港口营运商无须遵守任何强制性国际公约，因此在处理提单或其他买卖状况时，可以限制责任，少于公约中规定每单位875SDR或每千克3SDR。

新公约首次确立"海运+其他"（海运区段以及海运前后其他运输方式的区段）的法律制度，公约的适用范围有很大变化。"海运+其他"把公约的适用范围扩大到传统的海上区段以外的其他领域，包括与海上运输连接的陆上运输，铁路、公路、内河水上运输，甚至航空运输。如果货物运输合同在涵盖了海上运输的同时还包括其他非海上运输阶段，而且货物是在其他运输区段发生损失，在这种情况下，如果该运输区段有强制适用的国际公约，则适用相关的国际公约；如果该运输区段没有强制性的国际公约，就要适用新公约的规定。

（6）批量合同。所谓批量合同是指在约定期间内分批装运特定数量货物的运输合同，其常见的类型是远洋班轮运输中的服务合同。新公约适用于班轮运输中使用的批量合同，除承诺的货物数量外，每次运输项下承托双方关于货物运输的权利、义务或责任等方面适用新公约的规定。新公约赋予批量合同当事人双方较大的合同自由，允许在符合一定条件时背离公约的规定自行协商合同条款，这是合同自由在一定程度上的回归。自美国《哈特法》以来，立法无不对承运人规定最低责任限度，以防止承运人滥用合同自由和自身优势逃脱责任，而新公约考虑到某些货主力量和地位的提高，并具有了平等谈判的能力，为扩大适用范围，对批量合同作出了规范。

《海牙-维斯比规则》适用于提单，《汉堡规则》适用于运输合同，包括COA等。这些公约都对承运人的合同自由进行了严格的限制。新公约也适用于运输合同，并明确适用于批量合同。新公约在就各类运输合同当事人的合同自由进行严格限制的同时，赋予批量合同当事人较大的合同自由。新公约规定，在承运人与托运人之间，批量合同可以规定背离（增加或减少）本公约规定的权利、义务和赔偿责任，也就是合同自由。

（7）货物交付。新公约赋予收货人收取货物的强制性义务，当货物到达目的地时，要求交付货物的收货人应在运输合同约定的时间或期限内，在运输合同约定的地点接受交货，无此种约定的，应在考虑到合同条款和行业习惯、惯例或做法以及运输情形，能够合理预期的交货时间和地点接受交货。新公约还对无单放货作出规定，将航运实践中承运人凭收货人的保函和提单副本交货的习惯做法，改为承运人凭托运人或单证托运人发出的指示交付货物，且只有在单证持有人对无单放货事先知情的情况下，才免除承运人无单放货的责任。如果单证持有人事先对无单放货不知情，承运人对无单放货仍然要承担责任，此时承运人有权向上述发出指示的人索要担保。新公约为承运人实施上述无单放货设定了条件，即可转让运输单证必须载明可不凭单放货。

（8）控制权。新公约首次在海上货物运输领域规定了货物的控制权。货物控制权是指根据公约规定按运输合同向承运人发出有关货物的指示的权利，具体包括：就货物发出指示或修改指示的权利，此种指示不构成对运输合同的变更；在计划挂靠港或在内陆运输情况下在运输途中的任何地点提取货物的权利；由包括控制方在内的其他任何人取代收货人的权利。在符合一定的条件下，承运人有执行控制方指示的义务；在无人提货的情况下，承运人有通知托运人或单证托运人请其发出交付货物指示的义务。同时，《鹿特丹规则》第54条规定：控制方是唯一可以与承运人约定对运输合同的变更的人。根据《鹿特丹规则》第12条规定，控制权存在于整个承运人责任期间，即自承运人或履约方为运输而接受货物时开始，至货物交付时终止。与权利相对应，《鹿特丹规则》第55条规定，控制方有向承运人提供补充信息、指示和文件的辅助义务。控制方可以为托运人、单证持有人或其他任何人。签发可转让运输单证或可转让电子记录的，单证或记录持有人为控制方，控制方行使控制权须向承运人提交单证或电子记录。签发不可转让运输单证，其中注明必须交单提货的，托运人为控制方，且可以通过转让单证将控制权转让给收货人。在此种情况下，控制方应证明其身份，从而行使控制权。签发多份单证的，同时应当提交所有正本单证。除上述两种情况外，托运人为控制方，除非托运人在订立合同时指定收货人、单证托运人或其他人为控制方。在此种情况下，控制权的转让以向承运人发出转让通知为条件，控制方行使控制权应当适当表明其身份。

根据《鹿特丹规则》第52条和第53条的规定，承运人执行控制权的条件为：指示能被合理地执行，并且不会干扰承运人的正常营运。在任何情况下，控制方均应偿还承运人勤勉执行任何指示而可能承担的合理的额外费用，且应补偿承运人可能因此而遭受的灭失或损坏。对于上述费用和损失，承运人有权合理预计并从控制方处获得与之数额相当的担保。控制方不提供此种担保的，承运人可以拒绝执行指示。在满足上述条件的情况下，承运人应当执行指示，按照指示交付货物视为在目的地交付货物。承运人未执行指示造成货物灭失、损坏或迟延交付的，承担《鹿特丹规则》规定的赔偿责任，并享有该规则中的责任限额。

（9）权利转让。签发可转让运输单证的，其持有人可以通过向其他人转让该运输单证而转让其中包含的各项权利，主要包括请求提货权、控制权。权利转让的同时，义务并不当然同步转让。作为运输单证的受让人，即非托运人的持有人，只有其行使运输合同下的权利，才承担运输合同下的责任，并且这种责任以载入可转让运输单证或可转让电子运输记录为限或者可以从中查明。

（10）诉讼与仲裁。公约专章规定了诉讼和仲裁，除批量合同外，索赔方有权在公约规定的范围内，选择诉讼地和仲裁地，且运输合同中的诉讼或仲裁地点，仅作为索赔方选择诉讼或仲裁地点之一。各国对这两章的内容分歧很大，为了不影响公约的生效，允许缔约国对这两章作出保留。

### 三、相关法律法规、国际公约对国际海上货物运输中承运方的责任基础的规定

国际海上货物运输是国际货物运输的主要方式，世界上许多国家都制定了专门调整国际海上货物运输的法律。美国和英国分别在1936年和1971年制定了《国际海上货物运输法》日本《商法典》中也有专门描述国际海上货物运输的内容（自1992年开始适用作为特别法的《国际海上货物运输法》）。我国在1992年也制定了《中华人民共和国海商法》，该法共278条，其中国际海上货物运输合同以及海上保险合同分别为两个章节。此外，关于国际海上货物运输，除各国有相关的国内立法外，还存在着大量的国际公约，如1978年联合国贸易会议主持制定的《汉堡规则》，全称为《联合国国际海上货物运输公约》；1924年在布鲁塞尔会议上制定的《关于统一提单的若干法律规则的国际公约》，统称《1924年海牙规则》；1968年在布鲁塞尔制定的《修改统一提单的若干法律规定的国际公约的议定书》，简称《维斯比规则》。这些公约的存在，在消除各国国内立法的差异、减少世界航海贸易的摩擦方面起到了积极作用。

国际海上货物运输，主要是通过托运人和承运人之间订立国际海上货物运输合同的方式来实现的。目前调整国际海上货物运输合同的公约主要有《海牙规则》《维斯比规则》《汉堡规则》。

我国《海商法》第四章有关国际海上货物运输的内容基本是在参照上述公约有关规定的基础上，结合我国的实际情况制定的。我国的沿海运输目前在一些方面实行的仍是计划管理，《海商法》第2条明确规定，该法第四章的内容不适用于中国港口之间的国际海上

货物运输。《海商法》中关于承运人的责任基础主要有如下规定:

1.归责原则——不完全过错责任

《中华人民共和国海商法》第51条规定:在责任期间,货物发生的灭失或者损坏是由于下列原因之一造成的,承运人不负赔偿责任:

(1)船长、船员、引航员或者承运人的其他受雇人在驾驶船舶或者管理船舶中的过失;

(2)火灾,但是由于承运人本人的过失所造成的除外;

(3)天灾,海上或者其他可航水域的危险或者意外事故;

(4)战争或者武装冲突;

(5)政府或者主管部门的行为、检疫限制或者司法扣押;

(6)罢工、停工或者劳动受到限制;

(7)在海上救助或者企图救助人命或财产;

(8)托运人、货物所有人或者他们的代理人的行为;

(9)货物的自然特性或者固有缺陷;

(10)货物包装不良或者标志欠缺、不清;

(11)经谨慎处理仍未发现的船舶潜在缺陷;

(12)非由于承运人或者承运人的受雇人、代理人的过失造成的其他原因。

承运人依照前款规定免除赔偿责任的,除第(2)项规定的原因外,应当负举证责任。

2.责任期间

承运人对货物的责任期间,是指承运人适航与管货义务的存续期间。承运人只对在其责任期间内发生的货物的灭失或者损坏负赔偿责任。

我国《海商法》第46条分3种情况作出了不同的规定:①承运人对集装箱装运的货物的责任期间,是指从装货港接收货物时起至卸货港交付货物时止,货物处于承运人掌管之下的全部期间,俗称"港到港"。②承运人对非集装箱装运的货物的责任期间,是指从货物装上船时起至卸下船时止,货物处于承运人掌管之下的全部期间,俗称"钩到钩"或"舷到舷"。对于非集装箱装运的货物,承运人与托运人可以就装船前和卸船后所承担的责任达成任何协议。③对于多式联运货物,多式联运经营人的责任期间从接收货物时起至交付货物时止。

上述3个责任期间的规定,是调整承运人与托运人及收货人之间的权利义务关系的依据。货物在这3个期间内发生灭失、损坏,或者在"钩到钩"或"港到港"的责任期间内发生迟延交付的,承运人应当负赔偿责任。而对于非集装箱装运的货物,承运人对货物在装船前和卸船后发生的灭失或损坏是否负责,可以与托运人达成任何协议。

3.赔偿责任

承运人在责任期间内,对由于不能免责的原因而造成的货物的灭失、损坏及迟延交付,应当负赔偿责任。

①对货物灭失或损坏的赔偿责任。除承运人依法可免责的情况外,货物在承运人的责任期间内灭失或损坏的,包括因承运人迟延交付而损失或者损坏的,承运人应负赔偿责任。依我国《海商法》第50条第4款的规定:承运人未能在明确约定的交货时间届满60日内交付货物的,有权对货物损失提出赔偿请求的人可以认为货物已经灭失。

②对货物迟延交付的赔偿责任。迟延交付是指承运人未能在明确约定的时间在卸货港交付货物。可见,迟延交付只有在运输合同明确约定的交货时间内,货物未能在约定的卸

货港交付的情况下，才能成立。对于此类迟延交付给包括收货人在内的提单持有人造成的损失，承运人应当负责赔偿。但是如果运输合同中没有约定交货时间，即使在运输合同范围之内，承运人有违约行为，因此造成货物迟延达到的，仍不能按迟延交付责任处理。

在航运实务中，一般而言，承托双方会就责任期间进行约定，并在提单上予以标注。在未予明确约定的情况下，对承运人的责任期间的认定应通过对合同条款的分析作出判断。此外，在实践中，除了将提单标注和海上货物运输合同条款作为判断的依据外，还应考虑海上运输合同实际履行的事实。只有综合考虑上述三个方面因素，才能对承运人责任期间作出准确、合理的认定。

---

**案例讨论**

特灵空调系统（江苏）有限公司（以下简称"特灵公司"）委托被告东方海外货柜航运有限公司（以下简称"东方海外"）承运一批水冷离心式冷冻机组从上海至澳门。2006年7月3日，被告东方海外货柜航运（中国）有限公司（以下简称"东方中国"）代理承运人东方海外签发了提单，提单编号为OOLU2000672780，提单记载的托运人为特灵公司，收货人为TJ Technical Services Ltd.(以下简称"TJ公司"），货物为水冷离心式冷冻机组，交接方式为FCL/FCL，即集装箱整箱交接。

货物到达香港后，被告东方海外将货物交由被告永联发船务有限公司（以下简称"永联发公司"）装运至澳门。同年7月8日，被告永联发公司签发了提单，提单载明托运人为OOCL(HK)LTD.，收货人为TJ公司，货物描述与被告东方海外出具的提单内容一致，打印有堆场至堆场，由托运人装箱、计数和铅封的内容，在提单左下角费用支付栏处记载了"PIER TO DOOR"，即码头至门。货物到澳门港后，7月9日，被告永联发公司立即安排集装箱拖车将涉案货物运至收货人TJ公司处，在车辆行使途中，编号为TEXU0002297集装箱从拖车中摔出造成一台冷冻机组损坏。

经TJ公司制作估价单和盛平公证行有限公司指定的工程师查明，受损货物修复没有经济意义，应作为"推定全损"对待，因而对货物残值进行竞标拍卖处理。原告于2007年3月28日向TJ公司付款130 747美元。4月4日，TJ公司与特灵公司共同向原告出具了清偿及代位求偿权证书。此前，被告永联发公司于2月8日开具收据，确认了TJ公司支付了仓储费和吊柜费共计60 000港元。6月27日，TJ公司出具了关于上述款项的清偿及代位求偿权证书。

原告依法向三个被告进行追偿，请求判令三个被告连带赔偿货损130 746.77美元，并承担诉讼费用。随后又另增60 000港元的仓储费和吊柜费损失诉讼费用。另查明，特灵公司向原告投保，保险单签发日期为2006年7月2日，签发地为上海，该保险单背面经特灵公司背书转让给TJ公司。

问：（1）该案中有关货损的运输责任是否适用《海商法》？

（2）本案承运人责任期间应如何界定？

---

4.责任限制

承运人的赔偿责任限制，是指将承运人对其不能免责的货物迟延交付、货物灭失或者赔偿责任限制在一定的范围，实质上是从量的方面对承运人的赔偿责任予以部分免除。我国《海商法》主要从以下两个方面对承运人的赔偿责任进行了限制：

第一，对货物灭失或者损坏的赔偿责任限制。我国《海商法》第56条规定："承运人对货物的灭失或者损坏的赔偿限额，按照货物件数或其他货运单位数计算，每件或者每个其他货运单位为666.67计算单位，或者按照货物毛重计算，每公斤为2计算单位，以二者中赔偿限额较高者为准。"在适用承运人对货物灭失或者损坏的赔偿限额时，必须注意两点：①如果托运人在货物装运前已经申报其性质和价值，并在提单中载明的，或者托运人与承运人已经另行约定高于《海商法》规定的赔偿限额的，就不再适用《海商法》规定的赔偿限额；②托运人或收货人就货物的灭失和损坏分别向承运人、实际承运人，以及他们的受雇人、代理人提出赔偿请求的，赔偿总额不得超过《海商法》规定限额。承运人的赔偿责任限制，只有当货物的灭失或损坏超过了规定的责任限制额时才有意义。如果损失小于责任限制额，承运人按货物的实际损失赔偿。

第二，承运人对货物因迟延交付造成经济损失的赔偿限额。我国《海商法》第57条规定："承运人对货物因迟延交付造成经济损失的赔偿限额，为所迟延交付货物的运费数额。货物灭失或者损坏和迟延交付同时发生的，承运人的赔偿责任限额以货物灭失损坏的限额为准。"

承运人享受责任限制的权利不是绝对的，如果经证明，货物的灭失、损坏或者迟延交付是由于承运人故意或者明知可能造成损失而轻率地作为或者不作为造成的，承运人不得援引关于责任限制的规定。

---

**案例讨论**

2012年12月6日，原告与案外人太昌公司签订销售合同，约定太昌公司向原告购买900吨混合五金废料，单价为54 000日元／吨，贸易方式为CFR，数量允许有20%左右的误差，装船日期为2012年12月29日，装货港为日本港，目的港为中国浙江省海门，付款方式为信用证支付。同年12月13日，西日本银行收到中国银行浙江分行开具的以太昌公司为申请人、原告为受益人的编号为LC2719212000343的信用证。2012年12月23日，原告委托被告承运涉案销售合同项下957.790吨、总价值为51 720 660日元的混合五金废料，被告作为承运人签发了编号为HKHM-1的涉案提单，载明原告为托运人，收货人为太昌公司，船名为"裕星"轮，装货港为日本博多港，卸货港为中国浙江省海门。2012年12月27日，原告将涉案信用证项下金额为51 720 660日元的汇票质押给西日本银行，该银行扣除各项交易手续费用后将余款51 667 140日元支付给原告。2013年1月8日，西日本银行收到中国银行浙江分行以单证不符为由的拒付通知。后该行多次与中国银行浙江分行进行沟通，要求其通知收货人付款，但未果。2013年2月7日，西日本银行收到中国银行浙江分行退回的发货单据等。同年2月12日，原告将涉案汇票赎回，并支付西日本银行51 720 660日元。货物到达目的港后，被告确认其目的港代理三强公司未凭正本提单放行给收货人太昌公司，原告以其持有涉案正本提单而未收到货款为由，诉至本院。另查明，2013年5月30日，本院根据原告申请作出（2013）甬海法台保字第3号民事裁定书和扣押船舶命令，扣押被告所有的"裕星"轮，原告为此产生诉前保全申请费5 000元人民币。

问：（1）本案中的承运人是否应当承担责任？

（2）如果承运人需要承担责任，其是否可以享受责任限制？

## 四、承运人可主张的抗辩理由

根据法律规定或协议约定，对于海上货物运输的赔偿责任，承运人可以从法定免责、举证责任、责任限制等几个方面进行抗辩或主张免责。

（一）根据运输过程中造成货物灭失的情形是否属于免责情形主张

需要注意的是，《海商法》第51条规定的12种免责情形中第2项规定：火灾。但是由于承运人本人的过失所造成的除外。火灾造成的货物灭失或损害，除直接被烧坏或烟熏造成的外，还包括救火过程中造成的损失，如货物的湿损，或因践踏而造成的损失等。也就是说，船员过失造成的或者原因不明的火灾，承运人可以免责；而由于承运人本人的过失造成的火灾，则不能免责。例如，火灾是由于船舶开航以前和开航当时不适航，承运人明知有隐患而没有采取措施或其他故意行为而造成的，承运人不能回避责任。

（二）根据举证规则，责任承担方若无法举证则承担不利后果

谁主张谁举证是民事诉讼中的一般举证规则，承运人要想免除责任，就要举证证明存在《海商法》第51条规定的免责情形（第2项火灾免责除外，应由索赔方举证证明承运人本人存在过失）；另外，还应证明自己在运输过程中尽到了谨慎处理的义务。比如，在运输过程中谷物水分蒸发造成数量减少，水果腐烂变质，煤炭自燃，矿物粉尘在装卸过程中的尘扬等造成货物重量和体积的正常损耗，或者货物灭失和损坏，这种货物固有缺陷造成的损失，承运人必须举证自己已谨慎处理使船舶适航并履行了管货义务，只有在这样的前提下承运人才可援引此项免责。

（三）根据责任限制，如果承担赔偿责任，并且赔偿额超过了责任限制规定的数额，则承运人可据此主张在责任限制额度之内承担赔偿责任，超过的部分将不予赔偿

此部分内容已经在前述责任限制中进行了描述，此处不再赘述。

# 任务 二
# 提单争端与解决

◎任务描述

托运人中玉公司将货物交与承运人天蓝远洋公司进行运输，货物装船后，承运人天蓝远洋公司发现货物表面状况不良，欲在提单上对货物表面状况作不良批注。后应中玉公司的要求，且在中玉公司提供了保函担保的情况下，天蓝远洋公司未作批注。

请问：

（1）如果天蓝远洋公司作了不良批注，会有什么后果？

（2）在我国海事司法实践中，是如何对保函的效力进行规定的？

**任务分析**

1.确定是否为不清洁提单

关于货物或包装外表状况不良批注的提单为不清洁提单，如"箱子破损""内装货物外露""锈蚀"等。本案中，承运人在提单上未作不良批注，该提单不构成不清洁提单。

2.明确不清洁提单的后果

在国际贸易中，一般银行都不愿意接受不清洁提单，因此会造成托运人难以结汇的后果。因而托运人往往向承运人出具保函，让承运人签发清洁提单，并保证赔偿承运人因签发清洁提单而遭受的损失，以此来换取清洁提单，顺利结汇。本案中若天蓝远洋公司作了不良批注构成不清洁提单，则托运人将面临难以结汇的后果。

3.掌握保函的效力

在我国海事司法实践中，关于保函的效力是：承运人接受保函并签发清洁提单，只要不是对收货人进行欺诈，则保函在托运人与承运人之间有效，但对第三者提单持有人不发生效力。本案中，若天蓝远洋公司赔偿收货人的损失后，可以依据保函向中玉公司追偿；保函对第三者提单持有人不发生效力，天蓝远洋公司不能用保函对抗第三者提单持有人根据清洁提单提出的损失索赔，而应承担赔偿责任且无权享受责任限额。如果天蓝远洋公司接受保函签发清洁提单，构成承运人与托运人对第三者提单持有人进行欺诈，则保函在承运人与托运人之间无效，天蓝远洋公司对第三者提单持有人承担责任后，不能依据保函向中玉公司进行追偿。

**★ 相关知识与案例**

# 一、提单的基本知识

（一）提单的概念与性质

我国《海商法》第71条规定：提单，是指用以证明国际海上货物运输合同和货物已经由承运人接收或者装船，以及承运人保证据以交付货物的单证。提单可以由承运人签发，也可以由承运人授权的人签发，或者由船长签发。

1.提单是承运人与托运人之间达成的国际海上货物运输合同的证明。需要注意的是，提单只是国际海上货物运输合同的证明，而不是合同本身。这是因为，在提单签发之前，托运人向承运人提出订舱要求，一经承运人接受，双方即达成国际海上货物运输合同。签发提单只是承运人履行国际海上货物运输合同的一个环节。承运人与托运人之间的权利义务仍然以运输合同的规定为依据。但当提单从托运人手中转移或转让至第三人收货人、提单受让人或其他提单持有人手中时，提单持有人与托运人之间的权利义务由提单来规定。

2.提单是承运人接管货物或将货物装船的证明。承运人、船长或承运人的代理人向托运人签发提单，表明承运人已经接管运输提单上所记载的货物，并占有该货物，因此提单具有货物收据的作用。当提单在托运人手中时，提单是承运人收到货物的初步证据；当提单转移或转让至善意的第三人收货人或提单受让人时，除提单订有有效的不知条款外，提单就成为承运人按其上记载内容收到货物的绝对证据。

3.提单是承运人保证据以交付货物的凭证。承运人在卸货港应将货物交给凭提单请求交付货物的人。对此，我国《海商法》第71条规定："提单中载明的向记名人交付货物，或者按照指示人的指示交付货物，或者向提单持有人交付货物的条款，构成承运人据以交付货物的保证。"

（二）提单的种类

1.按照提单上是否有收货人的抬头，区分为记名提单、指示提单和不记名提单

记名提单是指在提单正面收货人一栏内载明特定的人或公司的提单。指示提单是指在收货人一栏内载明"凭某人指示"或"凭指示"字样的提单。不记名提单又称空白提单，是指提单正面收货人一栏内不载明具体的收货人或"凭某人指示"，通常只注明"持有人"或"交与持有人"字样的提单。

2.按照货物是否已经装船，区分为已装船提单和收货待运提单

已装船提单是指在货物装船后签发的提单。收货待运提单是指承运人、船长或承运人的代理人在接受托运人的货物后，但货物还未装上船时，应托运人的要求签发的提单，表明货物已经由承运人占有。在实践中，在收货待运提单上加注船名和装船日期，收货待运提单就变成了已装船提单。

3.按照提单上有无批注，区分为清洁提单和不清洁提单

清洁提单是指没有任何有关货物外表状态不良批注的提单。不清洁提单是指有货物外表状态不良批注的提单。在实践中，银行付款时都不愿意接受不清洁提单，因此托运人常常请求承运人出具清洁提单，作为代价，托运人要向承运人出具相应的保函。

4.按照运输方式，区分为直达提单、国际海上联运提单和多式联运提单

直达提单是指货物自装货港装船后，中途不经换船直接驶到卸货港卸货而签发的提单。国际海上联运提单又称转船提单，是指承运人在装货港签发的中途可以转船运输至目的港的提单。多式联运提单是指货物由海上、内河、铁路、公路、航空等两种或多种运输方式进行联合运输而签的适用于全程运输的提单。

（三）提单的内容

目前，世界上从事国际货物运输的航运公司几乎都有自己的提单，在格式和内容上大同小异。提单的内容一般包括正面记载事项和背面条款两个部分。提单正面一般记载下列事项：船名；承运人的名称和主营业所；托运人的名称；收货人的名称；通知方；船舶名称；装货港和卸货港；货物的品名、标志、包数或者件数、重量或者体积；提单的签发日期、地点和份数；运费的支付；承运人或者其代表的签字。

提单背面一般有以下条款：

1.管辖权和法律使用条款

该条款一般规定争议应在承运人所在法院解决，即承运人所在国法院对提单产生的争议有管辖权。另外，该条款通常还规定法院解决争议应适用的法律。

2.承运人责任条款

该条款规定的是承运人在货物运送中应承担的责任及其免责事项。

3.承运人责任期间条款

提单中经常订有责任期间条款。比如，规定承运人的责任自货物装上船时开始至货物卸离船时为止，承运人对货物装前卸后发生的损失不负有责任。再比如，美国《哈特法》规定：承运人的责任期间为收货之时起，至交货之时为止。

4.赔偿责任限额条款

该条款规定当承运人对货物灭失或损害负有责任时，承运人对每件或每一其他单位的货物的赔偿，不超过一定的限额。但需要注意的是，提单上规定的承运人对货物灭失或损害的赔偿限额，不得低于强制性适用的国际公约或国内法规定的限额，否则便属无效。

5.特殊货物条款

特殊货物指的是甲板货、活动物、集装箱货物、冷藏货物等。由于这些货物在保管方式及责任期间方面对承运人有特殊的要求，因此提单通常对此类货物有特殊的规定。

6.留置权条款

该条款规定，承运人可因托运人、收货人未付运费、亏舱费、滞期费及其他应付款项，以及应分摊的共同海损，对货物及其有关单证行使留置权，并有权出卖或以其他方式处置货物。

7.共同海损条款

共同海损条款通常规定的是共同海损的理算地点和理算所依据的规则。在实践中，多数的提单都规定，共同海损的理算依据《1974年约克-安特卫普规则》。

8.新杰森条款

新杰森条款又称修改后的杰森条款。该条款规定，当船舶因船长、船员、引航员的过失发生事故而采取救助措施时，即使救助船与被救助船同属一个船公司，被救助船仍然需要支付救助报酬。该救助报酬可以作为共同海损费用，由各受益方分摊。

9.双方有责碰撞条款

双方有则碰撞条款又称美国碰撞条款。根据美国法律的规定，承运人对于船舶碰撞所造成的货物损失要与责任船舶承担连带责任，因此，凡是去美国的船舶都订有双方有责碰撞条款。该条款规定：载货船舶的承运人有权向本船货主追回其本应免责却间接赔付了的50%货物损害。

此外，提单中还有关于战争、检疫、冰冻、罢工、拥挤、转运等内容的条款。

## 二、如何避免提单批注纠纷

《涉外商事海事审判实务问题解答（一）》第141条规定了如何看待承运人对运输货物的批注范围的问题。其中规定，承运人或者代其签发提单的人，知道或者有合理的根据怀疑提单记载的货物的品名、标志、包数或者件数、重量或者体积与实际接收的货物不符，在签发已装船提单的情况下怀疑与已装船的货物不符，或者没有适当的方法核对提单记载的，可以在提单上批注，说明不符之处、怀疑的根据，或者说明无法核对。承运人或代其签发提单的人未在提单上批注货物表面状况的，视为货物的表面状况良好。据此承运人在提单上所加批注可以分为以下两种情况：

（1）直接或间接地表明所收货物与提单记载事项不符。所谓直接表明，是指以文字形式清楚地表明货物存在的缺陷，如"2箱短少""3桶渗漏"等；所谓间接表明，是指虽然没有在提单上指明货物的瑕疵，但通过批注能够看出货物有存在缺陷的可能性。如托运人申报的货物为纺织品，但承运人在接收货物时看到沙土从集装箱缝隙中流出，便可以加注"有沙土从箱子的缝隙流出"，以表明怀疑。无论直接或间接指出货物缺陷，都会构成不清洁提单，影响托运人结汇。

（2）在提单上声明对货物状况无法核对。所谓声明对货物状况无法核对，就是在提单上加注"不知条款"。"不知条款"是指承运人在提单上所作的关于对提单记载事项无法确知的一种声明。有两点须明确：其一，"不知条款"必须是在承运人对货物的实际状况无法核对的情况下批注的。比如，在装散粮的情况下，托运人申报的货物数量是 8 000 吨，承运人无法确认，又不可能在船上对货物进行过磅检查，便可加注"货物数量由托运人提供，承运人未加核对"。其二，承运人不得滥用"不知条款"，不得全部推卸自己的责任。

另外，在散装货物运输中，货物表面状况是指船方在签发提单时根据通常的观察方法及通常应具备的知识用肉眼或者其他通常的、合理的检验方法，仅从外表所能观察到和发现的货物状况。对于货物内在的品质问题，不在此列。

## 三、如何避免不清洁提单

1951 年 4 月，国际商会在修订《跟单信用证统一惯例》时，接受了一项建议，即银行在办理结汇时，对有下列批注的提单不能视为"不清洁提单"：第一种是不明显地指出货物或其包装有缺陷的批注，如"旧箱""旧桶""旧包装袋"等；第二种是强调由于货物性质或包装而引起的风险，如"易腐货物，船方不承担货物腐烂的责任"；第三种是宣布对货物内容、重量或其他情况不知情的批注，如"发货人提供的重量，承运人未加核对"。

但是，国际贸易中经常会出现这种情况：承运人欲对表面状况不良的装运货物签发不清洁提单，由于银行不接受不清洁提单，托运人不能凭此结汇，因而托运人往往向承运人出具保函，让承运人签发清洁提单，并保证赔偿承运人因签发清洁提单而遭受的损失，以此来换取清洁提单，顺利结汇。实践证明，为了不至于因一些经常出现但估计损失不会很大的有关货物的外表状况和数量的争议，而影响货运程序的正常进行，从而由托运人出具保函承担可能发生的责任，将争议留待日后解决的做法是可行的。

但实际上对承运人来讲，其中潜伏着很大的风险，一旦收货人持清洁提单向承运人索赔，承运人必须赔付收货人。承托人根据保函签发清洁提单，很可能损害第三者收货人的利益，违背民事活动诚实信用原则，甚至构成与托运人共谋的欺诈行为，而且在许多国家，根据其法律规定不同，甚至存在保函无效的危险。

因此，关于这种保函的效力，国际上一般的做法是：承运人接受保函并签发清洁提单，只要不构成对收货人欺诈，则保函在承运人与托运人或者其他提供保函的人之间有效，也就是说承运人在赔偿收货人的损失后，可以依据保函向托运人或其他提供保函的人追偿；保函对第三者提单持有人不发生效力，承运人不能用保函对抗第三者提单持有人根据清洁提单提出的损失索赔，而应承担无限额的赔偿责任，除非承运人接受保函而签发清洁提单得到了第三者提单持有人的同意；如果承运人接受保函签发清洁提单，构成承运人与托运人或其他提供保函的人对第三者提单持有人进行欺诈，则保函在承运人与托运人或其他提供保函的人之间也属无效，承运人对第三者提单持有人承担责任后，不能依据保函向托运人或其他提供保函的人追偿。我国《海商法》没有规定这种保函的效力，但在我国司法实践中，也是采取上述原则。

需要提醒的是，接受保函签发清洁提单，对承运人来说是有一定风险的。因此，承运人对托运人提出的凭保函签发清洁提单的要求须特别审慎。如果承运人接受了托运人的要求，就应要求托运人提供一式数份保函。

---

**案例讨论**

2008年3月9日，中国某服装进出口公司将生产好的50 000件运动衫分别装在1 000个纸箱中，交付墨西哥某外贸公司指定的承运人香港某远洋运输公司的"惠兴"轮进行运输。"惠兴"轮的船长在对这批货物进行初步的检查后，向中国某服装进出口公司签发了清洁提单，但承运人并没有对这批货物从表面上看是否异常进行批注。中国某服装进出口公司收到清洁提单后到银行议付了货款。

当这批运动衫运抵墨西哥后，墨西哥某外贸公司立即对这批货物进行了检查。结果发现这批货物并没有达到合同约定的数量50 000件。在这1 000个纸箱中有大约100个纸箱出现了运动衫数量短少的情况，短少的数量从几件到几十件不等。墨西哥某外贸公司随后又立即请一家商品检验机构对这批货物进行了检验。这家商品检验机构也随即出具了有关这批货物数量短少的证明。

鉴于此时中国某服装进出口公司已经从银行议付了货款，墨西哥某外贸公司根据双方在买卖合同中签订的仲裁条款，向中国某国际经济贸易仲裁机构提交了仲裁申请。中国某服装进出口公司在收到仲裁通知以后，立即进行了答辩。中国某服装进出口公司认为：首先，这批货物的承运人向该公司签发了清洁提单，说明这批货物在交付承运人的时候是完好的，不存在破损或数量短少的情况，因此不能证明这批运动衫数量短缺的责任在中国某服装进出口公司一方；其次，买卖双方在签订合同时约定的贸易术语是FOB，根据该术语，货物由卖方交付承运人后，当货物跨过承运人的船舷时，货物灭失的风险就转移给了买方，作为卖方的中国某服装进出口公司就不应为此承当任何责任，而作为买方的墨西哥某外贸公司应当追究香港某远洋运输公司或有关的保险公司的责任；再次，墨西哥某外贸公司是在货物到达墨西哥港口后才对这批货物进行了检验，中国某服装进出口公司认为在该公司并未知晓的情况下墨西哥某外贸公司就单方面对这批货物进行了检验，这对中国某服装进出口公司来说是不公平的，检测的结果也是不能被接受的。

在中国某服装进出口公司提出抗辩理由后，墨西哥某外贸公司认为对方的抗辩有一定的理由，就转而向这批货物的承运人——香港某远洋运输公司发去了一封电报，要求该公司承担这批运动衫在运输途中灭失给该公司造成的损失。香港某远洋运输公司在收到电报后立即进行了答复。该公司一方面声称自己在运输货物的过程中不存在任何过失，另一方面还向墨西哥某外贸公司出示了一张保函。原来，在中国某服装进出口公司准备交付货物的时候，交货的最终期限已经临近，中国某服装进出口公司为了及时交货，特别是为了让承运人立即签发提单以便该公司能够马上到银行议付货款，中国某服装进出口公司就在承运人并未对全部货物进行检查的情况下，要求香港某远洋运输公司出具清洁提单，并且保证因货物残损短缺而导致的一切损失都由中国某服装进出口公司而非香港某远洋运输公司承担。墨西哥某外贸公司为此再次向中国某服装进出口公司提出该公司应承担货物灭失的全部责任的要求。

问：中国某服装进出口公司是否需要最终承担这批运动衫数量短少的责任？

## ★ 实训演练

分组案例讨论

1.2006年12月22日，上海C轮船公司（以下简称"C公司"）与宁波J物流有限公司（以下简称"J公司"）以传真形式签订了一份航次租船合同，约定C公司为出租人，J公司为承租人，由C公司所属"WH"轮装运4 300吨焦炭自连云港到南通或张家港永泰，受载日期为同年12月28日至12月29日，运价为人民币82元／吨，运费计算方式为"按装货港交接数计收运费，若备货不足4 300吨按4 300吨计收运费，超过按实计（船方原因除外）"；合同第9条约定，合同手改部分无效。

C公司在传真签署航次租船合同的同时，以手写形式在合同"装载量"一栏下方自行添加了"积载因数1.75立方米／吨"。合同签订当日，J公司以传真形式向C公司进一步明确涉案航次租船合同中运输焦炭种类为中焦。合同订立后，J公司依照约定备货4 500吨，C公司所属"WH"轮实际运输3 754.20吨。J公司已将实际装运货物数量的相应运费人民币307 844.40元支付给C公司。

双方因纠纷协商不成，C公司将J公司起诉至法院。原告C公司认为被告J公司在合同签订后，改变焦炭种类为中焦，致使最终装载货物实际重量为3 754.20吨，与约定的4 300吨相差545.80吨，由此造成其运费损失人民币44 755.60元。故请求法院判令被告J公司赔偿上述运费及利息损失，并由被告承担律师费用和诉讼费用。

海事法院审理后判决，对原告C公司诉讼请求不予支持。原告C公司以"其已提供合适船舶来装运货物，且被告负责装货，故原告无法掌握装载情况，被告没有按照合同约定数量来装载货物造成船舶没有满舱"为由，向上海市高级人民法院提起上诉。二审判决驳回上诉，维持原判。

问题：在散货运输中如何防止"满舱不满载"的风险？承托双方的权利义务如何分配？

2.2012年7月21日和26日，由人保广西公司承保的20 000吨散装天然脱胶大豆油，在阿根廷圣罗伦索港和巴西巴拉那瓜港混装于阿特米斯公司所属"高山传奇（ALPINELEGEND）"轮，船长授权其代理人签发了编号为ARG-SL002、ARG-SL003、PAGUA01B三份油轮提单，提单记载货物数量共计20 000吨。涉案船舶于同年9月14日抵达天津港卸货，交付给收货人中储粮油脂有限公司（以下简称"中储粮公司"）。卸货前空距报告记载装有涉案货物的船舱货物重量为39 241.969吨，卸货后空距报告记载剩余货物重量为19 280.542吨，空距报告明确记载了计算重量所依据的空距以及货物的温度和密度。货方检验人在这两份空距报告上签字，并注明仅确认空距和温度。

人保广西公司作为涉案货物保险人，在货物卸至岸罐后委托中国检验认证集团江苏有限公司（以下简称"CCIC江苏公司"）对涉案货物重量进行检验，CCIC江苏公司出具的重量证书（以下简称"CCIC证书"）记载涉案货物重量为19 897.187吨，该证书所依据的空距及温度与卸货前空距报告一致，所依据的密度为货物卸至岸罐后的实测密度。因发生货物短量，人保广西公司向被保险人即收货人中储粮公司支付了保险赔款576 639.63元人民币，取得被保险人出具的权益转让书。

问题：液体散货货物运输的"货物短量"与件货运输的"货物短量"相比，有什么特点？本案中承运人是否应当承担"货物短量"的责任？

**★单元教研交流**

1.本单元的重点和难点

重点：海上国际货物运输的责任基础、免责情形、责任限制。

难点：提单的性质、不清洁提单的确定与后果、保函的效力。

2.学生在学习中容易出现的问题

（1）对承运人责任基础的理解不够深入；

（2）对基于海上货物运输风险特殊性的责任限制没有深刻的理解；

（3）对保函的效力缺乏准确的掌握。

3.教学建议

（1）能力培养方面：以任务导入，培养学生问题意识，引导学生分析国际海上货物运输赔偿责任及不清洁提单纠纷案例，掌握应对国际海上货物运输赔偿责任及不清洁提单问题的思路与策略。

（2）知识体系方面：针对授课重点与难点，引导学生分小组演讲；在课堂案例讨论环节，可采取学生小组对抗式实战演练。

4.单元教学思路

本单元主要围绕国际海上货物运输法律赔偿问题进行讲授，旨在培养学生界定海上国际货物运输，依据《海商法》及相关国际公约的规定确定货物灭失或迟延交付的责任承担主体以及免责情形和责任限制的能力；掌握不清洁提单的后果及保函的效力。

本单元以任务导入的方式，依照案例分析的步骤引导学生分析海上货物运输案例，培养学生问题意识。在相关知识与案例部分，对货物灭失、迟延交付、不清洁提单纠纷等相关概念予以重点介绍。以上内容是正确分析海上货物运输赔偿责任案例的必备基础知识，必须予以重点关注。

# 单元三 国际海上保险争端与解决

◎ 任务目标

★ 明确海损的性质
★ 了解海上保险法的基本原则
★ 了解国际海上保险合同的主要条款
★ 能正确处理海上保险合同纠纷

## 任务 一 关于海损性质的争端与解决

◎ **任务描述**

美国某货轮满载中国 A、B、C、D 四个公司的货物运往英国。A 公司采取到付运费，B、C、D 三个公司采取预付运费。开航后船舶意外触礁进水，迫于无奈，船舶驶往日本大阪港口修理，为此支付了港口费、船员工资、给养等费用。船舶修好后继续航行，第 5 日又遇到了罕见的 12 级风暴，船舶有发生倾覆的危险，船长命令抛弃 A 公司的全部货物，才使船舶得以安全航行。邻近目的港英国时 B 公司的货物又意外失火，由于采取灭火措施使 C、D 公司的部分货物被水浸湿。由于中途修船，导致 C 公司货物因迟延到达而市价跌落。以上船货均投保了中国人民保险公司的"一切险"。

问题：

1. 上述损失属于共同海损和单独海损的分别有哪些？
2. 海上保险合同风险条款的各个险种内容有哪些？
3. 上述船货损失应如何承担？

**任务分析**

（一）判断什么是共同海损和单独海损

被保险货物因遭受海洋运输中的风险而导致的损失称为海损或海上损失。海损按损失程度的不同，可分为全部损失和部分损失。从损失的性质看，全损又可分为实际全损和推定全损两种。部分损失，是指被保险货物的损失没有达到全部损失的程度。部分损失按其性质，可分为共同海损和单独海损。

依据《中华人民共和国海商法》第193条的规定，共同海损，是指在同一海上航程中，船舶、货物和其他财产遭遇共同危险，为了共同安全，有意地、合理地采取措施所直接造成的特殊牺牲、支付的特殊费用。共同海损的构成要件有以下几个：①船舶、货物和其他财产处于同一海上航程，面临共同的、真实存在的危险；②所采取的措施是为了船舶、货物和其他财产的共同安全，而且是有意的、合理的；③所造成的牺牲和支付的费用是特殊的（船方义务之外的）；④所采取的措施取得了一定的效果，达到了全部或部分保全船舶、货物和其他财产的目的。该案中A公司的损失属于共同海损，C、D公司的部分货物被水浸湿，也是为了船货双方的共同利益。

（二）判断海上保险合同中的"一切险"范围涵盖哪些

首先要确定该损失是属于海上风险还是外来风险。国际贸易货物在海上运输、装卸和储存过程中，可能会遭到各种不同风险，而国际海上货物运输保险人主要承保的风险有海上风险和外来风险。海上风险在保险界又称海难，包括海上发生的自然灾害和意外事故。外来风险一般是指由于外来原因而引起的风险。它可分为一般外来风险和特殊外来风险。本案中，开航后船舶意外触礁进水、遇到了罕见的12级风暴均属于海上风险；B公司货物意外失火属于外来风险。

其次要依据一切险的定义来界定该损失。一切险是三个基本险种中责任范围最大的险种，英文名称是"all risks"。一切险除承保水渍险的各项责任外，还负责被保险货物在运输途中由于外来原因所致的全部或部分损失。

（三）判断损失应如何分担，海损能否得到理赔

首先，要判断保险责任是否属于除外责任。除外责任是根据法律或者合同的约定，保险人不承担责任的保险范围。若属于除外责任，则无须考虑保险公司理赔的救济手段。

其次，要考虑保险合同中具体规定的保险人承保的风险范围。海上保险合同成立后，保险人只对那些发生在保险责任范围内的保险事故造成的保险标的的损失和产生的责任负责赔偿。保险事故是指保险人与被保险人约定的任何海上事故，包括与海上航行有关的发生于内河或者陆上的事故。海上保险与海上运输有着密切的联系。国际海上运输除了会遇到陆上运输可能遇到的风险外，还会遇到某些特殊风险，如海上的台风、海啸、雷电等不可抗拒的自然灾害。这些特殊风险还有战乱、海盗、盗窃、船员不法行为，以及政府对船舶的扣押、捕获、征用、限制等人为的灾害，或由于船舶本身潜在缺陷、船员的过失导致船舶搁浅、碰撞、沉船等事故。从保险合同条款中来界定该风险是否属于投保范围。该案中共同海损、单独海损都属于"一切险"的投保范围。

最后，要考虑保险合同中的特殊约定，以及约定保险赔偿数额和比例。遵守合同自由原则，但也要在法律的幅度内约定，要符合《保险法》的一般规定。该案中保险理赔按合同的约定来解决。

★ 相关知识与案例

## 一、海上保险的基本原则

海上保险的基本原则，是指在海上保险活动中当事人应当遵循的行为准则。海上保险活动作为一种独立的经济活动类型，基于自身的特点和适用范围，在长期的发展过程中逐步形成了一系列基本原则。根据国际惯例，这些基本原则可归纳为：损失补偿原则、可保利益原则、近因原则、最大诚信原则和代位求偿原则。

（一）损失补偿原则

损失补偿原则，是指被保险人在保险合同约定的保险事故发生之后，保险人对其遭受的实际损失应当进行及时、全部的赔偿。

1.及时赔偿

及时赔偿是保险人的一项法定义务。我国《海商法》第237条规定：发生保险事故造成损失后，保险人应当及时向被保险人支付保险赔偿。结合我国《保险法》，保险人必须在与被保险人达成协议后的10天内支付保险赔款。遇到复杂情况无法在上述日期内完成赔付的，可将确定的最低数额予以先行赔付，等到最终确定赔偿数额后再补齐差额。

2.全部赔偿

如果被保险人对保险标的进行了足额投保，那么保险人对于被保险人遭受的全部损失应当给予全部赔偿，不能随意扣减。

3.赔偿实际损失

由于海上保险合同是一种补偿性的合同，没有营利的性质，因此，被保险人获得的保险赔偿不能够超过实际损失，否则会造成被保险人从保险事故中获利的情形。

（二）可保利益原则

可保利益，是指投保人或被保险人与保险标的有利害关系，即投保人或被保险人因保险标的安全抵达或准时抵达而获益，因保险标的灭失、损毁、迟延或产生责任而受害。

可保利益原则，是指只有对保险标的具有可保利益的投保人与保险人签订的海上保险合同才有法律效力，保险人才承担保险责任。我国《保险法》第12条规定："投保人对保险标的应当具有保险利益。投保人对保险标的不具有保险利益的，保险合同无效。"

可保利益原则是大多数国家的海商法和保险法确认的，并将其作为海上保险合同成立的法定条件，当事人不得协商变更。

（三）近因原则

近因原则是为了明确事故与损失之间的因果关系、认定保险责任而专门设立的一项基本原则。它是指保险人对于承保范围内的保险事故作为直接的、最接近的原因所引起的损失，承担保险责任，而对于承保范围以外的原因造成的损失，不负赔偿责任。

海上保险人十分重视近因原则。由于国际海上运输复杂多变，风险四布，导致从事国际海上运输的船舶或货物遭受损失的原因往往不止一个。只有当海上风险的发生是造成保险标的损失的直接原因时，保险人才承担保险责任。"近因"并不是指时间上最接近，而是看原因是否是直接的。

（四）最大诚信原则

最大诚信原则是指签订保险合同的各方当事人必须最大限度地按照诚实与信用精神协商签约，海上保险合同当事人应当做到：

（1）告知，也称披露。它通常是指被保险人在签订保险合同时，应该将其知道的或推定应该知道的有关保险标的的重要情况如实向保险人进行说明。因为，如实告知是保险人判断是否承保和确定保险费率的重要依据。

（2）申报，也称陈述。申报不同于告知，具体是指在磋谈签约过程中，被保险人对保险人提出的问题，进行如实的答复。由于申报内容也关系到保险人承保与否，涉及海上保险合同的真实有效，故成为最大诚信原则的另一基本内容。

（3）保证。保证是指被保险人向保险人作出的履行某种特定义务的承诺。在海上保险合同中，表现为明示保证和默示保证两种。明示保证主要有开航保证、船舶状态保证、船员人数保证、护航保证、国籍保证、中立性保证、部分不投保保证等。而默示保证主要包括船舶适航保证、船舶不改变航程和不绕航保证、船货合法性保证等。

（五）代位求偿原则

当保险标的的所遭受的保险事故是由第三人的行为引起的，被保险人当然有权利向肇事者就其侵权行为所致损失进行索赔。由于海事诉讼往往牵涉到许多方面，诉讼过程旷日持久，保险人为便利被保险人，就按照保险合同的约定先行赔付，同时取得被保险人在标的物上的相关权利，代被保险人向第三人进行索赔，这就是在国际海上保险业中普遍盛行的代位求偿原则。

我国《海商法》第252条第一款规定："保险标的发生保险责任范围内的损失是由第三人造成的，被保险人向第三人要求赔偿的权利，自保险人支付赔偿之日起，相应转移给保险人。"这就确立了我国海上保险业务中的代位求偿原则，符合国际上通行的做法。保险人的代位求偿权是从被保险人处传来的，应严格局限于被保险人原有的对第三人的权利，不能由于代位求偿而得到被保险人本没有的权利。

为确保代位求偿原则的顺利执行，我国《海商法》就代位求偿过程中可能出现的几种情况作了如下规定：

（1）如果由于某种情势的需要，被保险人主动放弃了对第三人的一些权利，从而造成保险人在一些权利上无法代位求偿，那么根据我国《海商法》第253条的规定，被保险人未经保险人同意放弃向第三人要求赔偿的权利，或者由于过失致使保险人不能行使追偿权利的，保险人可以相应扣减保险赔偿。

（2）如果保险人在办理代位求偿时发现第三人已经赔付给被保险人部分损失，则保险人依照我国《海商法》第254条第一款的规定，保险人支付保险赔偿时，可以从应支付的赔偿额中相应扣减被保险人已经从第三人取得的赔偿。

（3）如果保险人在取得代位求偿权后向第三人索赔时，获得的赔偿高于保险人赔付给被保险人的保险赔偿，保险人不可以将这些赔偿金全部划归自己。我国《海商法》第254条第二款规定："保险人从第三人取得的赔偿，超过其支付的保险赔偿的，超过部分应当退还给被保险人。"因为代位求偿只是代位，保险人不可以此获得额外利益。

（4）按照代位求偿的规定，在委付或实际全损的情况下，保险人在按照保险合同赔付了被保险人之后，就取得了对保险标的的全部权利和义务。但有时，保险标的已经完全没有价值甚至还在继续扩大其对第三人的责任。如果此时保险人承担保险标的的全部权利义务，则保险人将承担更大的损失。为保护保险人的利益，我国《海商法》第255条规定："发生保险事故后，保险人有权放弃对保险标的的权利，全额支付合同约定的保险赔偿，以解除对保险标的的义务。保险人行使前款规定的权利，应当自收到被保险人有关赔偿损失的请求之日起的七日内通知被保险人；被保险人在收到通知前，为避免或者减少损失而支付的必要的合理费用，仍然应当由保险人偿还。"

（5）在代位求偿制度中，保险人对保险标的的权利的获得是以支付保险赔偿为前提的。只要保险人不宣布放弃对保险标的的权利，则在保险人支付保险赔偿后，保险标的的权利和义务就转移给了保险人。转移权利义务的多少由保险金额与保险价值的比例决定。对此我国《海商法》第256条规定："除本法第255条的规定外，保险标的发生全损，保险人支付全部保险金额的，取得对保险标的的全部权利；但是，在不足额保险的情况下，保险人按照保险金额与保险价值的比例取得对保险标的的部分权利。"

**案例讨论**

第二次世界大战前夕，"花样"轮船向保险公司投保了战争险。战争爆发后，该轮被德国政府捕获。战争结束后，保险人按照全损赔付。之后，该轮被德国政府退回，而且给予了一定数量的赔偿。

问：依据我国《海商法》的相关规定，谁有权利取得该船？谁有权利获得赔偿？

## 二、海损种类

海损是指船舶、货物等遭遇海上风险而造成的损失。海损按损失程度的不同，可分为全部损失和部分损失。

（一）全部损失

全部损失简称全损，是指被保险货物在海洋运输中遭受全部损失。从损失的性质看，全损又可分为实际全损和推定全损两种。

1.实际全损

实际全损又称绝对全损，是指保险标的物在运输途中全部灭失或等同于全部灭失。英国《海上保险法》第57条第1款规定："如果保险标的完全灭失，或受损后不成其为原保险的那种物品，或保险标的的丧失被保险人已无法挽回则构成实际全损。"我国《海商法》第245条规定："保险标的发生保险事故后灭失，或者受到严重损坏完全失去原有形体、效用，或者不能再归被保险人所拥有的，为实际全损。"英国《海上保险法》第58条规定："如果船舶在航海冒险中失踪，并且在此后相当一段时间内杳无音讯，则可视为实际全损。"我国《海商法》第248条规定："船舶在合理时间内未从被获知最后消息的地点抵达目的地，除合同另有约定外，满两个月后仍没有获知其消息的，为船舶失踪。船舶失踪视为实际全损。"并且，这一规定同样适用于运输中的货物。

在保险业务中构成实际全损的情况主要有以下几种：

（1）保险标的物全部灭失。例如，载货船舶遭遇海难后沉入海底，保险标的物实体完全灭失。

（2）保险标的物的物权完全丧失已经无法挽回。例如，载货船舶被海盗抢劫，或船货被敌对国扣押等。在这些情况下，虽然标的物仍然存在，但被保险人已失去标的物的物权。

（3）保险标的物已丧失原有商业价值或用途。例如，水泥受海水浸泡后变硬，烟叶受潮发霉等。

（4）载货船舶失踪，杳无音讯已达相当一段时间。在国际贸易实务中，一般根据航程的远近和航行的区域来决定时间的长短。

2.推定全损

推定全损是指保险货物的实际全损已经不可避免，而进行施救或复原的费用加上货物运抵目的港的费用的总和将超过货物运抵目的港后的价值或已超出标的物的保险价值。英国《1906年海上保险法》第60条第1款规定："根据保险单明确约定，保险标的的实际全损看上去已经无法避免，或为避免实际全损发生，保存标的物所需的费用将超过其本身的价值时，则属推定全损。"其第60条第2款规定了构成推定全损的情形：①由于承保危险使被保险人丧失对其船、货的占有，而且被保险人不可能收回船舶和货物，或者收回船、货的费用将超过其收回后的价值；②在船舶受损的情况下，由于承保危险使船舶如此受损，以至于修理船损的费用会超过修理后船舶的价值；③在货物受损的情况下，如果修理受损货物和续运货物到目的地的费用，会超过货物到达目的地的价值。我国《海商法》第246条规定："船舶发生保险事故后，认为实际全损已经不可避免，或者为避免发生实际全损所需支付的费用超过保险价值的，为推定全损。货物发生保险事故后，认为实际全损已经不可避免，或者为避免发生实际全损所需支付的费用与继续将货物运抵目的地的费用之和超过保险价值的，为推定全损。"

构成被保险货物推定全损的情况有以下几种：

（1）保险标的物受损后，其修理费用超过货物修复后的价值。

（2）保险标的物受损后，其整理和继续运往目的港的费用，超过货物到达目的港的价值。

（3）保险标的物的实际全损已经无法避免，为避免全损所需的施救费用将超过获救后标的物的价值。

（4）保险标的物遭受保险责任范围内的事故，使被保险人失去标的物的所有权，而若收回标的物的所有权，其费用将超过收回标的物的价值。

（二）部分损失

部分损失是指被保险货物的损失没有达到全部损失的程度。部分损失按其性质，可分为共同海损和单独海损。

1.共同海损

共同海损是指在同一海上航程中，船舶、货物和其他财产遭遇共同危险，为了共同安全，有意地、合理地采取措施所直接造成的特殊牺牲、支付的特殊费用。根据1974年国际海事委员会制定的《约克-安特卫普规则》的规定，载货船舶在海运中遇难时，船方为了共同安全，以使同一航程中的船货脱离危险，有意而合理地作出的牺牲或引起的特殊费用，被称为共同海损。

共同海损构成，主要包括如下几个要件：

第一，同一海上航程中属于不同利益方的财产存在共同危险。同一海上航程

（common maritime adventure）是指船舶和货物或者其他财产结为一体时的船舶海上运输期间。财产利益方包括船舶所有人、货主和运费所有人。对于财产利益方，不同的法律有不同的理解。比如，从保险法的意义上来说，即使不同的财产同为一人所有，不同的财产保险人为不同的财产利益方；而英美法规定，不同的财产为同一人所有（分摊方为同一人），且不同的财产保险人也为同一保险人，共同海损分摊不受影响；美国普通法则认为应将船舶所有人和船舶保险人看作两个不同的利益方。

第二，必须存在共同危险（common maritime adventure）。就我国《海商法》的规定及司法实践而言，危险是共同的（common）和真实的（real）；而英美法采取主观主义，完全依赖于船长"合理和善意的判断"，如经船长判断存在危险，即使客观上不存在，也不影响共同海损的成立；法国法则采取客观主义。需要提醒的是，如果危险确实存在，只是船长错误地估计了危险的原因、性质、程度、位置等，因而错误地采取了措施导致财产受损，仍可成立共同海损。此外，这里的共同危险并不要求危险是急迫的（imminent）。

第三，共同海损行为必须是为了共同安全而采取的。共同海损要求危险是同一海上航程中的各种财产所共同面临的，如果面临危险的仅仅是个别财产，比如船舶货舱的通风系统发生故障，导致船上一批水果面临腐烂的危险，船舶绕航到一港口修理通风系统，因此产生的额外费用不是共同海损。此外，即使船、货和其他财产面临共同危险，但船长采取避险措施仅仅是为了部分财产的安全，由此造成的额外费用也不能算共同海损。也就是说，在船、货和其他财产遭遇共同危险后，若采取措施仅仅是为了部分财产的安全，而不是所有财产的安全，则这种措施不是共同海损行为。

第四，共同海损行为必须是有意的（intentionally）。也就是说，明知或者预见到所采取的措施会造成船舶、货物或其他财产的进一步损害，或者产生费用，但为了使船舶、货物或其他财产摆脱共同危险，仍然决定采取这一措施。

第五，共同海损行为必须是合理的（reasonably）。也就是说，所采取的措施应尽可能以最小的损失换取船舶、货物和其他财产的最大安全。在司法实务中，通常采用客观标准，具体而言，就是所采取的措施在性质上是否符合当时的客观情况，是否符合船、货或其他财产当时的客观需要，措施是否可行，就程度而言是否在合理的限度内（综合考虑损益成本，同时对要采取的各种措施之间的成本进行权衡）。

此外，具有财产的牺牲或者费用的支出。该牺牲或者支出的费用是特殊的（extraordinary），是共同海损行为的直接后果。1994/2004 YAR 规则（York-Antwerp Rules，《约克-安特卫普规则》）C规定："只有属于共同海损行为直接后果的灭失、损害或者费用，才应作为共同海损。在任何情况下，与环境损害有关的或者从处于同一海上航程中的财产泄漏或者释放污染物质而引起的灭失、损害和费用，不得列为共同海损。无论是在航程中还是在其后所发生的滞期损失、行市损失和任何因迟延而遭受的损失或者支付的费用，以及任何间接损失，均不得列为共同海损。"

对于"必须有财产得以保存"，《约克-安特卫普规则》、各国的法律及判例，均未将其作为共同海损或者共同海损行为成立的必要条件。有财产保存只是财产所有人进行共同海损分摊的必要条件；没有财产获得保存，原财产所有人则无须进行共同海损分摊，但对于海上保险可能仍有意义。

**案例讨论**

某轮搁浅后，由于船长对海上某处水文、气象不了解，错误地认为遭遇了危险，因而雇请拖轮前来救助。事后，经调查发现，船舶搁浅系由潮汐变化所致，待高潮来临，完全可以自行起伏。事后船方因就雇用拖轮所支付的救助费用向货方主张共同海损遭拒而诉诸某海事法院。

问：本案是否构成共同海损？

**案例讨论**

"双宁207"号轮建造完工于2006年7月，为薛志盛所有，登记的经营人为福海海运公司。2006年7月20日，福海海运公司作为投保人向华安保险公司投保"双宁207"号轮的沿海、内河船舶一切险，保险金额为200万元。同日，双方又签订了《华安财产保险股份有限公司国内货运险预约保险协议》（以下简称《预约保险协议》），由华安保险公司承保"双宁207"号轮的承运人货运责任险，保险范围依照国内水路、陆路货物运输保险基本险条款执行；保险范围包括按国家规定或依一般惯例应分摊的共同海损的费用；每次事故每吨货物最高赔偿限额为5 000元／吨；船龄在10年以下的船舶，每次事故绝对免赔额为5 000元或绝对免赔率为16%，两者以高者为准。两份保险合同的保险期限均为2006年7月21日0时起至2007年7月20日24时止。亦在同日，华安保险公司向福海海运公司签发了内容与《预约保险协议》一致的国内水路、陆路货物运输保险单。

2006年9月17日，"双宁207"号轮装载奚永亮托运的ABS塑料粒子3 960包（99吨）、温州亚泰进出口有限公司托运的WD-500E聚苯乙稀2 000包（50吨）、宁波江北天天物流有限公司托运的1 016件涂布纸（约800吨），从宁波运往汕头。其中，涂布纸装在下层，塑料粒子装在上层，高出甲板。18日7时30分，该轮航行至象山马鞍山以东海域时，海面西北风6～7级，但海上海浪较大，船舶发生倾斜，船长决定抛弃部分甲板货物。船舶脱离危险后，抵达象山称柱礁锚地。当日，华安保险公司派人到船上勘察。19日，船长作出海事声明，并向华安保险公司提出理赔要求。同日，象山海事处上船检查后，同意船舶继续开往目的港。因两票塑料粒子发生短少和破包，敏杰公司从两家货主受让权利后，于2007年2月起诉，要求福海海运公司赔偿货物损失，并申请扣押"双宁207"号轮。法院受理两案后，依法扣押了船舶，并经审理，于2007年6月以（2007）甬海法商初字第37、38号判决书判决福海海运公司向敏杰公司共赔偿货物损失496 014.76元，并承担两案各项诉讼费用共计18 330元。两案判决生效后，福海海运公司于2007年9月7日通过法院将其提供给法院的解除扣押船舶担保金17万元支付给了敏杰公司。

2007年7月3日，华安保险公司以本案事故所造成的货物损失不属于保险责任范围为由，向福海海运公司发出拒赔通知。为此，福海海运公司诉至原审法院，请求判令华安保险公司支付保险赔偿514 344.76元及利息（从2007年7月3日起按中国人民银行同期贷款利率计付到实际支付之日止）、共同海损理算费8 000元。

诉讼中，福海海运公司以本案货损构成共同海损为由，委托中国国际贸易促进委员会海损理算处对本案货物损失进行共同海损理算，中国国际贸易促进委员会海损理算处于 2007 年 11 月 26 日作出理算报告，核定包括理算费 8 000 元在内的共同海损牺牲和费用为 504 014.76 元，其中船方应分摊 151 134.70 元，货方应分摊 352 880.06 元。

问：本案是否构成共同海损？

2.单独海损

单独海损是指保险标的物在海上遭受承保范围内的风险所造成的部分灭失或损害，即除共同海损以外的部分损失。单独海损分为船舶的单独海损和货物的单独海损。单独海损只能由受损物的所有人单独负担。与共同海损相比较，单独海损的特点是：①它不是人为有意造成的部分损失；②它是保险标的物本身的损失；③单独海损由受损失的被保险人单独承担，但可根据损失情况从保险人那里获得赔偿。根据英国海商法的规定，货物发生单独海损时，保险人应赔金额的计算，等于受损价值与完好价值之比乘以保险金。

单独海损是针对共同海损而言的，共同海损和单独海损均属于部分损失，二者具体的区别如下：

（1）共同海损是在船舶、货物和其他财产遭遇共同危险时（共同危险是真实存在的或是不可避免的，并且是不可预测的），而有意地、合理地采取措施所造成的。单独海损是由不可抗力或意外事件所造成的，而不是任何人有意采取措施造成的，是承保风险直接导致的损失。

（2）共同海损是为了船舶、货物和其他财产的共同安全而造成的损失。如果仅是为了一方的利益而造成损失，则不属于共同海损。而单独海损只涉及损失方单方的利益，不存在船舶、货物和其他财产的共同安全问题。

（3）共同海损是为船舶、货物和其他财产的共同安全而采取的措施，因此共同海损应由受益各方共同分摊。而单独海损应由损失方自行承担，或者按照海上货物运输合同的规定处理。

（4）共同海损可以是由于一方的过失造成的，但这并不影响共同海损的成立。我国《海商法》第 197 条规定，共同海损事故由航程中一方的过失造成的，不影响该方要求分摊共同海损的权利。而单独海损是由于不可抗力或意外事故造成的，不涉及当事人的主观过错问题。

## 三、海上保险合同

### （一）海上保险合同的概念和特征

海上保险合同是保险人对被保险人因海上及陆上风险或危险和意外事故（通常称为保险事故）所造成的财产或利益损失或者引起的责任，按照约定的条件和范围给予赔偿的一种特殊的商业保险行为。通俗地讲，就是保险人和被保险人通过协商，对船舶、货物及其他海上标的所可能遭遇的风险进行界定，被保险人在交纳约定的保险费后，保险人承诺一旦上述风险发生在约定的时间内并对被保险人造成损失，保险人将按约定给予被保险人经济补偿的商务活动。海上保险合同属于财产保险的范畴，是对由于海上自然灾害和意外事故给人们造成的财产损失给予经济补偿的一项法律制度。

由于海上保险合同产生的保险人与被保险人之间的权利义务关系，属于民事法律关系的范畴，保险合同一经成立，便受法律的保护。因此，海上保险合同具有合同的一般法律特征：

（1）海上保险合同是双务有偿合同

根据保险合同的约定，投保人的义务是交纳保险费，保险人的义务是在约定的保险事故发生后，根据约定对被保险人的损失、损害和责任给予经济补偿。

（2）海上保险合同是补偿合同

这种补偿体现在以下三个方面：如果标的物损坏或者灭失，则保险人只给予经济补偿，而不负责使标的复原；如果被保险人的损失大于保险金额，保险人的补偿以保险金额为限；如果被保险人的损失小于保险金额，则保险人的补偿以被保险人的损失额为限。

（3）海上保险合同是射幸合同

海上保险合同签订时，无论是保险人还是投保人都无法确定所投保的风险将来能否发生。在合同的有效期间，如果发生保险标的损失，则被保险人从保险人那里得到的赔偿金额可能远远超出其所支出的保险费；反之，如果无损失发生，则被保险人只能付出保费而无任何收入。

（4）海上保险合同是格式合同

海上保险合同一般是由保险人事先印制的，被保险人只能被动接受保险合同及其条款。由于海上保险的复杂性，被保险人往往不可能同保险人一样对保险合同及其条款的所有内容和含义有清晰的概念，特别是如果条款中存在可能引起争议的内容，保险人应首先对这种争议负责。所以，我国《保险法》第30条规定："对于保险合同条款，保险人与投保人、被保险人或受益人有争议时，人民法院或者仲裁机关应当作有利于被保险人和受益人的解释。"

（二）海上保险合同的分类

1.海上保险合同按照保险标的分类

（1）船舶保险合同

船舶保险合同是指以各种类型的船舶为保险标的的一种保险，承保其在海上航行或者在港内停泊时，遭到的因自然灾害和意外事故所造成的全部或部分损失及可能引起的责任赔偿，包括船舶定期保险、航程保险、费用保险、修船保险、造船保险、停航保险等。

（2）运费保险合同

运费保险合同是以船舶营运中的期得或已提交的运费为保险标的的一种保险。在海上保险实务中，对货主而言，支付的货物运费一般加在货物的价值上同时投保。对承运人而言，预付运费几乎没有风险，其仅对有风险的到付运费进行投保。发生海损后，船舶所有人无法收回的运费由保险人进行补偿。

（3）保障赔偿责任保险合同

保障赔偿责任保险合同即保赔保险，是船东（船舶所有人）之间相互保障共同分担属于船东责任的一种互助性保险形式。该种保险主要承保保险单不予承保的责任险，对船舶所有人在营运过程中因各种事故引起的损失、费用、罚款等均予保险。例如，中国渔船船东互保协会，对渔船互保的险种从单一的全损险扩大到综合险，还增加第三者碰撞责任险、南沙和北部湾涉外责任险、油污责任险等附加险，并相继开发出适合渔民船东需求的渔船船东雇主责任互保，渔业行政、事业和执法人员综合保障计划，涉韩渔业担保险，休闲渔业互保，深水网箱和淡水养殖互保等新险种。

（4）海洋运输货物保险合同

海洋运输货物保险合同是以海船运输货物为保险标的的一种保险。该种保险主要有：①平安险，负责赔偿因自然灾害发生意外事故造成保险货物的全部损失；②水渍险，除负责平安险的全部责任外，还负责因自然灾害发生意外事故所造成的部分损失；③一切险，负责保险条件中规定的除外责任以外的一切外来原因所造成的意外损失。

（5）石油开发保险合同

石油开发保险合同是以海上石油开发全过程为保险标的一种保险。该种保险属于专业性的综合保险。此种保险的保险期很长，由于开发周期长，可达10余年。

2.海上保险合同按照保险价值分类

（1）定值保险合同

定值保险合同是指保险双方当事人对保险标的的价值作出约定，并把此约定价值订立在保险合同内的一种保险。船舶保险大都采用定值保险合同，货物保险合同习惯上把保险金额视为货物的保险价值。约定的价值是确定保险金额的依据，也是保险人赔偿的依据。

定值保险合同与不定值保险合同最大的区别是保险当事人在保险合同中明确约定了保险标的的保险价值。定值保险合同通常仅适用于财产保险合同，其适用范围通常受到一定的局限性，比较多地适用于海洋货物运输保险、船舶保险、艺术品及其他价值不易确定的物品的保险。定值保险合同在出险时一般不对保险标的物进行估价，而是直接按照保险合同订立时确定的保险价值以及保险标的的实际损失与保险金额之比来确定应当赔偿的金额。

（2）不定值保险合同

不定值保险合同是指保险双方当事人对保险标的的价值事先未约定，只是把保险金额订立在保险合同内的一种保险。发生损失后，如何确定保险标的的价值，根据各国有关法律的规定来处理，一般来说，保险人按保险标的发生时的实际价值来确定自己的赔偿责任。如果确定的保险价值高于保险金额，保险人按照保险金额与保险价值的比例负赔偿责任。需要说明的是，如果被保险人投保的保险金额超过确定的保险价值，保险人对于超过部分不予赔偿，仅以保险价值为限。

3.海上保险合同按照保险合同期限分类

（1）航程保险合同

航程保险合同是指保险双方当事人约定以一个航次或者以某点至某点为保险责任起讫的一种保险。保险人的承保责任自航程开始时起至航程结束时止。海上运输货物保险通常采用航程保险，船舶保险一般采用定期保险。

（2）定期保险合同

定期保险合同是指保险双方当事人约定以具体的期限为保险责任起讫的一种保险。定期保险合同的具体保险期限由双方协商确定。在实务中，保险单上都要注明保险期限从某年某月某日零时起至某年某月某日24时止。定期保险一般适用于船舶保险，船舶保险的期限通常为1年。

（3）混合保险合同

混合保险合同是指既以一个航程又以具体的期限为保险责任起讫的一种保险。混合保险主要以航程为主，但为了避免航程过分拖延，又用一定的时间加以限制，两者以先发生为准。

这里顺便提及重复保险合同。根据《保险法》第56条第4款的规定，重复保险是指投保人对同一保险标的、同一保险利益、同一保险事故分别与两个或两个以上保险人订立保险合同，且保险金额总和超过保险价值的保险。重复保险的投保人应当将重复保险的有关情况通知各保险人。重复保险的各保险人赔偿保险金的总和不得超过保险价值。除合同另有约定外，各保险人按照其保险金额与保险金额总和的比例承担赔偿保险金的责任。重复保险的投保人可以就保险金额总和超过保险价值的部分，请求各保险人按比例返还保险费。

（三）保赔保险合同

与一般海上保险合同不同，保赔保险从性质上来说属于一种互助保险形式，是为了适应航海贸易中不断出现和扩大的海上风险责任而由船东们自行创设的，至今虽然只有100多年的历史，但在现代海运实践中发挥着重要作用。

海上风险是复杂多样的，而一般意义上的保险公司均是商业性的营利组织，出于自身利益的考虑，不可能承保所有海上风险。而且保险赔偿只能是一种补偿，有一定的限额，船东在发生海上事故、造成损失后往往得不到满意的补偿和救济，特别是对由于碰撞、人身伤亡、油污等造成的损害赔偿责任更是难以承受。保赔保险在此背景下应运而生，船东们自发组织成立船东互保协会，承保那些一般保险人不愿承保的海上风险，维护自身利益，降低海上航运风险。

保赔保险合同由船东和船东互保协会协商订立，其内容与一般海上保险合同大致相同，只是在保险人保险责任范围和保险费确定方面存在较大差异。

1.船东互保协会

如前所述，海上风险复杂多样，保险人出于种种原因不愿承保某些特定风险，这给船东的船舶经营带来很大风险。由于这些风险是客观存在并且时有发生的，于是船东们自愿结成各种形式的互助保险组织以分散风险。世界上第一家船东互保组织是1855年在英国成立的船东互助保障协会，主要承保船东对旅客的人身伤亡责任和船舶保险人不保的1/4船舶碰撞责任。按照传统海商法理论，保险的目的仅在于补偿海上风险所带来的财产损失，而船东因海损事故对第三方应付的损害赔偿责任不在保险人承保范围之内。只有当船东另外附加投保，缴纳额外保险费，并与保险人签订碰撞条款方可将该风险转移给保险人。但在实践中，保险人为了促使被保险人加强管理，避免事故发生，在碰撞条款中只承诺承担3/4的损害赔偿责任。由此，这剩余的1/4船舶碰撞责任成为船东互保组织最初主要的承保项目。此后，随着航海保险的发展，货损责任给船东带来越来越大的压力，特别是1870年发生的英国"西方希望"号轮船由于绕航导致船舶所载货物发生全损但遭拒赔的事件引起了强烈的震动，船东们随后成立了船东互助赔偿协会，开始承保货损责任。其后，船东互保组织逐渐同时承保以上风险，并且将承保范围不断扩大，但将保险责任分为"保障"和"赔偿"两类的传统一直保留下来。

目前，世界上最大的船东互保协会应属英国船东保赔协会，我国一些船舶也有加入该协会。为了避免恶性竞争和进一步分散风险，一些有实力的保赔协会又联合组建为集团。现在，几乎所有的商船都参加了互保协会，按照各自所在船东互保协会的保险条款办理保险。保赔保险已成为海上保险中最重要的险种之一，有着极为广阔的应用前景。同时，保赔保险与船舶保险在一定程度上也在相互融合：一方面，船东互保协会应船东实际需要，经常灵活调整其承保范围；另一方面，一些保险公司将保赔保险的承保风险范围纳入自己的风险范围，予以承保。

我国保赔保险的历史很短，1965年10月，中波轮船公司对两艘先行改挂中国旗的轮船，在中国人民保险公司上海分公司，参照西英保赔协会的保险条款，投保了保赔保险，成为我国保赔保险业务的开始。1973年9月，中国人民保险公司开始承保远洋油船的油污等责任。1978年1月1日，中国人民保险公司制定了自己的保赔保险条款，此后多次修改。1984年1月1日，中国船东互保协会成立。

2.船东互保协会的责任范围

（1）船东互保协会承保的风险

一般而言，船东互保协会承保船舶保险人不承保的风险，主要包括船员、非船员人身伤亡，四分之一船舶碰撞责任，损坏港口、码头及其固定或浮动建筑物引发的赔偿责任，油污赔偿费用及罚款，清除船舶残骸费用，因故无法收回的共同海损的货物分摊额，以及各种诉讼费用、检疫费用等项目。各个船东互保协会均有自己的章程和保险条款，承保风险范围也各有不同，但大体一致。船东可以根据自己的实际情况，投保其中部分险种。

根据修订后的中国船东互保协会保险条款，互保协会承保的风险主要包括以下各项：入会船船员的人身伤亡、疾病；入会船船员外的人身伤亡、疾病；私人物品、财产；入会船船员的遣返和替工的派遣费用；根据赔偿合同而产生的责任；船舶保险责任之外的碰撞责任；财产的灭失或损坏；改变航线的费用；安置偷渡与避难人员的费用；救助人命费用；污染风险；根据拖航合同所产生的责任；残骸处理的责任；检疫费用；货物责任；入会船船上财产；会员无法取得赔偿的共同海损分摊费；由船方负担的共同海损分摊费；罚款；救助人的费用；海事调查费用；为船舶营运而引起的费用；损害防止和法律诉讼费用；执行本协会旨意的费用；集装箱联运责任；集装箱的灭失和损坏。

（2）船东互保协会的除外责任

保赔保险作为船舶保险重要和必要的补充，其责任范围十分广泛，但并不是说只要属于船舶保险人不予承保的风险，船东互保协会都予以承保。船东互保协会的承保风险范围仍是有限的，如对于船东预谋或重大过失造成的损失等，协会不负赔偿责任。

中国船东互保协会将下列风险列入除外责任范围：由船舶保险承保的船东的责任、开支或费用；由船舶战争险承保的船东的责任、开支或费用；核风险或其他核货物造成的责任和费用；由于入会船承运违禁品，偷越封锁线，或从事非法贸易，或进行该协会认为不安全、不适当或将引起额外风险的航程而引起的索赔；会员违反运输合同，且该项违反是由于或归于会员故意或轻率的行为或过失，由此而产生的责任和费用。

（3）船东互保协会的责任终止

船东互保协会的保险责任可因特定事实的发生而终止，如果被保险船舶发生全损或转让，协会的保险保赔责任自动终止；如果船舶被本国政府或外国政府征用，除非双方另有协议，保赔责任将暂时中止。此外，船舶公司停业或拖欠协会款项引起的停保或船舶退保等，也可能导致保赔责任终止。

# 任务 二

# 海上保险合同争端与解决

## ◎任务描述

2005年12月12日，原告天原货运填写了皇家保险提供的综合运输责任保险投保书，选择投保附加险中的（C）受托人责任保险和（G）第三者责任保险。在投保书所列的基本险（A）提单责任保险的"损失记录：请注明在过去五年中发生的所有提单项下的索赔/损失"一栏中，天原货运填写为"无"。

2006年2月13日，天原货运以传真方式通知皇家保险决定投保该投保书中列明的险种：（A）提单责任保险和（B）财务损失保险，接受免费赠送的（D）包装责任保险，并要求将 AIR SEA TRANSPORT INC.、SHANGHAI AIR SEA TRANSPORT INC.（天原货运）等9家公司一并列入保险单。上述被保险人中，只有 AIR SEA TRANSPORT INC.、BONDEX CHINA CO., LTD 和 CHINA LOGISTICS CO., LTD 有自己的提单。天原货运和 AIR SEA TRANSPORT INC.曾经作为共同被告，发生提单责任项下的索赔和涉讼，但天原货运未将上述事实告知皇家保险。

2月15日，皇家保险签发了保险单，天原货运与其他8家公司为被保险人，险种为公众责任险下的提单责任保险、财务损失（错误和遗漏）保险以及包装责任保险，保险费为47 630美元。保险单规定的责任范围为：在保险期间，被保险人因经营业务发生意外事故造成第三者的人身伤亡和财产损失的，依法应由被保险人承担的经济赔偿责任由保险人承担；对被保险人因上述原因而支付的诉讼费用以及事先经保险人书面同意而支付的其他费用，保险人亦负责赔偿。

2006年6月，AIR SEA TRANSPORT INC.为提单承运人、福建源光亚明电器有限公司为托运人的无单放货纠纷由厦门海事法院受理。

问题：

1.海上保险合同成立的条件有哪些？

2.当承运人的签单代理人为提单责任险的被保险人时，保险合同的效力如何？

3.投保人的保险告知义务与保险公司最终责任承担有何关联？

## 任务分析

（一）判断海上保险合同是否成立

首先，看海上保险合同签订是否是当事人之间真实意思表示。投保书是经投保人据实填写交付保险人，由保险人据以确定是否接受保险和确定保险费率的书面要约。它是保险合同的一个组成部分，并作为确定被保险人是否履行如实告知义务的依据。天原货运填写的投保书，构成其向皇家保险发出的保险要约。天原货运又以传真方式对原投保书的内容即险种、保险期间进行了修改，并增加被保险人，应当认定天原货运对原要约进行了修改，未经修改的原投保书中的内容与修改后的内容共同成为一份新要约。

其次，要看新要约是否完成了承诺，承诺作出后合同成立。该案中皇家保险根据交易习惯以出具保险单的方式承诺了新要约，至此，天原货运和皇家保险之间的海上保险合同依法成立，双方均应履行合同，承担合同项下的义务。

（二）判断当承运人的签单代理人为签单责任险的被保险人时，保险合同的效力问题

首先，看保险合同条款是否有效，是否违反法律的强制性规定。《保险法》第12条第1款和第2款规定：人身保险的投保人在保险合同订立时，对被保险人应当具有保险利益。财产保险的被保险人在保险事故发生时，对保险标的应当具有保险利益。投保人对保险标的不具有保险利益的，保险合同无效。

其次，要界定投保人是否享有保险利益。该案中天原货运虽然没有自己的提单，不以自己名义签发货运代理提单与货主建立海上货物运输合同关系，但其作为 AIR SEA TRANSPORT INC.等无船承运人的签单代理人，有可能承担提单项下货物的装卸等承运人义务，有时甚至会被判定为承运人而承担责任，故其享有提单责任险下的保险利益，能够与其他无船承运人一起成为提单责任险的被保险人，涉案保险合同应认定为有效。

（三）通过判断投保人的保险告知义务来认定保险公司责任问题

首先，依据最大诚信原则来判断投保人是否履行告知义务。《保险法》和《海商法》均规定，在保险合同订立过程中，投保人（被保险人）对保险人负有如实告知义务，如果投保人（被保险人）违反告知义务，保险人有权解除合同；并且在投保人（被保险人）故意违反时，或者在未告知或错误告知的重要情况对保险事故的发生有影响的情况下，保险人有权对合同解除前发生的损失不负赔偿责任。可见，如实告知义务是投保人（被保险人）所负的一项严格而特殊的法定义务。但是上述两部法律对于告知义务的履行标准，采取了两种完全不同的立法例。《保险法》规定，投保人应当对保险人就有关情况提出的询问如实回答，即只需如实回答保险人的询问，如实填写投保书，就算尽了告知义务。《海商法》则规定，被保险人应当向保险人如实告知重要情况，即对于保险人没有问及的重要情况，被保险人也需主动告知。

其次，根据上述两部法律的不同履行标准，结合具体法律事实来认定双方责任分担问题。该案中天原货运主张适用《保险法》，因为投保人没有主动告知的义务，而皇家保险则主张适用《海商法》，因为被保险人必须履行主动告知的义务。鉴于本案适用《海商法》，天原货运作为被保险人应当承担主动告知义务。天原货运要求将其与另外8家公司列入保险单时，明知皇家保险在投保书中就被保险人在提单责任项下的索赔和涉讼记录明确提出询问，也明知自己和 AIR SEA TRANSPORT INC.曾经作为共同被告，发生过提单责任项下的索赔和涉讼，但其未将上述事实告知皇家保险，未履行如实告知义务，因此根据《海商法》的规定，皇家保险有权解除合同，并对天原货运因保险事故造成的损失不承担赔偿责任。

**★ 相关知识与案例**

## 一、海上保险合同的来源及发展

（一）国外海上保险法介绍

共同海损的分摊原则是海上保险的萌芽。公元前2000年，地中海一带就有了广泛的

海上贸易活动。为使航海船舶免遭倾覆，最有效的解救方法就是抛弃船上货物，以减轻船舶的载重量，而为使被抛弃的货物能从其他收益方获得补偿，当时的航海商就提出一条共同遵循的分摊海上不测事故所致损失的原则："一人为众，众人为一。"公元前916年，《罗得海法》对此作出了正式规定："为了全体利益，减轻船只载重而抛弃船上货物，其损失由全体受益方来分摊。"在罗马法典中也提到过共同海损必须在船舶获救的情况下，才能进行损失分摊。由于该原则最早体现了海上保险分摊损失、互助共济的要求，因而被视为海上保险的萌芽。船舶抵押借款方式起源于船舶航行在外急需用款时，船长以船舶和船上的货物向当地商人抵押借款。借款的办法就是：如果船舶安全到达目的地，本利均偿还；如果船舶中途沉没，债权即告消灭，即借款人所借款项无须偿还，该借款实际上等于海上保险中预先支付的损失赔款。船舶抵押借款利息高于一般借款利息，其高出部分实际上等于海上保险的保险费。此项借款中的借款人、贷款人以及用作抵押的船舶，实质上与海上保险中的被保险人、保险人以及保险标的物相同。可见，船舶抵押借款是海上保险的初级形式。

现代海上保险是由古代的船货抵押借款思想逐渐演化而来的。1384年，在佛罗伦萨诞生了世界上第一份具有现代意义的保险单。这张保单承保一批货物从法国南部阿尔兹安全运抵意大利的比萨。在这张保单中有明确的保险标的，明确的保险责任，如"海难事故，其中包括船舶破损、搁浅、火灾或沉没造成的损失或伤害事故"。在其他责任方面，也列明了"海盗、抛弃、捕捉、报复、突袭"等所带来的船舶及货物的损失。1688年，劳合社由爱德华·劳埃德先生在伦敦塔街附近开设的咖啡馆演变发展而成，随海上保险不断发展，劳埃德承保人的队伍日益壮大，影响不断扩大。1774年，劳合社迁至皇家交易所，但仍沿用劳合社的名称，专门经营海上保险，成为英国海上保险交易中心。19世纪初，劳合社海上保险承保额已占伦敦海上保险市场的90%。1871年，英国国会批准了《劳埃德法案》，使劳合社成为了一个正式的团体，从而打破了伦敦保险公司和皇家交易所专营海上保险的格局。目前，英国的劳合社已经发展成为世界上最大的保险垄断组织之一。同时，英国政府也在不断完善其海上保险立法。1906年，英国国会通过的《海上保险法》规定了一个标准的保单格式和条款，它又被称为劳合社船舶和货物标准保单，被世界上许多国家公用和沿用。同年，英国《海上保险法》用成文法的形式将海上保险予以固定，它所确立的有关海上保险的一些基本原则，如最大诚信原则、保险利益原则、近因原则和代位求偿原则，对世界各国后来的保险立法起到了指导作用。虽然到现在世界上还没有一部有关海上保险的国际公约，但各国海上保险的基本原则和规定的差别并不是很大，这在一定程度上得益于英国《海上保险法》的影响。

（二）我国海上保险法的发展

我国现代意义上的保险制度是在19世纪初由英国殖民者引入我国的。1805年，英国商人在广州开设了中国第一家保险公司——广州谏当保险行。爱国思想家魏源在其著名的《海国图志》中，首次将西方保险思想引入中国。在西方保险思想传入中国和西方保险业抢占中国市场的背景下，1865年上海成立了我国历史上第一家民族保险企业——华商义和保险行。1875年12月28日，上海保险招商局成立，标志着我国民族保险业已经达到一定的规模。1904年，清政府颁布的中国第一部独立商法《钦定大清商律》，是我国第一部带有保险内容的法律。

中华人民共和国成立初期，人民政府对保险市场进行了整顿，1949年10月10日，中国人民保险公司成立，业务迅速发展。1984年，中国船东互保协会成立。1993年7月1日生效的《中华人民共和国海商法》和1995年10月1日生效的《中华人民共和国保险法》，标志着我国海上保险法走向完善。为规范审理海上保险纠纷案件，依照《中华人民共和国海商法》、《中华人民共和国保险法》和《中华人民共和国海事诉讼特别程序法》以及《中华人民共和国民事诉讼法》的相关规定，最高人民法院制定了《关于审理海上保险纠纷案件若干问题的规定》，并从2007年1月1日起施行。

## 二、签订海上保险合同

保险合同在双方意思表示一致时成立，具体表现为被保险人提出保险要求，经保险人同意承保，并就海上保险合同的条款达成协议后，合同成立。

海上保险合同可以采取书面形式和口头形式，这是国际上的通行做法。但是在实践中，要证明口头合同的存在确实有困难。口头确认保险合同成立的，主张合同成立的一方应当负举证责任；若不能举证或举证不足，则海上保险合同将被认定为尚未成立，在发生保险事故时，被保险人的利益将不会得到保护。因此，保险人应当及时向被保险人签发保险单或者其他保险单证，并在保险单或者其他保险单证中载明当事人双方约定的合同内容。能够证明海上保险合同成立的证据有以下几种：

1.保险单

保险单简称保单，又称大保单，是投保人与保险人签订保险合同的书面证明。保险单一般由保险人事先拟定，印制成专用文件，正面是应由投保人填写的有关被保险人、保险标的的情况和保险价值、保险费、保险期间等条款，背面则是合同条款，主要包括保险责任、除外责任等。保险单出具前如果已有投保单或暂保单存在，则保险单、投保单和暂保单等均应视为保险合同的组成部分。保险单一般是根据投保人的申请由保险人签发给投保人的，它是被保险人在保险标的发生保险事故遭受损害后，被保险人向保险人索赔的主要证据。国际海上货物运输保险的保险单经过背书后可以转让。

2.小保单

小保单是保险凭证的简称，又称保险条。小保单是保险人签发给投保人的、表明已接受其投保的证明文件，是一种简化的保险单。小保单上不载明保单背面保险条款，其余内容与大保单完全相同。凡小保单上没有列明的内容均以同类的大保单为准。小保单的法律效力与大保单相同，但不能作为对保险人提起诉讼的依据，因而在国际市场上使用不多。在国际贸易实务中，小保单一般由保险人签发，也可由保险经纪人作为预约保险单代为签发。

3.暂保单

暂保单又被称为临时保险单，是指保险单或保险凭证签发之前，保险人发出的临时单证。暂保单的内容较为简单，仅表明投保人已经办理了保险手续，并等待保险人出立正式保险单。暂保单不是订立保险合同的必经程序，使用暂保单一般有以下三种情况：

（1）保险代理人在争取到业务后，还未向保险人办妥保险单手续之前，给被保险人的一种证明。

（2）保险公司的分支机构在接受投保后，还未获得总公司的批准之前，先出立的保障证明。

（3）在签订或续订保险合同时，订约双方还有一些条件需商讨，在没有完全谈妥之前，先由保险人出具给被保险人的一种保障证明。暂保单具有和正式保险单同等的法律效力，但一般暂保单的有效期不长，通常不超过30天。当正式保险单出立后，暂保单就自动失效。如果保险人最后考虑不出具保险单，也可以终止暂保单的效力，但必须提前通知投保人。

4.预约保险单

预约保险单是指保险人或保险经纪人以承保条形式签发的，承保被保险人在一定时期内发运的货物的保险单。它载明保险货物的范围、承保险别、保险费率、每批运输货物的最高保险金额以及保险费的计算办法。凡属预约保险单规定范围内的货物，一经起运，保险合同即自动按预约保险单上的承保条件生效，但要求投保人必须向保险人对每批货物运输发出起运通知书，也就是将每批货物的名称、数量、保险金额、运输工具的种类和名称、航程起讫点、开航或起运日期等通知保险人，保险人据此签发正式的保险单证。

## 三、海上保险合同的内容

（一）海上保险合同的形式要求

海上保险合同的内容主要包括下列各项：保险人名称、被保险人名称、保险标的、保险价值、保险金额、保险责任和除外责任、保险期间及保险费。

1.保险人名称

保险人是保险合同的一方当事人，是指在保险事故发生时对被保险人承担赔偿义务，并享有保险费请求权的人。在实践中，保险人是指与投保人订立保险合同，并承担赔偿或者给付保险金责任的保险公司。经营保险业务的必须是保险公司。

2.被保险人名称

被保险人是指保险事故发生时享有保险赔偿请求权的人。当被保险人作为投保人时，还有缴纳保险费的义务。通常情况下，在海上保险合同中作为被保险人的主要有托运人、收货人、船舶所有人、光船承租人、运费或租金的收入人、船舶抵押中的抵押人和抵押权人以及对保险标的具有保险利益的其他人。

3.保险标的

保险标的是指保险合同双方当事人要求或提供保险保障的目标或对象。在财产保险中，保险标的可以是财产也可以是与财产有关的利益或责任。根据我国《海商法》的规定，下列各项可以作为海上保险合同的保险标的：船舶；货物；船舶营运收入，包括运费、租金、旅客票款；货物预期利润；船员工资和其他报酬；对第三人的责任；由于发生保险事故而可能受到损失的其他财产和产生的责任、费用。保险标的可以分为有形的和无形的保险标的。比如，船舶、货物、国际海上石油开采设备等都是有形的保险标的；而像船舶营运收入、货物预期利润、船员工资和其他报酬、对第三人及保险人的再保险利益等则是无形的保险标的。凡是对这些有形的或无形的保险标的具有保险利益的人，均可向保险人投保。正因为如此，为分散风险、减轻个别保险人所承担的保险责任，在国际海上保险业务中，再保险十分普遍。

再保险是指保险人将其所承担的保险责任的一部分或者全部分散给其他保险人承担。

原保险人依照保险合同的约定，将自己承保后所收保险费的一部分或全部交付给再保险人，再保险人对保险标的的因保险事故造成的损失承担部分或全部的赔偿责任。在再保险法律关系下，合同的主体是保险人，而保险合同的标的是原保险合同所承担的责任。再保险人的义务是以原保险合同的保险标的为基础，间接地对保险事故所带来的损失给予补偿，也就是说，在原保险人赔付后，由再保险人按照再保险合同对原保险人进行补偿。因此，根据我国《海商法》的规定，保险人可以将对保险标的的保险进行再保险、除合同另有约定外，原被保险人不得额外享有再保险的利益。

4.保险价值

保险价值是指保险人与被保险人约定的保险标的的价值。在海上保险合同中，保险价值一般由保险人和被保险人在保险单中约定，即一般为定值保险，除欺诈之外，约定的保险价值对合同双方具有约束力。如果双方没有约定保险价值，即在非定值保险的情况下，则根据我国《保险法》的规定，保险价值为保险责任开始时保险标的的实际价值和保险费的总和，不包括预期利润。

5.保险金额

保险金额是指在保险单中载明的保险人对保险标的的实际投保金额。保险金额是保险人计算保险费的依据，也是保险人承担保险赔偿责任的限度之一。保险金额与保险价值相等的，称为足额保险；保险金额小于保险价值的，称为不足额保险；保险金额大于保险价值的，称为超额保险。超过保险价值的那部分保险金额无效，即在确定保险赔偿的限度时，如果保险金额大于保险价值，保险人的作保责任为保险价值，而不是保险金额。

6.保险责任和除外责任

保险责任又称风险，其具体规定了保险人承保的风险范围。海上保险合同成立后，保险人只对那些由发生在保险责任范围内的保险事故造成的保险标的的损失和产生的责任负责赔偿。保险事故是指保险人与被保险人约定的任何海上事故，包括与海上航行有关的发生于内河或者陆上的事故。海上保险与海上运输有着密切的联系。国际海上运输除了会遇到陆上运输可能遇到的风险外，还会遇到某些特殊风险，如海上的台风、海啸、雷电等不可抗拒的自然灾害。这些特殊风险还有战乱、海盗、盗窃、船员不法行为，政府对船舶的扣押、捕获、征用、限制等人为的灾害，或由于船舶本身潜在缺陷、船员的过失导致船舶搁浅、碰撞、沉船等事故。至于投保人究竟要投保哪些风险，则可由投保人在订立合同时，根据保险人提供的保险条款，从中作出选择。

除外责任是指根据法律或者合同的约定，保险人不承担责任的保险范围。

我国《海商法》规定：对于被保险人故意造成的损失，保险人不负赔偿责任。对于货物保险合同，除合同另有约定外，因下列原因之一造成货物损失的，保险人不负赔偿责任：（1）航行迟延、交货迟延或者行市变化；（2）货物的自然损耗、本身的缺陷和自然特性；（3）包装不当。对于船舶保险合同，除合同另有约定外，因下列原因之一造成保险船舶损失的，保险人不负赔偿责任：（1）船舶开航时不适航，但是在船舶定期保险中被保险人不知道的除外；（2）船舶自然磨损或者锈蚀。

7.保险期间

保险期间是指保险合同发生效力和终止的期间。只有在有效期内发生的保险事故造成的保险标的的损失和产生的责任，保险人才负责赔偿。海上保险的保险期间可分为定期保险和航次保险两种，前者大多适用于船舶保险，后者适用于货物保险和船舶的航次保险。定期保险的期限可根据被保险人的需要而决定。保险期限的起止必须在合同中订明，一般是从保险日的零时起至终保日的 24 时止。保险期限届满时，如被保险船舶尚在航行中，或处于危险中，经被保险人事先通知保险人并加收保险费后，保险合同可以延长。在航次保险中，通常用航程来规定保险期间，在保险合同中写明起运地、目的地以及开航的大致日期。

8.保险费

保险费是指投保人交付给保险人的承担保险责任的对价。交纳保险费既是被保险人的义务，又是保险人的权利。根据我国《海商法》的规定，被保险人应当在合同订立后立即支付保险费；被保险人支付保险费前，保险人可以拒绝签发保险单证。

---

**案例讨论**

再审申请人中谷集团上海粮油有限公司（以下简称"中谷公司"）与被申请人中国人民财产保险股份有限公司大连市分公司（以下简称"保险公司"）、中国人民财产保险股份有限公司大连市甘井子支公司（以下简称"甘井子公司"）海上保险合同纠纷一案。

该案中，申请人因不服辽宁省高级人民法院（2013）辽民三终字第 230 号民事判决，向辽宁省高院申请再审。该案中，本案当事人之间存在以短信方式投保的交易习惯，中谷公司提交证据拟证明本案海上货物运输保险合同成立的事实，要求保险公司承担责任，但是二审以保险公司、甘井子公司没有对要约予以承诺为由判决保险合同不成立，属于适用法律错误。申请人认为，二审判决已经认定了保险公司、甘井子公司以实际行动履行了货物保险人的义务，但是没有认定保险合同的成立，这显然自相矛盾，故申请再审。保险公司、甘井子公司提交意见称：二审判决对本案涉及的争议焦点作出了正确的认定，保险公司、甘井子公司从未承诺承保和实际履行义务，也无证据证明双方就条款达成协议；二审法院多次调查保险公司承保档案和电脑系统，最终确定本案货物从未投保和被承保；《国内水路、陆路货物运输保险条款》规定，保险责任自保险单签发时开始，但二者之间并未成立保险合同。

辽宁省高院依法组成合议庭对本案进行了审查。

问：该案中双方的海上保险合同是否成立？

---

（二）海上保险合同实质内容

1.保险人的权利、义务

（1）保险人的权利。

①收取保险费。保险人有权要求被保险人按照约定的时间缴纳保费，否则有权解除合同。

②保险人对因被保险人的故意行为所导致的损失不承担赔偿责任。法律不允许任何人因为自己的错误而得利，因此保险人不负责赔偿被保险人故意造成的损失。合同中即使有相反的约定也是无效的。保险人以此为由拒绝赔偿时，负有很重要的举证责任。另外，故意行为必须是被保险人本人的，不包括船长、船员的不法行为。

③保险人对由于迟延交货和货物自身的缺陷引起的损害不负赔偿责任。对于迟延交货

所造成的损失，即使迟延是由于承保危险造成的，保险人也不负赔偿责任，除非保单中有明确的相反的约定。货物自身常见的缺陷有自燃、生病、腐烂、发酵、发霉等。由于货物这些自身原因引起的货损，除合同另有规定外，保险人不负赔偿责任。

④代位求偿权。保险人在依据保险合同赔付被保险人后，依法取得向造成保险事故的第三人追偿的权利。我国《海商法》第252条规定：保险标的发生保险责任范围内的损失是由第三人造成的，被保险人向第三人要求赔偿的权利，自保险人支付赔偿之日起，相应转移给保险人。我国《海事诉讼特别程序法》对海上保险人行使代位请求赔偿权利也作了具体的规定：因第三人造成保险事故，保险人向被保险人支付保险赔偿后，在保险赔偿范围内可以代位行使被保险人对第三人请求赔偿的权利。被保险人未向造成保险事故的第三人提起诉讼的，保险人应当以自己的名义向该第三人提起诉讼。该法第96条则明确要求，保险人依法提起诉讼或者申请参加诉讼的，应当向受理该案的海事法院提交其支付保险赔偿的凭证，以及参加诉讼应当提交的其他文件，即保险人在实际赔付被保险人后，才取得代位请求赔偿权利。

⑤委付。委付是指海上保险事故发生后，保险标的物的损失符合推定全损的构成要件时，被保险人请求将该标的物的全部权利和义务转移给被保险人，从而获得全部赔偿的制度。委付制度与推定全损制度紧密相连，因为如果保险人不接受委付，推定全损就没有意义，保险人仍将按部分损失理赔。我国《海商法》第249条规定：保险标的发生推定全损，被保险人要求保险人按照全部损失赔偿的，应当向保险人委付保险标的。保险人可以接受委付，也可以不接受委付，但是应当在合理的时间内将接受委付或者不接受委付的决定通知被保险人。委付不得附带任何条件。委付一经保险人接受，不得撤回。

（2）保险人的义务。

赔偿责任是保险人在海上保险合同中所承担的基本义务，我国《海商法》第237条规定：发生保险事故造成损失后，保险人应当及时向被保险人支付保险赔偿。这是保险人收取保险费的对价条件。保险人的主要义务如下：

①保险人赔偿保险事故造成的保险标的损失。

根据具体承保的标的范围，保险人对于因保险事故造成的船舶、货物、运费、货物预期利润的损失予以赔偿。同时，对于因保险事故而损失的船员工资和对第三人承担法律责任所支付的货币数额，保险人也要赔付。

第一，赔偿金额的确定。保险金额是保险人进行保险赔偿的最高限额。我国《海商法》第238条规定：保险人赔偿保险事故造成的损失，以保险金额为限。因此，保险人在保险事故发生后，要依据保险金额，分别确定赔偿数额。对于足额保险，由于其保险金额与保险标的的实际价值相等，保险人按照保险标的的实际损失确定保险赔偿数额，全部损失的足额赔偿，部分损失的如数赔偿；对于不足额保险，因为当事人在海上保险合同中确定的保险金额低于保险标的的实际价值，所以被保险人在保险责任范围内遭受的损失，不能得到充分的经济赔偿，只能在保险金额限度内要求赔偿；如果是超额保险，按照国际海上保险的惯例，只要不是出于保险人的恶意行为，保险人并不解除保险合同，但是我国《海商法》第220条规定，超过保险价值的，超过部分无效。

第二，保险人对于连续损失的赔偿责任。根据我国《海商法》第239条的规定，如果在海上保险合同的保险期限内发生几次保险事故，连续给保险标的造成损失的，保险人应当对连续损失承担赔偿责任。

第三，保险人对于被保险人的共同海损分摊的赔偿责任。在我国海上保险实务中，共同海损的分摊属于保险责任之列。例如，船舶保险条款的一切险和海洋运输货物保险条款均有如此规定。根据我国《海商法》第241条的规定，保险人按照保险金额共同分摊价值的比例赔偿共同海损分摊。

②保险人要对被保险人支出的有关费用予以赔付。

根据我国《海商法》第240条的规定，这些费用包括：被保险人支出的施救费用；为确定保险事故的性质、程度而支出的检验、估价的合理费用；为执行保险人发生的有关采取防止或者减少损失的合理措施的特别通知而支出的费用等。

2.被保险人的权利、义务

被保险人最重要的权利就是在发生保险事故时，向保险人要求损害赔偿，当然，该赔偿应在保险金额的范围之内。被保险人应按照法律规定的义务办理有关事项，如因未履行规定的义务而影响保险人利益，保险人有权拒绝赔偿。被保险人的主要义务如下：

①支付保险费。

保险人经营海上保险业务是一种专门性商品经营活动，其与被保险人所签订的海上保险合同就具有双务、有偿的性质。这就决定了被保险人在此合同中承担的首要义务是向保险人支付保险费。按照我国《海商法》第234条的规定，被保险人支付保险费前，保险人可以拒绝签发保险单证。被保险人履行支付保险费义务时，应当以海上保险合同中约定的保险费条款为根据。

②遵守保证条款。

保证是《保险法》中绝对诚信原则的基本内容之一，它表现为被保险人和保险在海上保险合同中约定，被保险人承诺保证其对某一事项的作为或不作为，或保证某一事项的真实性。海上保险合同的保证可分为明示保证和默示保证。根据海上保险的惯例，它们各自适用的范围不同，法律条件也有所区别。

明示保证的法律要求。在国际海上保险市场中，对于明示保证的遵守要求非常严格。明示保证通常采用书面形式，明示保证内容应当在保险单（或投保单）中载明。在海上保险实践中，明示保证主要涉及以下内容：第一，开航保证，即保证船舶在海上保险合同规定的日期准时开航。保险单上通常写明"在某日（或某日前）开航"。第二，船舶状态保证，即保证船舶在指定日期、指定地点处于良好状态或完好状态。第三，船员人数保证，即保证按照有关国际公约和有关国家的规定，船上配备足够的船员数额，并且要把工作职责予以合理安排。其遵守的条件包括配备船员的人数和时间。第四，护航保证。在战争时期，海上保险单往往写明保证船舶在军事护航下航行。第五，国籍保证，即对于船舶国籍予以明示保证。第六，中立性保证，即保证承保船舶或货物处于中立状态。

默示保证的法律要求。默示保证是依照法律规定而应当遵守的保证。从国际保险市场的实际情况来讲，默示保证主要在海上保险中予以适用，故各国海商法均有所规定。我国《海商法》从除外责任角度，规定了被保险人必须提供适航船舶的保证。根据国际海上保险的实践，海上保险合同的默示保证主要有以下三项：第一，船舶适航的默示保证，即被保险人保证船舶开航时具有到达承保目的地的适航状态。它适用于船舶的航次保险、运费保险和货物运输的航次保险。第二，船舶不改变航程和不绕航的默示保证，即保证被保险船舶航行不改变或不偏离两个港口之间的正常航道。第三，船货合法的默示保证，即被保险人保证所承保的海上航运业务以合法的方式进行。

③发生保险事故时的通知义务和施救义务。

这是被保险人在海上保险合同中所承担的两项相互联系的义务。其共同之处在于，这两项义务均为被保险人在保险事故发生之后应予履行的义务。

第一，通知义务。该项义务要求被保险人在保险事故发生后，应当立即通知保险人。我国《海商法》第236条明确规定：一旦保险事故发生，被保险人应当立即通知保险人。

第二，施救义务。该项义务要求被保险人在保险事故发生时，应当采取各项合理的抢救措施，防止或减少保险标的损失。此项义务在国际海上保险市场中广泛适用。我国《海商法》第236条对该义务作出了规定，即一旦保险事故发生，被保险人应当采取必要的合理措施，防止或者减少损失。我国《海商法》第236条规定：被保险人收到保险人发生的有关采取防止或者减少损失的合理措施的特别通知的，应当按照保险人通知的要求处理。对于遭受承保责任内危险的货物，被保险人和保险公司应迅速采取合理的抢救措施，防止或减少货物的损失。被保险人采取此项措施，不应视为放弃委付的表示，保险公司采取此项措施，也不视为接受委付的表示。

④及时提货。

当被保险货物运抵保险单所载明的目的港（地）以后，被保险人应及时提货，当发现被保险货物遭受任何损失时，应立即向保险单上所载明的检验、理赔代理人申请检验。如果发现被保险货物整件短少或有明显残损痕迹，应立即向承运人、受托人或有关当局（海关、港务当局等）索取货损货差证明。如果货损货差是由于承运人、受托人或其他有关方面的责任造成的，被保险人应以书面方式向他们提出索赔，必要时还须取得延长时效的认证。

⑤必要时加缴保险费。

如遇航程变更或发现保险单所载明的货物、船名或航程有遗漏或错误，被保险人应在获悉后立即通知保险人并在必要时加缴保险费，本保险才继续有效。

⑥提供相应单证的义务。

在向保险人索赔时，须提供下列单证：保险单正本、提单、发票、装箱单、磅码单、货损货差证明、检验报告及索赔清单。如涉及第三者责任，还须提供向责任方追偿的有关函电及其他必要单证或文件。

## 四、国际海上保险合同的主要条款

国际海上货物运输保险是历史最悠久、业务量最大的货物运输保险，在贸易中占有重要地位，与航运的关系十分密切。通过保险人签发的国际海上货物运输保险单或保险凭证是国际海上货物运输保险的证明。

海上货物运输保险分为平安险、水渍险、一切险三种基本险和附加险条款。被保险货物遭受损失时，海上货物运输保险按照保险单上订明的承保险别的条款的规定，负赔偿责任。

（1）平安险。

平安险是我国保险公司习惯使用的险别名称，它在三种基本险中承保的责任最小，其英文名称是"free from particular average"，即"F.P.A."，意思是单独海损不赔。随着国际保险界对平安险的修订和补充，保险人对意外事故造成的单独海损也负起了赔偿责任。该保险所负赔偿的范围包括：①自然灾害。货物在运输途中由于恶劣气候、雷电、海啸、地震、洪水自然灾害造成整批货物的全部损失或推定全损。当被保险人要求赔付推定全损时，须将受损货物及其权利委付给保险公司。被保险货物用驳船运往或运离海轮的，每一驳船所装的货物可视作一个整批。推定全损是指被保险货物的实际全损已经不可避免，或者恢复、修复受损货物以及运送货物到原定目的地的费用超过货物在该目的地的价值。②意外事故。由于运输工具遭受搁浅、触礁、沉没、互撞、与流冰或其他物体碰撞以及失火、爆炸等意外事故造成货物的全部或部分损失。③自然灾害和意外事故的混合。在运输工具已经发生搁浅、触礁、沉没、焚毁等意外事故的情况下，货物在此前后又在海上遭受恶劣气候、雷电、海啸等自然灾害所造成的部分损失。④装卸货物。在装卸或转运时由于一件或数件整件货物落海造成的全部或部分损失。⑤施救费用。被保险人对遭受承保责任内危险的货物采取抢救、防止或减少货损的措施而支付的合理费用，但以不超过该批被救货物的保险金额为限。⑥避难港费用。运输工具遭遇海难后，在避难港由于卸货所引起的损失以及在中途港、避难港由于卸货、存仓及运送货物所产生的特别费用。⑦共同海损的牺牲、分摊和救助费用。⑧运输契约订有"船舶互撞责任"条款，根据条款规定应由货方偿还给船方的损失。

（2）水渍险。

水渍险也是我国习惯使用的险种名称，其英文名称是"with particular average"，意思是包括单独海损。水渍险同平安险一样，采用列明风险的形式，对列明风险造成的货损负赔偿责任。除了包括上述平安险的各项责任外，水渍险还负责被保险货物由于恶劣气候、雷电、海啸、地震、洪水等自然灾害所造成的部分损失。

（3）一切险。

一切险是对于前两种险别而言的，其承保的范围最广，保障最大，也是采取列明风险的形式。一切险除包括上述平安险和水渍险的各项责任外，还负责被保险货物在运输途中由于外来原因所造成的全部或部分损失。具体来说，一切险的承保范围是平安险的承保范围、水渍险的承保范围和一般附加险的总和。

投保一切险，其好处就在于承保面大，被保险人容易完成举证责任，而无须诸如在保险人只承保列明风险的情况下，被保险人须首先证明损失系某种具体列明风险造成的。被保险人在一切险情况下的举证责任相对于承保列明风险而言，轻松得多。但是，由于海运货物一切险的承保面宽，保险人难以明确其具体承保范围，所以保险人往往为了便于操作，特别是易于进行理赔工作，对一切险中的承保范围加以一定的限制。对保险人而言，有了人民银行复函，就可据此修改原保险条款，如果保险人这样做，那么人民银行复函的内容即对被保险人发生法律约束力。被保险人进行保险索赔时就有必要举证其损失是人民银行复函中所限定的一切险中的一种外来原因所致。若保险人未就人民银行复函进行保险条款的修改或未就该条款对被保险人进行明确的说明，那么人民银行复函对被保险人不产生法律拘束力。我国《保险法》第16、17条均规定了保险条款的说明义务，尤其强调免责条款的明确说明义务，保险人应承担未尽说明义务而产生的法律后果。另外，人民银行复函对于海运货物一切险保险条款的解释，限制或减少了保险人责任范围，不利于被保险人的保险索赔。因此，当保险人和被保险人针对保险合同此类条款产生争议时，有权解释的人民法院或仲裁机关应当作出有利于被保险人的解释。

由于并未对经常使用的一切险条款包括的范围保险条款作出明确的规定，在实务中，因此而产生的纠纷时常发生。被保险人认为，一切险是承保由除保险条款列明的除外责任之外的任何外来原因所致的损失。只要是由不在除外责任之内的原因造成的货损，保险人就应给予赔偿。保险人则认为，一切险仅承保平安险、水渍险和11种普通附加险。保险人出于保护自己利益的目的对此作出了有利于保险人的解释，从而形成了所谓的我国保险行业惯例。在司法实践中，也有法院认定一切险承保范围为平安险、水渍险和11种普通附加险。

（4）附加险条款。

①一般附加险。

偷窃、提货不着险：在保险有效期内，保险货物被偷走或窃走，以及货物运抵目的地以后整件未交的损失，由保险公司负责赔偿。具体而言，该险别主要承保被保险人货物遭受的下列损失：偷窃行为所致的损失；整件提货不着；根据运输契约规定船东和其他责任方免除赔偿的部分。

淡水雨淋险：货物在运输中，由于淡水、雨水以至雪溶所造成的损失，保险公司都应负责赔偿。保险人对此项损失的赔偿要求货物包装外部要有雨水或淡水痕迹或有其他证明，还要求被保险人必须及时提货，提货后10天之内申请检验。这里要区分淡水与海水的区别，对于淡水，水渍险与平安险不保，淡水包括船上淡水舱、水管漏水等。

短量险：保险公司赔偿负责赔偿货物数量短少和重量短量的损失。通常对于包装货物的短少，保险公司必须要查清外包装是否发生异常现象，如破口、破袋、扯缝等。如果属于散装货物，往往把装船重量和卸货重量之间的差额作为计算短量的依据。对于散装货物，要扣除正常途耗，不能把正常耗损作为重量短缺，对于正常损耗，保险人不赔。

混杂、沾污险：保险公司负责赔偿保险货物在运输过程中，因混进了杂质而造成的损失。例如，矿石等混进了泥土、草屑等，因而使质量受到影响。此外，保险公司还负责赔偿保险货物因和其他物质接触而被沾污所造成的损失。例如，布匹、纸第、食物、服装等被油类或带色的物质污染，从而引起经济损失。

渗漏险：保险人对被保险货物在运输途中，因容器损坏而引起的渗漏损坏，以及流质、半流质的液体物质等渗漏而引起的货物腐败等损失，要给予补偿。

碰损、破碎险：碰损主要是对金属、木质等货物来说的，破碎则主要是对易碎性物质来说的。前者是指在运输途中，因为受到震动、颠簸、挤压而造成货物本身的损失；后者是指在运输途中由于装卸野蛮、粗鲁、运输工具的颠震造成货物本身的破裂、断碎的损失。

串味险：保险人要对被保险食用物品、中药材、茶叶、香料、药材等在运输途中由于一起堆储的皮第、樟脑等异味物品而使品质受到影响所造成的损失，负赔偿责任。

受热、受潮险：例如，船舶在航行途中，由于气温骤变或船上通风设备失灵等使舱内水气凝结、发潮、发热而引起货物的损失。

钩损险：保险公司负责赔偿保险货物在装卸过程中因使用手钩、吊钩等工具而造成的损失。例如，对于粮食包装袋因吊钩钩坏而使粮食外漏所造成的损失，保险公司应予赔偿。

包装破裂险：保险公司负责赔偿保险货物因包装破裂而造成物资的短少、沾污等的损失。此外，对于因保险货物运输过程中续运安全需要而产生的候补包装、调换包装所支付的费用，保险公司也应负责。

锈损险：保险公司负责赔偿保险货物在运输过程中因生锈而造成的损失。不过这种生锈必须在保险期内发生，如果原装时就已生锈，保险公司不负责任。

> **提示**
>
> 上述的11种附加险，不能独立承保，必须附属于三种主要险别下。也就是说，只有在投保了主要险别之后，投保人才允许投保附加险。投保一切险后，上述险别均包括在内。

②海上保险特别附加险。

海上保险特别附加险也属于附加险类别，但不在一切险的范围之内。目前，中国人民保险公司承保的特别附加险别包括交货不到险、进口关税险、拒收险和出口货物到香港（包括九龙在内）或澳门存储仓火险责任扩展条款；此外，还包括战争险和罢工险等。

交货不到险：自货物装上船开始，不论何种原因，如果货物不能在预定抵达目的地的日期起6个月以内交讫，保险人同样按全损予以赔付，但该货物的全部权益转移给保险人。

进口关税险：如果到达目的港后，因遭受本保险单责任范围以内的损失，而被保险人仍须按完好货物完税时，保险人对该项货物损失部分的进口关税负赔偿责任，但不超过受损的保险价值的一定比例。

拒收险：保险人对被保险货物在进口港被进口国的政府或有关当局拒绝进口或没收予以负责，并按照被拒绝进口或没收货物的保险价值赔偿。

出口货物到香港（包括九龙在内）或澳门存储仓火险责任扩展险：该险专门适用于我国大陆出口到港澳的货物在我国驻港银行办理押汇的货物存放仓库期间因火灾而遭受的损失。

此外，特别附加险还包括黄曲霉素险、舱面货物险。

（5）除外责任。

本保险对下列损失不负赔偿责任：被保险人的故意行为或过失所造成的损失；属于发货人责任所引起的损失；在保险责任开始前，被保险货物已存在的品质不良或数量短差所造成的损失；被保险货物的自然损耗、本质缺陷、特性以及市价跌落、运输延迟所引起的损失或费用；海洋运输货物战争险条款和货物运输罢工险条款规定的责任范围和除外责任。

> **案例讨论**
>
> 中国天河公司以FOB价格从德国大阳公司进口价值200万美元的货物。天河公司为该批货物向中国人民保险公司北京分公司投保了平安险。上海海运公司"艾克"轮载运该批货物。"艾克"轮在由汉堡港驶往天津港途中由于遭遇极端恶劣气候造成船舶故障和货物湿损，船长遂组织船员自救，并前往就近的新加坡某港口避难和修理。经清点，恶劣气候造成货物湿损3万美元；在自救过程中被迫抛弃5 000美元货物；有关避难港的费用为4万美元。船舶抵达天津港后，船货双方因有关损失和费用的赔偿及分摊问题发生争执。
>
> 问：本案中所出现的海损包括货物湿损3万美元、抛弃货物损失5 000美元和避难港的费用4万美元，这些是否都应由保险公司承担？

## 五、处理海上保险合同纠纷的方法

（一）保险人不予以理赔的一般情形

1.除外责任

我国《海商法》规定，对于被保险人故意造成的损失，保险人不负赔偿责任。除合同另有约定外，由于下列原因之一造成货物损失的，保险人不负赔偿责任：航行迟延、交货迟延或者行市变化；货物的自然损耗、本身的缺陷和自然特性；包装不当。

除合同另有约定外，由于下列原因之一造成保险船舶损失的，保险人不负赔偿责任：船舶开航时不适航，但是在船舶定期保险中被保险人不知道的除外；船舶自然磨损或者锈蚀。

2.违反最大诚信原则

最大诚信原则是指签订保险合同的各方当事人必须最大限度地按照诚实与信用精神协商签约。

保险人在以下两种情况下可以解除合同：一是由于被保险人的故意，未将重要情况如实告知保险人的，保险人有权解除合同，并且不退还保费；二是不是由于被保险人的故意，未将重要情况如实告知保险人的，保险人有权解除合同或要求相应增加保费。

3.赔偿范围

由于海上保险合同是一种补偿性的合同，没有营利的性质，因此被保险人获得的保险赔偿不能够超过实际损失，否则会造成被保险人从保险事故中获利的情形。

由于国际海上运输复杂多变，风险四布，导致从事国际海上运输的船舶或货物遭受损失的原因往往不止一个。只有当海上风险的发生是造成保险标的损失的直接原因时，保险人才承担保险责任。

（二）海上保险合同索赔与理赔

1.保险索赔的概念

（1）海上保险合同索赔。

海上保险合同索赔是指被保险人遭受承保责任范围内的风险损失时，就被保险人所遭受的损失向保险人提出的索赔要求。海上保险索赔的程序包括损失通知、申请检验、保险索赔、领取赔款等。在国际贸易中，如由卖方办理投保，卖方在交货后即将保险单背书转让给买方或其收货代理人，当货物抵达目的港（地）发现残损时，买方或其收货代理人作为保险单的合法受让人，应就地向保险人或其代理人要求赔偿。

（2）海上保险合同理赔。

海上保险合同理赔是指保险人依据海上保险合同或有关法律法规的规定，受理被保险人提出的海上保险赔偿请求，进行查勘、定损、理算和实行赔偿的业务活动，是保险法律制度中十分重要的一环，是保险人履行其义务的主要形式。为了使被保险人尽快获得经济补偿，保险人应积极主动地做好理赔工作。理赔必须遵循以海上保险合同为依据、遵守国际惯例和有关国际公约、及时和合理作出赔偿的原则。海上保险的理赔一般经过接受出险通知、查勘、检验或委托检验、核实案情、理算赔偿金额和支付赔偿六个阶段。

2.保险索赔的损失通知

被保险人在获悉或发现保险标的受损后，采用书面形式或其他形式向保险人报告损失情况，并提出赔偿损失的要求。损失通知是保险理赔的第一项程序。

我国《海商法》及《海洋运输货物保险条款》规定，保险事故发生后，被保险人应当立即通知保险人。我国《中国人民保险公司船舶保险条款》规定，被保险人一经获悉被保险船舶发生事故或遭受损失，应在48小时内通知保险人。在船舶保险中，如其事故在国外，还应通知距离最近的保险代理人。如果被保险人未及时通知影响了保险人的利益，保险人有权拒绝赔偿损失。

损失通知与索赔时效。我国《海商法》第264条规定：根据海上保险合同向保险人要求保险赔偿的请求权，时效期为2年，自保险事故发生之日起计算。我国《海洋运输货物保险条款》规定：本保险索赔时效，从被保险货物在最后卸港全部卸离海轮后起算，最多不超过2年。需要说明的是，被保险人不能认为只要向保险人提出索赔通知就可以了，如果保险人因种种原因不能予以赔偿，被保险人只有在2年内向法院提起诉讼，才能不丧失诉讼时效和胜诉权。作为被保险人，其要尽早向保险人提出，以免保险人因为海上货物运输诉讼时效为1年而不能有效行使代位权。

---

**案例讨论**

某外贸公司以CIF价向某日本公司出口一批豆荚，约定付款方式为T/T，向保险公司投保海上货物运输一切险，装载在航运公司所属冷藏船舶，航运公司签发了清洁提单。货物运抵日本后发现货损，经检验确认系冷藏船的冷藏系统存在缺陷所致，由此引发了日本公司拒付货款，外贸公司持保险单向保险公司索赔。保险公司根据保险合同的内容给予了赔付，并取得权益转让书向航运公司代为求偿。

保险公司认为，其承保的货物在航运公司承运期间发生货损，在根据保单规定赔付了保单持有人即被保险人某外贸公司的有关损失并取得代为求偿权后，其有权向签发清洁提单的货损责任人航运公司追偿。

航运公司则认为，货损的确发生在其掌管货物期间，但有权向其提起诉讼的只能是收货人某日本公司。因为某外贸公司以CIF价出售货物，货物越过船舷后风险转移给了收货人某日本公司，某外贸公司对货物不再享有保险利益。某外贸公司既然不是最终的提单持有人，而且不享有保险利益，因此保险公司向某外贸公司赔付的行为是不合法的，代位求偿权也因之不成立。

问：（1）该案中，保险公司的代位求偿权是否成立？

（2）在实践中，确定保险利益的方法主要有哪些？

---

3.损失检验

保险人或其代理人获悉损失通知后应立即开展保险标的损失的查勘检验工作。海上保险事故或损失发生在国外，查勘检验常由保险的代理人或委托人进行。查勘检验作为海上保险理赔的一项重要内容，主要包括事故原因、救助工作、第三者责任取证、勘察报告和检验报告制作等。海上保险的检验是理赔实务中一项十分重要的工作，它确定保险标的损失的责任归属、施救措施的合理性等。

检验费用通常由被保险人先行垫付，如果属于保险责任，保险人负责赔付。我国《海商法》第240条第1款规定：被保险人为防止或者减少根据合同可以得到赔偿的损失而支出的必要的合理费用，为确定保险事故的性质、程度而支出的检验、估价的合理费用，以及为执行保险人的特别通知而支出的费用，应当由保险人在保险标的损失赔偿之外另行支付。因此，如果不属于保险责任，通常也不应由被保险人自负，应当由保险人支付。

检验报告是检验人对保险标的损失的情况作出客观鉴定的证书，是被保险人据以向保险人索赔的重要单证，也是保险人确定责任的重要单证。

4.保险理赔程序

（1）立案。

保险人接到被保险人的损失通知后，查找被保险人的保险记录，找出并检查被保险人投保的保险单底单，填写赔偿登记簿，建立档案。

（2）安排检验。

根据报案先后编号立案后，根据事故性质、特点，保险人应派人员对现场进行查勘。在查勘过程中，须做好现场的原始记录，并对财产遭受损失的实际情况以及施救整理情况逐项予以记录。

（3）审核责任。

保险人通过对事实的调查和单证的审查，确定自身的赔偿责任。为此，应先确定以下事项：保险单是否有效，有无已经解除或失效的情况，若曾经失效的，在出险之时是否已自动复效；被保险人或受益人提供的索赔单证是否齐全、真实；审核保险权益，具体来说，就是审查被保险人或受益人是否具有保险权益。例如，核对货物运输保险的索赔人所持发票或提单载明的财产是否系本出险运输过程的保险货物；审核投保人或被保险人有无违反告知义务或通知义务的行为；审核出险时间是否在保险有效期内，若保险合同约定了承保地区的，则还要审核出险地点是否处于所约定承保的地区之内；审核出险事故是否属于保险单承保的保险事故，是否由其造成保险标的的损失；审核被保险人是否违反了保险合同约定的保证条款；审核索赔案中是否存在第三者应当承担的赔偿责任，索赔的被保险人是否向第三人行使了索赔权或向第三责任人实施了索赔手续，是否从第三责任人处获取了赔偿。如果经审核后，初步认定可能要赔付的，则继续理赔工作，对于不清楚的情况要继续查明；如果能够认定不应赔付的，则向被保险人或受益人告知拒赔，说清拒赔的理由，并记入拒赔案件登记簿。

（4）损失调查、核算损失程度。

在损失检验和审核各项单证的基础上，对审核中发现的问题，根据案情可考虑进一步核实原因，包括赴现场实地调查和函电了解，或向专家、化验部门复证。在人寿保险中，由于是定额保险，保险金额的多少是事先确定的，不发生事后估价问题。但在财产保险中，须根据被保险人所提供的索赔文件或证物核算损失的数额，以决定赔偿的数额。

（5）损余处理、给付赔款。

损余物资的处理，关系到赔款额度的大小，也关系到残余物资的正确利用，因而对残余物资的作价和处理也是一项比较重要的工作。经被保险人同意保险公司的理算结果后，即办理领款手续。被保险人在领款后签具赔款收据。

此外，如果损失原因属第三者责任时，保险人赔偿后，可取得被保险人向第三者请求赔偿的权利，代位（代被保险人）向第三者追偿。

（三）海上保险货物损失的核算

1.货物全损的赔偿计算

在海上货物运输中，被保险货物的全损包括实际全损、推定全损和部分全损三种情况。

（1）实际全损。

实际全损是指被保险人对于保险标的的可保利益发生全部毁损的情况，与推定全损相对应。其构成条件是：保险标的发生保险事故后灭失；保险标的发生保险事故后受到严重损坏完全失去原有形体、效用；保险标的发生保险事故后不能再归被保险人所拥有；船舶在合理时间内未从被获知最后消息的地点抵达目的地，除合同另有约定外，满2个月后仍没有获知其消息的，为船舶失踪，船舶失踪视为实际全损。

（2）推定全损。

推定全损是海上保险所特有的制度，分两种情况：①船舶发生保险事故后，认为实际全损已经不可避免，或者为避免发生实际全损所需支付的费用超过保险价值的，为推定全损；②货物发生保险事故后，认为实际全损已经不可避免，或者为避免发生实际全损所需支付的费用与继续将货物运抵目的地的费用之和超过保险价值的，为推定全损。

对于被保险货物的实际全损和推定全损，如果是定值保险，保险人按照被保险货物的保险金额全部给予赔偿。对于货物本身而言，如有残余价值，应归保险人所有。如果是不定值保险，则按货物的实际价值作为赔偿的依据，保险人仅赔偿货物的实际价值。

如果在货物全损的情况下，被保险人支付了施救费用，保险人应在赔偿货物保险金额之外，另行赔偿被保险人为此支付的施救费用，但以被保险货物的保险金额为限。

（3）部分全损

对于部分全损，保险人赔偿的数额应是该批货物的保险金额，而不是总的保险金额。

2.货物部分损失的赔款计算

（1）数量损失的计算公式。

$$赔偿数额=保险金额×\frac{遭受损失货物件数（重量）}{承保货物总件数（重量）}$$

例如：小五金货物10箱，每箱重10千克，保险金额为人民币10 000元，货主投保一切险，运输过程中短少两箱。其计算赔偿额应为：

$$10\,000×\frac{2}{10}=2\,000（元）$$

（2）质量损失的计算公式。

$$赔偿数额=保险金额×\frac{货物完好价值-受损后的价值}{货物完好价值}$$

例如：一批服装承保水渍险，保险金额为人民币10 000元，在运输途中遭受风浪袭击水损，货物完好价值为人民币15 000元，受损后的价值为人民币7 500元。其计算赔偿额应为：

$$10\,000×\frac{15\,000-7\,500}{15\,000}=5\,000（元）$$

（3）加成投保的计算公式。

$$赔偿数额=保险金额×\frac{按发票计算的损失额}{发票金额}$$

例如：出口丝绸100匹，发票金额为人民币100 000元，保险金额为人民币120 000元，损失10匹。其计算赔偿额应为：

$$120\,000×\frac{10\,000}{100\,000}=12\,000（元）$$

（4）扣除免赔额的计算公式。

扣除免赔额的计算方法分为按整批货物扣除和按受损货物重量扣除两种，一般情况下是按整批货物扣除来计算。

计算步骤为：先计算免赔重量，再计算赔偿重量，最后计算赔偿金额。

例如：进口化肥1 000袋，每袋100千克。保险金额为人民币50万元，投保一切险，免赔额为0.5%。货物到港后，有些袋子破损，短少1 850千克。其计算赔偿额应为：

免赔重量=1 000×100×0.5%=500（千克）

赔偿重量=1 850-500=1 350（千克）

赔偿金额=$500\,000 \times \dfrac{1\,350}{1\,000 \times 100}$=6 750（元）

3.海上保险船舶损失的核算

根据《中国人民保险公司船舶保险条款》（以下简称《船舶保险条款》），该保险标的是船舶，包括其船壳、救生艇、机器、设备仪器、索具、燃料和物料。船舶保险分为全损险和一切险。

（1）船舶实际全损和推定全损。

①实际全损。

根据《船舶保险条款》的规定，被保险船舶发生完全毁损或者严重损坏不能恢复原状，或者被保险人不可避免地丧失该船舶，作为实际全损，按保险金额赔偿。被保险船舶在预计到达目的港日期，超过2个月尚未得到它的行踪消息视为实际全损，按保险金额赔偿。保险人按保险金额全额赔付被保险人后，该船所有权归保险人所有，保险人也可以放弃对船舶的权利，全额支付保险合同约定的保险金额。

②推定全损。

推定全损是指当被保险船舶实际全损已不能避免，或者恢复、修理、救助的费用或者这些费用的总和超过保险价值时，在向保险人发出委付通知后，可视为推定全损，不论保险人是否接受委付，按保险金额赔偿。如果保险人接受了委付，本保险标的属保险人所有。对于船舶在航次中应收的运费数额，不论是在实际全损还是推定全损的情况下，保险人不能要求享有，仍归船东所有。

（2）船舶部分损失。

船舶发生部分损失，一般情况下要到修船厂修理，保险人对于在承保范围造成的损失进行修理所支付的费用，按照实际支付的数额给予赔偿。根据《船舶保险条款》，需要提醒的是：部分损失对船舶保险项下海损的索赔，以新换旧均不扣减；船舶部分损失要扣除免赔额；保险人对船底的除锈或喷漆的索赔不予负责，除非与海损修理直接有关；船东为使船舶适航做必要的修理或通常进入干船坞时，被保险船舶也需就所承保的损坏进坞修理，进出船坞和船坞的使用时间费用应平均分摊；如船舶仅为船舶保险所承保的损坏必须进坞修理，被保险人于船舶在船坞期间进行检验或其他修理工作，只要被保险人的修理工作不曾延长被保险船舶在船坞时间或增加任何其他船舶的使用费用，保险人不得扣减其应支付的船坞使用费用。

（3）船舶损失费用。

船舶损失费用主要指共同海损、救助费用和施救费用。

①共同海损和救助费用。

《船舶保险条款》规定，保险人负责赔偿被保险船舶的共同海损、救助、救助费用的分摊部分。被保险船舶若发生共同海损牺牲，被保险人可获得对这种损失的全部赔偿，而无须先行使向其他各方索取分摊额的权利。对于费用，待到理算后，保险人才予以赔偿被保险人的分摊部分。

凡是保险金额低于约定价值或低于共同海损或救助费用的分摊金额时，保险人按照保险金额在约定价值或分摊金额所占的比重计算。

②施救费用。

由于承保风险造成船舶损失或船舶处于危险之中，被保险人为防止或减少根据船舶保险可以得到赔偿的损失而付出的合理费用，保险人应予以赔付。保险人应在赔偿船舶损失之外，另行赔偿被保险人为此支付的施救费用，但以被保险船舶的保险金额为限。在不足额保险的情况下，保险人按照保险金额与保险价值的比例支付施救费用。

4.船舶碰撞责任的核算

对于船舶碰撞责任的核算，根据《船舶保险条款》的规定，当被保险船舶与其他船舶碰撞双方均有过失时，除一方或双方船东责任受法律限制外，本条项下的赔偿应按交叉责任的原则计算。当被保险船舶碰撞物体时，亦适用此原则。保险人对船舶碰撞责任的赔偿原则分为单一责任原则和交叉责任原则。

（1）单一责任原则。

单一责任原则是指碰撞双方按照各自的过失比例计算出应向对方支付的赔款后进行冲抵，由多付一方向另一方支付余额。保险人仅承担被保险人向对方支付的实际金额，该计算方法有利于保险人。例如，甲船与乙船发生碰撞，双方对这次碰撞都负有责任，即互有过失。经法院裁定，甲船承担50%的碰撞责任，乙船承担50%的碰撞责任。假设甲船总损失为20万元（修理费12万元和8万元的船期损失），乙船总损失为16万元（修理费10万元和6万元的船期损失），根据单一责任原则计算，则：甲船赔偿乙船总损失16万元的50%，为8万元，乙船赔偿甲船总损失20万元的50%，为10万元。双方赔偿数额相互抵销后，乙船应向甲船赔偿余额2万元（10-8）。乙船的保险人应赔偿乙船2万元的碰撞责任损失，甲船的保险人则不需要向甲船支付碰撞责任的损失赔偿。按此计算，甲船保险人不承担碰撞责任，甲船船东本身的损失只能从保险人那里拿到12万元（8万元的船期损失不赔），加上乙船的赔偿8 000元（2万元中的1.2万元是修理费，保险人要扣除），共12.8万元。甲船船东损失7.2万元。

（2）交叉责任原则的计算。

交叉责任原则是指碰撞双方按各自的过失比例相互赔偿对方的损失。这种计算方法有利于被保险人。例如，上例根据交叉责任原则来计算，甲船保险人承担甲船碰撞责任8万元，乙船保险人承担乙船碰撞责任10万元，双方保险人的责任不能以最终双方抵冲的数为准。按此计算，甲船船东从对方保险人那儿拿到6万元的修理费和4万元的船期损失，从本船保险人那儿拿到本船修理费6万元，共获赔偿额为16万元（6+4+6），比单一责任原则多获得了3.2万元的赔偿。

★ **实训演练**

分组案例讨论

1.2005年10月16日，某保险公司承保自鹿特丹运往上海的29卷装饰纸。投保人为某木业公司，收货人是某装饰耐火板公司，保险条款为一切险附加战争险。该批货物2005年10月6日装船，某外运公司的德国代理人签发了以某外运公司为承运人的已装船清洁提单，承运船舶为某船公司的"HANJINSAVANNAH"轮。该轮2005年11月6日抵达上海，11月16日收货人开箱后发现货物有水湿现象，遂由理货公司出具了发现货物水湿的报告。11月23日，某保险公司委托某公估行对受损货物进行检验并出具了检验报告，认定货损原因系运输过程中淡水进入集装箱所致，货物实际损失为23 521.96美元。保险公司依保险条款向收货人赔偿后，取得代位求偿权益转让书，并据此向某外运公司和承运人某船公司提起诉讼，请求判处两被告赔偿损失。

问题：本案中保险人是否可以取得代位求偿权？海上货物保险代位求偿案件的诉讼时效应如何确定？

2.原告嘉兴化工有限公司为其出口至德国汉堡的一批溴酸钾货物向被告中华联合财产保险股份有限公司投保，2011年5月2日，被告向原告出具了保单号为011133040200021A000079的货物运输保险单，该保单载明被保险人为原告，保险金额为61 281美元，承保险别为"涵盖ICC条款1982版一切险，协会战争险，协会罢工险，货物损失赔偿地在比利时，门到门保险，包含包装破损责任赔偿"。2011年5月5日，原告向被告支付保险费292.85元人民币。货物运至德国汉堡后，原告发现涉案货物受损，遂指定国外调查机构C.Gielisch GmbH进行调查。2011年6月15日，C.Gielisch GmbH出具损失第一通知书，通知书载明：涉案货物装载于编号为TTNU367598-4的20尺集装箱内，共20托/360桶，其中10个托盘上的桶顶部或底部有不同程度的凹陷和扭曲，损失原因是包装材料不充足、不到位，导致承重性能差，建议索赔2 000欧元以内的费用，用以购买新包装材料及重新包装。2012年4月6日，原告就上述损失向被告提出索赔申请，被告以包装缺陷（并非外来因素造成）不属于保险责任赔偿范围为由，于2012年4月25日发出拒赔通知书。

问题：本案中的损失是否属于保险责任赔偿范围？

★ **单元教研交流**

1.本单元的重点和难点

重点：最大诚信原则是指签订保险合同的各方当事人必须最大限度地按照诚实与信用精神协商签约。海上保险合同当事人应当做到告知和申报。

难点：海损的性质；对共同海损的认定。

2.学生在学习中容易出现的问题

（1）对海上风险和外来风险不能清楚地区分和界定。

（2）不能区分不同海上保险险种的承保范围。

（3）不能清楚认识海上保险法的适用范围。

3.教学建议

（1）能力培养方面：以任务导入，培养学生问题意识，引导学生分析海上保险理赔问题的思路与应对策略。

（2）知识体系方面：针对授课重点与难点，引导学生分小组演讲；课堂案例讨论环节，可采取学生小组对抗式实战演练。

4.单元教学思路

本单元主要围绕海上保险范围和理赔法律问题讲授，旨在培养学生明确海损的性质、依据《海商法》关于海上保险责任的规定，确认保险责任主体、赔偿范围的能力。

本单元以任务导入的方式，依照案例分析的步骤引导学生分析海上保险责任案例，培养学生问题意识。在相关知识与案例部分，对海上保险合同、保赔合同予以重点介绍。以上内容是正确分析海上保险责任案例的必备基础知识，必须重点关注。

# 单元四　票据争端与解决

## 任务目标

★ 熟悉票据的种类，掌握汇票的基本内容
★ 能够依法正确签发票据，选择正确的票据类型
★ 能够正确完成出票、背书、承兑、提示、付款等票据行为
★ 能够依法正确行使和保全票据权利
★ 能够正确掌握票据丧失的补救措施，保护票据权利

## 任务一　关于票据法律关系的争端与解决

### ◎任务描述

　　我国青岛A公司与美国B公司签订了国际货物买卖合同，合同中约定，青岛A公司签发一张以美国B公司为收款人、A公司的开户银行为付款人的汇票作为预付款，汇票金额为200万元人民币。青岛A公司向该地某工商银行申请一张汇票，该银行作了必要的审查后受理了这份申请，并依法在票据上签章。青岛A公司得到这张票据后没有在票据上签章便将该票据直接交付给美国B公司作为预付款。B公司又将此票据背书转让给国内C公司以偿债。到了票据上记载的付款日期，C公司持票向承兑银行请求付款，该银行以票据无效为由拒绝付款。

　　请问：

　　（1）本案适用何种法律解决问题？

　　（2）A公司签发的汇票是什么汇票？

　　（3）从以上案情显示的情况来看，这张汇票有效吗？

　　（4）根据我国《票据法》关于汇票出票行为的规定，哪些事项的汇票为有效票据？

　　（5）银行既然在票据上依法签章，它可以拒绝付款吗？为什么？

## 任务分析

（一）判断本案适用何种法律

本案中A公司和B公司在国际货物买卖合同中约定通过签发票据的方式支付预付款，是一种常见的国际贸易支付方式。A公司申请开具的票据，签发地在国内，应该受我国《票据法》的约束，本案判断票据以及票据行为的效力适用我国《票据法》。

（二）弄清票据类型及本案中票据的种类

汇票按照出票人的不同可以分为商业汇票和银行汇票。商业汇票是指由出票人签发的，委托付款人在付款日期无条件支付确定金额给收款人或持票人的一种票据。商业汇票的签发人为一般企业。银行汇票是指由出票银行签发的，其在见票时按照实际结算金额无条件支付给收款人或持票人的一种票据。商业汇票按其承兑人的不同又可分为商业承兑汇票和银行承兑汇票。商业承兑汇票由出票人签发并承诺在汇票到期日支付汇票金额；银行承兑汇票则由银行承诺在汇票到期日支付汇票金额。本案中的汇票的出票人为A公司，其开户银行是付款人，因此属于银行承兑汇票。

（三）掌握出票行为有效的具体要求

根据我国《票据法》关于汇票出票行为的规定，出票人必须在票据上记载："汇票"字样；无条件支付的委托；确定的金额；付款人名称；收款人名称；出票日期；出票人签章。以上事项欠缺之一者，票据无效。

（四）判断票据的效力

由于出票行为无效，票据欠缺形式要件不生效。

（五）分析银行是否可以拒绝付款

本案中，承兑银行可以拒绝付款。因为根据票据行为的一般原理，出票行为属于基本的票据行为，承兑行为属于附属的票据行为。基本的票据行为无效，票据不生效，附属的票据行为也随之无效。

## ★相关知识与案例

# 一、票据的概念和种类

（一）票据的概念

票据是指出票人依据《票据法》签发的，由自己或委托他人于到期日或见票时无条件支付一定金额给收款人或持票人的一种有价证券。此处的"委托他人"，是一种无条件支付的命令，区别于民法上一般的委托关系。票据有广义与狭义之分，广义的票据除了汇票、本票、支票以外，还包括一般的商业凭证，如发票、保险单、仓单、提单、保函等；而狭义的票据即《票据法》上的票据。

（二）票据的种类

各国法律规定不同，票据的种类也不尽相同。德国、法国、意大利、瑞士等国的票据只包含汇票和本票，支票则由《支票法》单独规定。日内瓦《统一票据法》对此也作了同样的分类；英、美、法没有明确的票据概念，英国的《汇票法》在规定汇票的同时，还规定了本票与支票；美国《统一商法典》则将汇票、本票和支票，外加存款单，合称为商业票据；我国《票据法》第2条第2款规定，本法所称的票据，是指汇票、本票和支票。

1.汇票

汇票是指由出票人签发的，委托受票人（付款人）于见票时或于指定的日期，向收款人或凭特定人的指示或持票人，无条件支付一定金额的书面支付命令。尽管各国对汇票的定义不尽相同，但多数国家认为，汇票在本质上属于一种无条件的书面支付命令。

汇票关系涉及三方当事人：出票人、付款人和持票人。出票人是签发票据并委托他人按票据文义付款的一方当事人；付款人又称受票人，是汇票上记载的承担付款义务的当事人，但在承兑前对汇票不负票据责任，承兑后即为票据第一债务人；持票人又称收款人，是依出票人签发的票据收取汇票上确定金额的当事人。汇票样式如图4-1所示。

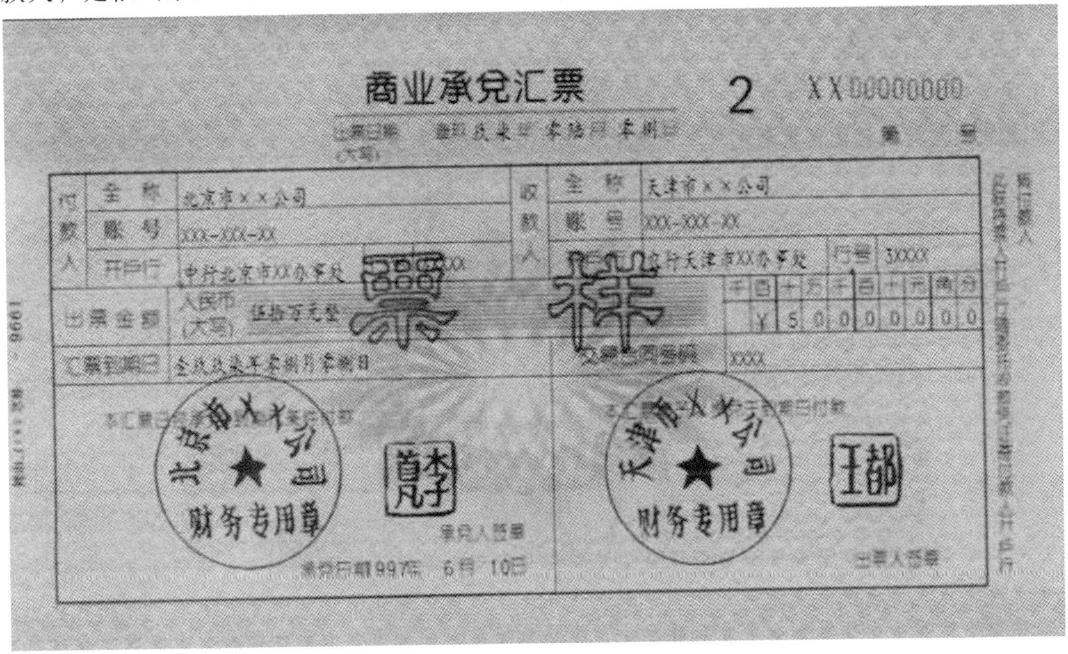
商业承兑汇票 2 XX00000000

| | | | | | |
|---|---|---|---|---|---|
| 付款人 | 全称 | 北京市××公司 | 收款人 | 全称 | 天津市××公司 |
| | 账号 | XXX-XXX-XX | | 账号 | XXX-XXX-XX |
| | 开户行 | 中行北京市XX办事处 | | 开户行 | 中行天津市XX办事处 |
| 出票金额 | 人民币（大写） | 伍拾万元整 | | | ¥500000000 |
| 汇票到期日 | | | 交易合同号码 | | XXXX |

北京市××公司 财务专用章

天津市××公司 财务专用章

承兑日期97年 6月 10日

出票人签章

样票

图4-1 汇票样式

2.本票

本票是指由出票人签发并承诺在见票时或指定日期无条件支付一定金额给收款人或持票人的书面票据。本票有出票人和收款人两个当事人，出票人完成出票行为后就成为该本票的付款人，自负到期付款的义务。

相对于国外票据法而言，我国《票据法》所称的本票仅限于银行本票，这是我国本票制度的一个重要特点。所谓银行本票，即以银行为出票人签发的票据，一般是即期的，由申请人将一定金额的资金交存银行，由银行签发并交申请人凭以作为支付工具，由银行保证付款，可以见票即付或代替现金使用。而国外票据法所规定的本票，除了银行本票以外，还包括商业本票，即由银行以外的企业或个人签发的本票，有远期和即期之分。多数国家并不区分这两种形式的本票，两者适用完全相同的法律规定。本票样式如图4-2所示。

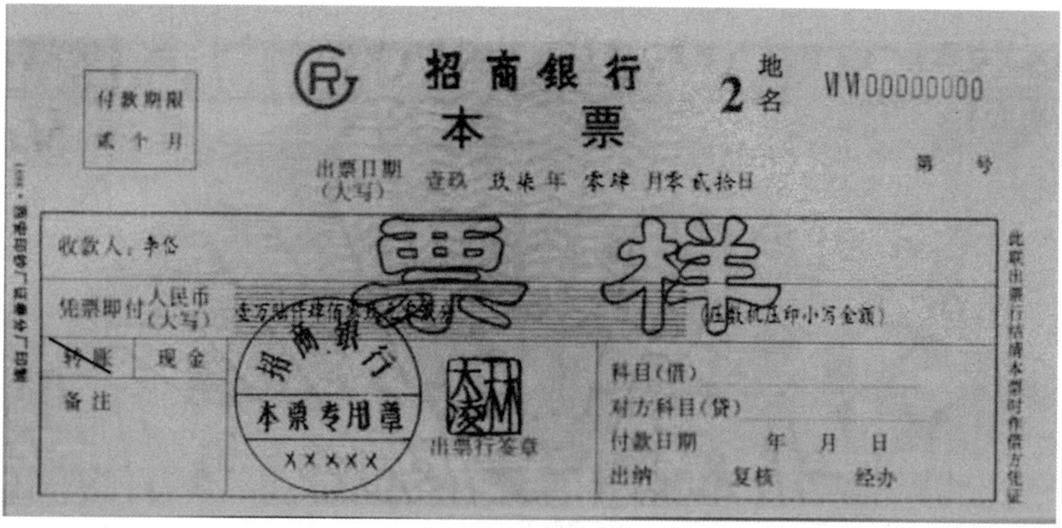

图4-2 本票样式

3.支票

支票是指以银行为付款人的即期支付一定金额的支付证券。具体来说，支票是银行存款户对银行签发的授权银行对某人或其指定人或持票人即期支付一定金额的无条件书面支付命令。

支票和汇票一样有三方当事人：出票人、付款人和收款人。支票的出票人是支票的债务人。支票与汇票的主要区别在于：

①付款人不同。支票的付款人仅限于银行。这是区别于汇票的重要特点，汇票的付款人则不以银行为限。

②在支付日期上，支票均为见票即付，即只能是即期的。汇票则有即期汇票和远期汇票之分。但近年来，在国际商业实践中出现了一种延期支票或提前签发的支票，即票载日期晚于实际签发日期，以增加支票流通的时间，但不影响支票见票即付的特点。

③支票无承兑行为。远期汇票一般须承兑，而支票上若有承兑的记载也视为无记载。

④支票上无须记载收款人名称。汇票上收款人的名称为法定绝对必要记载事项，而支票并无此要求。

⑤在资金关系上，支票的出票人与付款人之间须有资金关系，出票人不得向无资金关系的银行开立支票。汇票的出票人与付款人之间是一种委托关系，不强调资金关系。

为了防止出票人明知没有存款，或者未经银行同意透支而对银行滥发支票，各国法律一般都明确强调，出票人和银行之间必须有存款关系才能开具以存款银行为付款人的支票，并且出票人开立支票时必须按照其与存款银行事先就处理支票的方式所达成的明示或默示的协议进行。此外，各国法律大都还对开立空头支票的恶意出票人规定了相应的处罚方法，有的处以罚金，情节严重者还须承担刑事责任。

但是银行也有义务了解出票人的资信情况，并随时核对出票人的账目。按照英国的法律，如果银行由于疏忽对出票人开立的支票付了款，而事后发现出票人的存款或财产不足以抵偿这一金额，银行不能向收款人要求返还这笔款项。因为这是银行与出票人往来交易中发生的问题，银行只能向其出票人要求赔偿。支票样式如图4-3所示。

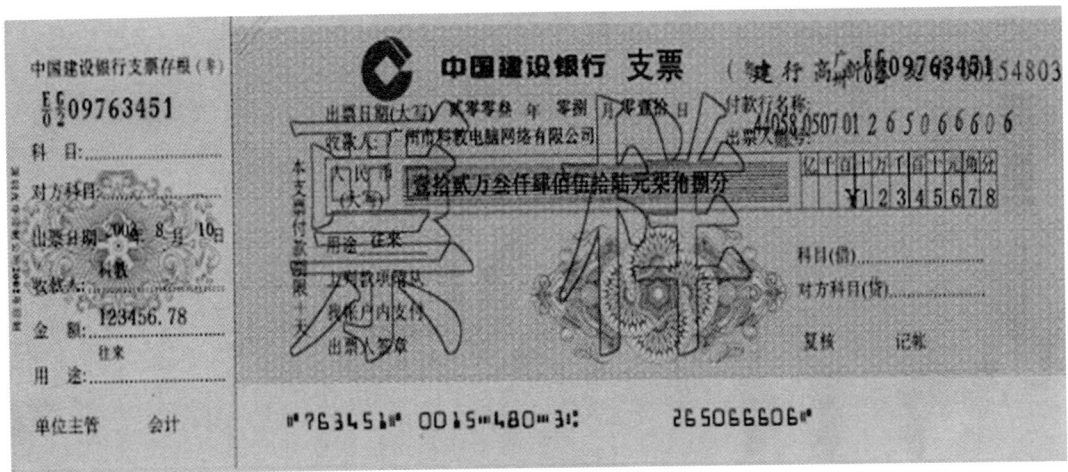

图4-3　支票样式

---

**案例讨论**

White 先生欠 Tom、Mary、Jack 三人各 5 000 美元。他决定以票据方式向 3 人付款。

票据 A

I promise to pay $5 000 to the order of Tom Black on June 15, 2008.

*Pole White*

Pole White

---

票据 B

to: Amold Bucks

Pay to the order of Mary Bird $5 000 on July 12, 2008.

*Pole White*

Pole White

---

票据 C

First National Bank

~, New York                                         *January 18, 2008*

Pay to the order of  *Jack Sterna*   $ *5 000 Five Thousands and 00/100 Dollars.*

*Pole White*

---

问题：请对这 3 张票据的性质予以分析。

解析：票据 A 是一张本票，票据 B 是一张汇票，票据 C 是一张支票。本票、汇票、支票之间的最大区别在于：本票有两方当事人，而汇票和支票有三方当事人，其中支票的付款人必须是银行。

## 二、票据的法律特征

尽管各国的立法对票据的外延并无一致的认识，在具体制度上也有诸多差异，但由于票据法的宗旨是促进票据的流通使用，保障票据交易的安全，使人们能够放心地接受并使用票据，因此许多国家在票据法中都确立了一些基本的法律原则和原理，形成了共同的票据基本特征。

（一）票据是完全有价证券

完全有价证券是指票据权利和证券融为一体，权利的行使和处分以持有证券为前提，"证券之外无权利"；票据的损毁、灭失意味着权利的消灭。

（二）票据是设权证券

票据权利产生于票据制作完成之时。票据的制作不是证明权利，而是创设权利。

（三）票据是流通证券

票据的一个基本功能就是流通。各国票据法都规定，票据上的权利在到期前，经背书或单纯交付即可让与他人，无须考虑民法关于债权让与的有关规定。一般来说，无记名票据，可依单纯交付而转让；记名票据，须经背书交付才能转让。这就是票据的流通性。一张票据，不论经过多少次转让，最后的持票人都有权要求票据的债务人向其清偿，票据债务人不得以没有接到转让通知为由拒绝清偿。甚至，即使票据转让人的票据权利有瑕疵，如票据是捡来的，善意持票人对于票据权利也不受其前手票据权利的影响。这是票据最核心的特征和最基本的功能。一个国家如有健全的票据市场，且票据债务人的资信又是可靠的，则持有票据的债权人可以把票据视同现金，随时能取得融通的便利。

（四）票据是无因证券

票据根据一定的信用行为等原因而产生，它的设立是有因的，可能是支付买卖合同的价金，可能是借贷，可能是担保，也可能是赠与关系，但是各国票据法都认为，票据上的权利义务关系一经成立，即与原因关系相脱离，不论其原因关系是否有效、是否存在，都不影响票据的效力。换言之，票据上的法律关系是一种单纯的金钱支付关系，权利人享有票据权利只以持有符合票据法规定的有效票据为必要条件。至于票据赖以发生的原因，则在所不问。即使原因关系无效或有瑕疵，也不影响票据的效力。所以，票据权利人在行使票据权利时，无须证明给付原因，票据债务人也不得以原因关系对抗善意第三人。

（五）票据是要式证券

各国法律一般都严格地规定了票据的制作格式和记载事项，比如票据上必须载明名称、金额、收付款银行、支付日期等。不按票据法及相关法规的规定制作票据，就会影响票据的效力甚至会导致票据无效。例如，我国《票据法》规定了汇票、本票、支票必须记载的事项，未记载规定事项的，票据无效。此外，在票据上所为的一切行为，如出票、背书、承兑、保证、付款、追索等，也必须严格按照票据法规定的程序和方式进行，否则无效。例如，票据须经出票人签章；承兑须经承兑人同意支付并签章；转让须经转让人背书。这就是票据的要式性。

（六）票据是文义证券

票据上所载权利义务的内容必须严格按照票据上所载文义确定。不允许依据票据记载以外的事实，对行为人的意思作出与票据所载文义相反的解释，或者对票据所载文义进行补充或变更。即使票据的书面记载内容与票据的事实相悖，也必须以该记载事项为准。例如，当票据上记载的出票日与实际出票日不一致时，必须以票据上记载的出票日为准，这就是票据的文义性。凡在票据上签名的人，都必须按照票据上记载的文义对其负责，不得以票据以外的任何事由变更其效力。

## 三、票据行为

（一）票据行为的概念

票据行为是指票据法上规定的，用以发生票据上权利、义务关系的要式法律行为，主要包括出票、背书、承兑、保证、付款等。

（二）票据行为的成立要件

票据行为是一种法律行为，它的有效成立必须具备一般法律行为应具备的要件，即票据行为的实质要件。票据行为是一种要式行为，它还必须具备票据法所规定的特别要件，即票据行为的形式要件。

1.行为人具备相应的票据能力

自然人的票据权利能力，与民法理论上自然人民事权利能力的期间是一致的，即始于出生，终于死亡。在此期间，自然人终身享有票据权利能力。自然人的票据行为能力也与民事行为能力相对应，无民事行为能力人和限制民事行为能力人都是无票据行为能力人，即无民事行为能力人和限制民事行为能力人所为的票据行为无效，其票据行为须由法定代理人代其为之。法人的票据权利能力，也与其民事权利能力一致，即始于登记，终于解散后清算完毕。但二者有一个区别，根据民法理论，法人的民事权利能力要受到其经营范围的限制；而票据法理论规定，票据为无因证券、文义证券，法人的经营范围不显现于票据上，其签发或转让票据的原因关系，亦不显现于票据上，难以为票据关系人所知悉，因此法人超越经营范围所进行的票据行为仍是有效行为。

2.票据行为人的意思表示须真实

由于票据行为具有文义性，行为人的意思表示与票据记载有同一性，因此在票据行为因意思表示的缺陷而无效或撤销时，行为人不得以此对抗善意第三人。

3.票据形式合法

由于票据行为具有特殊性，因此更应该注重票据行为的外在表示形式，即形式上的合法性。

4.票据签章

票据行为必须由行为人签章方为有效，签章的形式包括自然人的签章、法人及非法人团体和组织的签章。票据的签章是确定票据行为人参加票据关系、承担票据债务的依据。

5.票据交付

票据行为人将记载完毕的票据交给持票人持有，票据行为才完成。这也是票据行为的重要形式要件。

（三）票据行为的种类

1.出票

出票是指出票人签发票据并将其交给收款人的行为。出票属于创立票据行为，因而又属于基本票据行为。它包括两个环节：一是签发票据；二是交付票据。签发票据是指在票据上记载法定内容并签名，一般要求将票据上的法定应记载事项记载完全，但空白票据的交付除外。而交付票据是指出票人以自己的意思使票据脱离自己的占有而给予他人。只有当出票人把票据提交给收款人时，出票行为才宣告完成，票据关系才宣告成立。

票据是一种要式证券，出票人在制作票据时必须按照有关国家票据法的规定，把法定内容记载于票据之上，才能产生票据的效力。

汇票出票时，必须在汇票上记载如有欠缺将不产生票据效力的事项，这称为绝对必要记载事项。汇票的绝对必要记载事项包括：

①标明"汇票"字样。

德国法系国家和《日内瓦公约》都要求在汇票上必须标明"汇票"字样，其作用在于使人们易于识别汇票，将它与其他票据相区别。但英美法系国家则不要求必须记载"汇票"字样。

②无条件支付的委托。

汇票的付款必须是无条件的，不得在汇票上记载"资金到达后付款""货物交付后付款"等条件。多数国家的票据法禁止当事人附条件出票，但也有例外，比如按照《美国统一商法典》第3-105条第（2）款的规定，票据上记载的支付委托有任何其他协议限制的，或者票据上限定仅可从专门基金来源中支付票款的，则构成有条件的支付委托。

③确定的金额。

汇票是一种金钱证券，其支付的标的必须是金钱，而且金钱的数额必须确定。如果同时以文字和数字表示金额，两者必须相符；如果不符，根据《日内瓦公约》和英国《票据法》的规定，应以文字记载的金额为准，但我国《票据法》规定此类票据无效。

④付款人姓名或名称。

各国票据法一般都要求汇票必须记载付款人的姓名或商号名称，但我国台湾地区则规定，未载付款人者，以发票人为付款人。付款人一般为进口商或其开户银行，一般是一个，但也可以载明一个以上的付款人。在这种情况下，任何一个付款人都须承担支付全部汇票金额的责任，不能仅就金额的一部分负责，当其中一个付款人付款后，其余付款人即可解除付款义务。

⑤收款人名称。

收款人是接受票据金额的当事人，是票据关系中的主债权人。各国法律对汇票是否需要记载收款人名称有不同的规定。《日内瓦公约》要求汇票上必须记载收款人名称，不承认无记名式的汇票，而英美法系国家对此采取了比较灵活的做法，可以指定收款人，也可以不指定。

⑥出票日期。

《日内瓦公约》规定，汇票应当记载出票日期和地点，否则不得认为有效。它不仅可以确定付款日和期限届满的有效性，而且涉及法律适用的时效性问题。但英美法系各国则认为，出票日期并不是汇票必须记载的事项。如果汇票上没有记载出票时间，并不影响汇票的有效性和流通性，合法的汇票持有人可以补填其认为准确的日期。

对于汇票日期是否可以有悖真实出票日的问题，大陆法系学者认为，汇票上记载的出票日期只要符合形式要求即可，而非事实记录，因此，即使与真实出票日期不符，也不会影响汇票效力。而在英美法系中，由于法律未将出票日期视为绝对必要记载事项，因此不会对此发生争议。我国《票据法》对此未作规定。

⑦出票人签章。

签章表明出票人承担了汇票的付款责任。汇票出票人必须在汇票上签章，汇票才能生效。

除了汇票的绝对必要记载事项以外，还有一些记载事项本应在汇票上记载，但出票人未作记载时可依法推定其内容，而不会因此导致汇票出票无效，此种记载称为相对必要记载事项。

主要包括以下几种：

①付款日期。

如果汇票上未作记载，则视为见票即付。

②付款地。

付款地的主要作用在于，据以进行票据提示或确定拒绝证书做成地、诉讼管辖等。对于汇票上是否必须载明付款地的问题，各国法律有不同的规定。英国《票据法》规定，票据上不一定要载明付款地点，不管付款人在什么地方，只要持票人能找到他，就可以向他提示汇票要求付款。《日内瓦公约》则要求在汇票上载明付款地点，如果未记载付款地点，则以付款人姓名旁的地点视为付款地，亦即视为付款人的所在地。

③出票地。

汇票的出票地是汇票上提示付款的地点。《日内瓦公约》规定，未载明出票地的汇票，出票地姓名旁所载的地点视为出票地。而英美法系国家则认为，如果汇票上的出票地点没有注明，汇票仍然有效，出票地以出票人的营业所、住所或者经常居住地为准。

按照多数国家的票据立法，汇票出票时除了上述必要记载事项外，出票人还可自由选择一些记载事项，这些任意记载事项并不影响汇票的效力，但一经记载，即发生票据法上的效力。

出票人记载事项还可能是本身无效的事项或使汇票无效的事项。前一种记载不产生任何效力，将被视为无记载。例如，出票人票据上载有"不得转让"字样，票据不能再依据票据法规定的背书方式转让，出票人后手亦不得以此票据进行贴现、质押。票据持有人背书转让该票据的，这时的转让只是普通债权的转让，取得权利的受让人无论是否善意，都不得主张对人抗辩的切断，不得主张善意取得，转让人不承担担保责任。后一种记载则会导致汇票无效。例如，出票人在汇票上记载了不确定的金额，此项记载将导致汇票无效。

本票一般必须具备以下内容：写明其为"本票"字样；无条件支付；收款人或其指定人；出票人签字；出票日期与地点；付款期限；一定金额；付款地点。

各国票据法关于支票记载事项的规定不完全一致。

---

**案例讨论**

某外资企业向沈阳精益钟表厂开出一张汇票支付货款，收款人记载为"沈阳精益钟表"，金额记载为人民币"叁拾万元整"及数字￥300 000.00，付款人为该外资企业的开户银行。沈阳精益钟表厂凭票向付款人提示付款时被拒付，理由：①沈阳精益钟表厂的全称应为"沈阳精益钟表制造有限责任公司"，收款人名称与收款人印章不符；②金额记载人民币"三十万元正"不符合规定；③该汇票上没有付款日期的记载。

问：（1）付款人的拒付理由是否都成立？

（2）如果沈阳精益钟表厂请出票人将收款人名称改为"沈阳精益钟表制造有限责任公司"，并在更改处签章，该汇票是否有效？

出票具有如下法律效力：

①出票人承担保证票据承兑或付款的责任。

出票人在票据得不到承兑或付款时，应当向持票人清偿票面金额、利息或其他费用。多数国家的票据法将出票人的担保责任分为担保承兑和担保付款，其所产生的后果不尽相同。而按照我国《票据法》的规定，只要出票人签发的票据被拒绝承兑或被拒绝付款，持票人即可向出票人行使追索权。

《日内瓦公约》允许解除出票人保证承兑的责任，有的国家甚至允许同时免除出票人保证承兑和保证付款的责任，但我国《票据法》对此并不认同。

②收款人取得票据并享有票据权利。

出票人将做成的票据交付收款人后，收款人即取得付款请求权和追索权，并可以背书转让。但应当注意，在承兑之前的付款请求权以及在被拒绝兑付前的追索权，实际上只是一种期待权。

③付款人取得承兑和付款的资格。

即期票据的出票使付款人直接成为票据的债务人，负有付款的义务。而对远期票据来说，出票行为仅给付款人以承兑和付款的资格，是否对票据承兑及付款，则完全取决于付款人自己的意愿。

2.背书

背书是指持票人在票据背面或者粘单上记载有关事项并签章的票据行为。背书行为是在票据出票后的一种附属票据行为。票据作为有价证券，具有流通性。票据在签发以后，持票人可以依法转让其票据权利或者将其票据权利授予他人代为行使，也可以设定质押。但票据的转让或者权利授予、设定质押，如果没有书面的记载，就难以保证票据流通的安全，难以确定当事人之间的权利、义务和责任。为此，票据法规定，持票人将票据权利转让给他人、将一定的票据权利授予他人行使、以票据设定质押时，应当背书。按照各国法律的规定，除了无记名式汇票仅凭交付而转让外，记名式汇票和指示汇票都必须以背书方式转让。

在背书法律关系中，背书行为的当事人有两方：背书人和被背书人。背书人是指在票据背面或者粘单上记载有关事项并签章的人，即具体完成背书行为的人。在转让其票据权利的情况下，背书人即转让人，也就是原持票人；在持票人将其票据权利授予他人代为行使的情况下，背书人即进行授权的人，也就是享有票据权利的人；在设定质押的情况下，背书人即出质人，也就是以该票据作为履行债务担保的人。被背书人是指接受背书人对票据权利的转让、授权或者质押并取得票据的人。具体而言，在转让票据权利的情况下，被背书人即受让人，也就是新的持票人；在持票人将其票据权利授予他人代为行使的情况下，被背书人即接受委托代为行使票据权利的人；在设定质押的情况下，被背书人即质权人，也就是以该票据作为其债权担保的债权人。

背书有两种效力：一是将汇票上的权利转让给被背书人；二是背书人对包括被背书人

在内的一切后手担保该汇票必然会被承兑或付款，如汇票的承兑人或付款人拒绝承兑或付款，任何后手都有权向背书人进行追索。

**案例讨论**

2009年3月10日，A公司签发一张汇票给B公司购买钢材，该汇票经过付款人——A公司的开户银行C承兑，付款日期为出票后2个月。B将该汇票背书给D公司，冲抵欠款。

问：（1）如果D公司收到该汇票不久后就被E公司吞并，E公司取得该汇票，又将它背书给F公司。付款人C银行是否可以以背书不连续为由对F公司拒付票款？

（2）如果D公司收到汇票不久后将其遗失，被E拾得，E伪造D公司的背书，将它背书给F商场购买物品。该汇票是否可以因背书在实质上不连续而遭拒付？

3.提示

提示是指持票人将汇票提交付款人要求承兑或付款的行为。持票人的票据权利最终是通过承兑进而获得付款而实现的，因此，承兑和付款对持票人具有极为重要的意义。而票据是完全的有价证券，其权利行使必须以权利人持有票据并向义务人提示票据为前提。从这个意义上说，提示是权利人行使和保全票据权利的必须行为。从票据法理论来看，提示是承兑和付款的必要前提，但提示行为本身并不是票据行为，不要求提示人在汇票上记载或签章，其效力在于保全票据权利。

**案例讨论**

2008年4月11日，A商厦开出一张由X银行承兑付款的银行承兑汇票，交给B电器公司支付货款，票面金额为500万元人民币，付款期限为6个月。B电器公司又将该汇票背书给C公司用于进货。2008年10月15日，持票人C公司向承兑银行提示付款，10月18日X银行向C公司支付了票款，然后向A商厦求偿票款。但此时A商厦亏损累累，无力偿付票款。于是X银行凭票向C公司追索，要求C公司归还票款。

问：（1）持票人C公司是否在法定付款提示期内向承兑银行提示承兑？

（2）X银行是否有权向C公司进行追索，要求C公司归还票款？

4.承兑

承兑是指汇票的付款人在持票人作出承兑提示后，同意承担支付汇票金额的义务，并在汇票上作出到期付款的书面记载的行为。承兑是汇票所特有的一种票据行为。

承兑的作用在于确定付款人对汇票金额的付款义务。因为从理论上说，开立汇票是出票人的单方面行为，出票人在开立汇票时可以指定任何人为付款人，而付款人并未参与出票。由于汇票具有文义性的特征，没有在汇票上签章的付款人并不是汇票当然的债务人，他对汇票尚未承担责任。所以，持票人为了确定付款人的付款责任，就必须向付款人提示承兑，只有当付款人在汇票上签名承兑之后，他才对汇票付款承担责任。如果付款人拒绝承兑，他对汇票上的付款就不负法律上的责任。在这种情况下，持票人不能对他起诉，而只能对汇票的背书人和出票人进行追索。

在汇票被付款人承兑以前，汇票的债务人是出票人，而不是付款人；但付款人一旦承兑了汇票之后，他就成为承兑人，并由此成为汇票的主债务人，而出票人和其他背书人则处于从债务人的地位。如果付款人承兑汇票之后到期拒绝付款，持票人可以直接对他提起诉讼。

根据承兑人作出承兑的条件和法律后果的不同，各国法律一般将承兑分为普通承兑和限制性承兑。

普通承兑，亦称单纯承兑，是指由付款人在汇票上注明"承兑"字样并签具付款人姓名和日期，除此以外没有任何附加条件。这是正常的承兑，是完全有效的。

限制承兑，又称非单纯承兑，是指付款人不完全同意汇票事项，仅对汇票金额的一部分承兑，或承兑时附加条件或改变汇票记载事项的承兑。其主要包括：①部分承兑，付款人仅对汇票金额的一部分作出承兑。②附条件承兑，付款人在承兑时附加限制性条件，允诺在条件成就时予以付款，如"收到货物后可以付款"等。③变更汇票记载事项的承兑，付款人在承兑时对票载事项加以变更，如承兑时指明仅在某地付款、改变付款日期、多数付款人中一人或数人的承兑而非全体承兑等。

原则上承兑应为普通承兑，限制承兑属于例外。对于限制承兑，各国法律规定不尽相同。英国《票据法》规定，持票人可以拒绝接受限制承兑，并可视为付款人拒绝承兑；持票人接受限制承兑，未得到出票人或背书人许可或追认的，解除出票人或背书人的义务。出票人或背书人接到有关限制承兑的通知后，未在合理期间内向持票人作出反对表示的，视为该背书人或出票人同意该项限制承兑。《美国统一商法典》作了类似的规定。德国《票据法》原则上不允许限制承兑，但允许部分承兑，对未获承兑的部分应做成拒绝证书以保留权利。《日内瓦公约》原则上规定承兑应为无条件的，但允许付款人作部分承兑，同时规定，变更文义的，视为拒绝承兑，承兑人仍应依承兑内容承担责任。我国《票据法》第43条规定，付款人承兑汇票，不得附有条件；承兑附有条件的，视为拒绝承兑。

5.保证

保证是指由汇票债务人以外的第三人，以担保票据债务的一部分或全部履行为目的所做的从票据行为。票据保证是保证债务的一种。保证人可以为出票人、背书人或承兑人提供保证。由于有第三人为票据债务人提供保证，因此使票据的信用大大增强，对票据的流通有很大的好处。《日内瓦公约》及大多数国家的《票据法》都对票据保证作了较详细的规定，但英美法仅略为旁及，无具体规定。我国《票据法》规定，只有汇票才能提供票据保证，而本票和支票不得提供保证。

汇票的保证具有如下特点：

①汇票保证是一种要式行为。

汇票保证应在汇票或粘单上作出，注明"保证"或类似文字，并由保证人签名。按照《日内瓦公约》的规定，保证人在作出保证时，可在汇票上记载被保证人的姓名，如果没有记载，即视为为出票人提供保证。

②汇票保证具有独立性。

这是汇票保证与民法保证的一个重要区别。虽然两者都具有从属性，都以主债务的存在为前提，但又有着本质的不同。汇票保证具有独立性，而民法保证没有独立性。具体而言，在汇票保证的场合下，当被保证的主债务由于任何原因无效时，除由于票据款式欠缺而无效外，保证人仍应承担保证责任；但在民法保证场合下，如果被保证的主债务由于各种原因被宣告无效或撤销时，保证债务亦随之无效，保证人即可不承担义务。

③汇票保证人不得享有先诉抗辩权。

这是汇票保证和民法上保证的又一个主要区别。民法的保证分为一般保证和连带责任保证，如果保证合同双方当事人约定为一般保证时，保证人享有先诉抗辩权，即保证人是第二债务人，在债权人未就主债务人的财产强制执行而无效果之前，保证人有拒绝债权人要求其履行保证债务的权利。但在汇票保证的场合下，汇票保证人不能享有此项先诉抗辩权。因为汇票的保证具有独立性，所以汇票的持票人（债权人）可以不先向被保证人请求付款或追索，而直接向保证人提出付款请求或追索，即保证人与被保证人承担的是连带责任。

保证人在清偿汇票债务以后，有权行使持票人对承兑人、被保证人应负汇票上责任者的追索权，因为保证人清偿后，即取得票据，成为该汇票的持票人，所以其有权对汇票的被保证人及其前手行使追索权。但当票据债务人拒绝或无力承担票据责任时，汇票保证人要履行相应的义务：①保证人与被保证人承担同一责任；②当有一个以上的保证人为同一汇票债务提供保证时，各保证人均应负连带责任；③保证人担保的汇票债务因某种理由无效时，保证人仍应承担责任，但因汇票款式欠缺无效者除外；④保证人可以就汇票的全部金额提供担保，也可以仅就部分金额提供担保，在后一种情况下，保证人仅对其所保证的部分金额承担付款义务；⑤保证不得附有条件，附有条件的，所附条件不影响对汇票的保证责任，即所附条件无效，而保证有效。

6.付款

付款是指付款人或承兑人在票据到期时，对持票人所进行的票据金额的支付。付款人一经付款，持票人便将汇票注销后交给付款人作为收款证明，票据所代表的债务债权关系完全终止，票据关系绝对消灭。

在付款人经审查同意付款的情况下，持票人在获得付款时应当在汇票的正面签章，并将汇票交付付款人。这是包括我国在内的大多数国家的做法。

根据各国票据立法，付款人或代理付款人在不存在恶意或重大过失的情况下，履行了足额付款义务，汇票法律关系即全部归于消灭，所有票据债务人的票据责任也因此得以免除。在代理付款人依法付款的情况下，该代理付款人有权向被代理的付款人要求返还汇票金额。

# 任务 二
# 票据权利取得和行使的争端与解决

◎任务描述

A公司于2011年1月10日与B公司签订一份标的额为100万元的买卖合同，合同约定采用汇票结算方式。2011年2月1日，A公司按照合同约定发出货物，B公司于2月10日签发一张见票后1个月付款的银行承兑汇票。

3月5日，A公司向C银行提示承兑并于当日获得承兑。3月10日，A公司在与D公司的买卖合同中将承兑后的汇票背书转让给D公司。3月20日，D公司在与E公司的买卖合同中将该汇票背书转让给E公司，同时在汇票的背面记载"不得转让"字样。3月30日，E公司在与F公司的买卖合同中将该汇票背书转让给F公司。4月10日，持票人F公司向C银行提示付款，C银行以"E公司在背书转让时未记载背书日期"为由拒绝付款。F公司于4月12日取得拒付理由书后，于4月20日向E公司、D公司、B公司、A公司同时发出追索通知，追索金额包括汇票金额、逾期付款利息及发出追索通知的费用合计102万元。其中，E公司以F公司未在法定期限内发出追索通知、丧失追索权为由拒绝承担担保责任；D公司以自己在背书时曾记载"不得转让"字样为由拒绝承担担保责任；A公司以追索金额超出汇票金额为由拒绝承担担保责任；B公司以F公司应当首先向E公司追索为由拒绝承担担保责任。

请问：

（1）C银行拒绝付款的理由是否成立？请说明理由。

（2）E公司的主张是否成立？请说明理由。

（3）D公司的主张是否成立？请说明理由。

（4）A公司的主张是否成立？请说明理由。

（5）B公司的主张是否成立？请说明理由。

（6）如果F公司于4月20日才向C银行提示付款，且C银行拒绝付款，则其能否向E公司行使追索权？C银行的票据责任能否免除？请说明理由。

## 任务分析

（1）C银行拒绝付款的理由不成立。根据我国《票据法》的规定，背书日期作为相对应记载事项，如果未在汇票上记载，并不影响汇票本身的效力（背书日期如未记载，则视为汇票到期日前背书）。

（2）E公司的主张不能成立。根据我国《票据法》的规定，持票人应当自取得拒绝证明之日起3日内将被拒绝事由书面通知其前手。如未按照规定期限通知，持票人仍可以行使追索权。

（3）D公司的主张成立。根据我国《票据法》的规定，背书人在票据（背面）上记载"不得背书"字样，如其后手再背书转让，原背书人对其直接被背书人以后通过背书方式取得汇票的一切当事人，不负担保责任。

（4）A公司的主张不能成立。根据我国《票据法》的规定，追索金额包括：①被拒绝付款的汇票金额；②汇票金额从到期日或者提示付款日起至清偿日止，按照中国人民银行规定的利率计算的利息；③取得有关拒绝证明和发出通知书的费用。

（5）B公司的主张不能成立。根据我国《票据法》的规定，汇票的出票人、背书人、承兑人和保证人对持票人承担连带责任。持票人可以不按照汇票债务人的先后顺序，对其中任何一人、数人或者全体行使追索权。

（6）F公司不能向E公司行使追索权。根据我国《票据法》的规定，如果持票人不按照法定期限提示付款，则丧失对其前手的追索权。在本案例中，该汇票的到期日为4月5日，持票人应在4月15日前向承兑人提示付款。

银行 C 的票据责任不能解除。根据我国《票据法》的规定，承兑人的票据责任不因持票人未在法定期限内提示付款而解除，经作出说明后，承兑人仍要对持票人承担票据责任。

**★ 相关知识与案例**

## 一、票据权利

（一）票据权利的概念

票据权利是指持票人向票据债务人请求支付票据金额的权利，它包括付款请求权和追索权。

1.付款请求权

付款请求权又称第一次请求权，是指持票人对票据主债务人（如汇票的承兑人、本票的出票人、支票的保付人等）行使请求其支付票据金额的权利。

2.追索权

追索权是指因持票人在第一次请求权遭到拒绝或有其他法定原因时，如票据不获承兑，或付款人死亡、破产、停止支付等时，向背书人、出票人以及其他票据债务人请求偿还汇票金额的一种票据权利。它是继票据付款请求权后的第二次权利，是对付款请求权的补充。也就是说，作为持票人，他首先有权要求票据的主债务人向其偿付票款，如果主债务人没有或无法（如账上无款支付或者破产等）偿付票款，持票人有权要求其他付款义务人向其偿付票款。

追索权的行使具有以下特征：

①享有追索权的人必须是合法的持票人。

合法的持票人通常有两种情况：一是通过合法的转让方式取得汇票的最后持票人；二是债务人在履行票据义务后取得票据，从而享有与持票人同等的权利。前一种持票人行使的追索权称为初次追索权，而后一种持票人因其向初次追索权人履行了票据义务而获得的追索权称为再追索权。

②被追索的主体为背书人、出票人以及汇票的其他债务人。

③持票人行使追索权，须有一定的法定事由。根据这些法定事由出现的时间不同，在汇票到期日前引起的追索权，被称为期前追索；在汇票到期日后引起的追索权，被称为到期追索。

④追索权人可以请求的金额不限于票据金额。

根据我国《票据法》第70条对初次追索权的规定，持票人行使追索权，可以请求被追索人支付下列金额和费用：被拒绝付款的汇票金额；汇票金额自到期日或者提示付款日起至清偿日止，按照中国人民银行规定的利率计算的利息；取得有关拒绝证明和发出通知书的费用。根据该法第71条对再追索权的规定，被追索人依照前条规定清偿后，可以向其他汇票债务人行使再追索权，请求其他汇票债务人支付下列金额和费用：已清偿的全部金额；前项金额自清偿之日起至再追索清偿日止，按照中国人民银行规定的利率计算的利息；发出通知书的费用。

综上所述，与一般债权只有一个请求权不同，票据权利有双重请求权。第一次请求权是票据上的主要权利，当第一次请求权得不到满足时，可行使第二次请求权以资补救，以保护票据权利人，便利票据流通，巩固票据制度。

---

**案例讨论**

2008年7月12日，A公司开出一张由本市Y工商银行承兑的汇票向B公司支付一笔货款，出票后3个月付款。B公司收到该汇票后，又将其背书转让给C公司用于购货。然而，2008年8月30日C公司得知：由于A、B两家公司因该汇票项下的供货发生纠纷，A公司已经向法院起诉B公司，受案法院于8月27日裁定冻结该汇票的票款。

问：持票人C公司现在是否可以行使追索权？

---

（二）票据权利的取得

票据权利的取得，是指根据什么方式、依据何种法律事实而取得票据权利。

1.取得票据权利的条件

各国对票据权利的取得都作出了规定，主要包括以下几个条件：

①持票人取得票据必须给付对价。"对价"即应当给付票据双方当事人认可的相对应的代价，至于对价到底是货币还是实物，全由当事人自行决定。该原则意味着持票人不得无偿取得票据，否则不享有票据权利。但是对价原则也有例外，如我国《票据法》第11条规定："因税收、继承、赠与可以依法无偿取得票据的，不受给付对价的限制。但是，所享有的票据权利不得优于其前手的权利。"

②持票人取得票据的手段必须合法。

以欺诈、盗窃或胁迫等手段取得票据的，持票人不得享有票据权利。

③持票人取得票据时主观上应当具备善意。

从票据取得的主观状态看，分为善意取得和恶意取得。持票人在善意和无重大过失的情况下，依照票据法规定的方式，支付对价后取得的票据，为善意取得。持票人善意取得的票据，应当享有票据权利。持票人明知转让票据者无处分或交付票据的权利，或者虽然不是明知但应当或者可能知道让与人无处分权而由于过错或疏忽大意未能得知而取得票据，为恶意取得。持票人恶意取得票据的，不得享有票据权利。

④持票人能通过背书连续证明自己是票据的合法持有人，凡通过连续背书取得票据的人即取得了票据权利。

2.票据权利取得的方式

票据权利的取得有两种方式途径，即原始取得和继受取得。

原始取得是指出票人制成票据并交付给收款人后，收款人即从出票人处得到票据权利。其分为出票取得和善意取得。

继受取得是指持票人从有正当处分权的人那里依背书转让或者交付程序而取得票据权利。继受取得包括票据法上的继受取得和非票据法上的继受取得。前者指从有处分权人处依背书转让或交付的方式取得票据权利；后者指非基于票据法所规定的方式而取得票据权利，如因税收、继承、赠与、公司合并而取得票据权利等。非票据法上继受取得票据权利，通常只能得到一般的法律保障，如民法对权利受让人的保障，而不能得到票据法对合法持票人权利的特别保障。

（三）票据权利的行使和保全

1.票据权利的行使和保全的概念

票据权利的行使是指票据权利人请求票据义务人履行义务，从而实现票据权利的行为。票据权利的行使的特别之处在于，票据权利人应进行票据提示，即实际地将票据向票据债务人出示，以此请求票据义务人履行义务。票据提示的处所通常为票据上载明的票据权利行使处所，票据上未指明处所的，则应在票据当事人的营业场所进行。票据权利的保全，是指票据权利人为防止票据权利丧失所进行的行为。票据权利的保全包括进行票据提示、做成拒绝证书和中断时效等几种方式。

2.票据权利的行使和保全的方法

①按期提示票据。

票据权利人在法定期间内提示票据行使权利，就是票据保全权利的方式之一。我国《票据法》明确规定，持票人只有在法定期间内提示票据请求付款被拒绝的，方可行使追索权；期前追索的进行也以按期提示请求承兑被拒绝为条件之一。票据为完全有价证券，享有票据权利的证明之一为持有票据，证明持有票据的方法为提示票据，提示票据是行使票据权利必须的方式，如果不提示票据，而仅以口头或书面通知方式请求票据债务人履行票据债务，不产生行使票据权利的效力。根据权利行使的内容和目的不同，票据提示可以分为行使支付请求权的票据提示和行使追索权的票据提示。行使支付请求权的票据提示又可以分为承兑提示和付款提示，而付款提示才是真正意义上的行使支付请求权。

②做成拒绝证书。

我国《票据法》规定："持票人提示承兑或者提示付款被拒绝的，承兑人或者付款人必须出具拒绝证明，或者出具退票理由书。未出具拒绝证明或者退票理由书的，应当承担由此产生的民事责任。"在承兑人或付款人死亡、逃匿、被宣告破产或者因违法被责令终止业务活动时，持票人也应依法取得其他有关证明。在持票人未按照规定期限取得和提供拒绝证明、退票理由书或其他合法证明时，将丧失对其前手的追索权；但在此情况下，承兑人或付款人仍应当对持票人承担责任。关于拒绝证书是否必须作出，两大法系的规定差别较大。《日内瓦公约》规定，拒付的事实必须由拒绝的公证书证明之，除非受票人已宣告破产，或未承兑的汇票出票人已宣告破产，持票人方可凭宣告破产的裁决行使追索权。此外，如果出票人或背书人或保证人在汇票上批注"免于做成拒绝证书"或"退票时不承担费用"或相似的用语并签名，则可解除持票人为行使追索权而做成拒绝证书的责任。但该项批注仅在由出票人所为时对所有汇票上签名的人有效；其他人所为，仅对该人有效，持票人向除该人以外的其他责任人追索时，仍需做成拒绝证书。英美法系认为，对于国内汇票遭到拒付是否做成拒绝证书由持票人自行决定，但对于国外汇票，如遭拒付，则必须做成拒绝证书。如果汇票的承兑人在汇票到期日以前破产或丧失清偿能力，或停止付款，持票人最好做成拒绝证书以获得追索的更好保障。

③中断时效。

票据权利与普通民事权利一样，也可以因债权人向人民法院提起诉讼或向债务人主张权利以及债务人承诺履行债务而导致时效中断，保全票据权利。使时效中断的行为，包括诉讼内的行为和诉讼外的行为。前者主要是向法院提起诉讼，后者主要为提示票据并催告履行、向前手通知提起诉讼等。

### (四) 票据权利的消灭

票据权利的消灭,是指票据上的付款请求权或者追索权因法定事由的出现而归于消灭。根据被消灭权利的不同,其可以分为付款请求权消灭和追索权消灭。

按照被消灭的仅是付款请求权还是追索权亦被消灭,存在部分消灭和完全消灭的差异。仅为付款请求权消灭的,持票人得以行使追索权;追索权也消灭的,票据权利彻底完结,票据成为毫无票据权利内容的东西,持票人得根据票据法上利益返还请求权制度,受到保护。票据权利可因下列原因而归于消灭:

#### 1.付款

票据债务人付款之时,持票人将票据交付付款人,票据关系终止,票据权利自然终止。我国《票据法》第60条规定,付款人依法足额付款后,全体汇票债务人的责任解除。

#### 2.被追索人清偿票据债务及追索费用

持票人遇到不获承兑、不获付款的情况时,须向背书前手或者出票人及其他有被追索义务的人行使追索权,请求偿还票面金额、利息及为追索所支付的费用,被追索人清偿一应债务后取得票据,原有票据权利即归消灭。这种情况,与付款而使票据权利消灭有所不同。被追索而为清偿之人若为出票人的,票据关系完全消灭,票据权利也随之消灭;被追索而为清偿之人若是尚有其前手的背书人或者保证人的,为清偿行为而取得票据的背书人、保证人得行使再追索权,此时,票据权利仍未彻底消灭。这种情况被称为票据权利的相对消灭。

#### 3.票据时效期间届满

持票人不行使票据权利的事实持续到票据时效期间届满,其付款请求权或追索权即消灭。

#### 4.票据记载事项欠缺

我国《票据法》第18条规定:"因票据记载事项欠缺的,丧失票据权利,享有利益返还请求权。"此条所称票据记载事项,应为绝对必要记载事项,依本法第22条、第76条、第85条,绝对必要记载事项欠缺的,票据无效。

#### 5.保全手续欠缺

持票人为保全票据权利,应完成保全手续,手续欠缺的,不发生保全效力,票据权利仍归于消灭。在这种情况下,消灭的是追索权。我国《票据法》第65条规定,持票人不能出示拒绝证明、退票理由书或者未按照规定期限提供其他合法证明的,丧失对其前手的追索权。

#### 6.除权判决

票据丧失后,原票据权利人或失票人可以请求法院进行公示催告,公示催告期限届满而无人申报票据权利的,法院应作除权判决,即判决公示催告的票据消灭票据权利,并由原票据权利人恢复票据权利。

除以上事由外,票据毁灭也使票据权利消灭,民法上一般债权消灭的事由如抵销、混同、提存、免除等也可使票据权利消灭。

## 二、票据瑕疵

票据瑕疵是指票据当事人或者他人所进行的影响票据效力的行为。它是指票据活动上存在一定的问题，而使票据不再是一般意义上的票据，或者不能再作为正常的票据流通使用。票据瑕疵与票据形式上的欠缺不同。票据形式上的欠缺是指票据形式不完备，欠缺票据法所规定的必要记载事项；而票据瑕疵并非形式上的欠缺，是在形式以外存在一定的问题。票据瑕疵主要有三种：票据伪造、票据变造以及票据涂销。

（一）票据伪造

票据伪造是指假冒他人的名义进行票据行为。由于票据行为可以分为基本票据行为和附属票据行为，相应地，票据的伪造也可分为基本票据行为的伪造和附属票据行为的伪造。基本票据行为的伪造被称为票据本身的伪造，指的是假冒他人名义所做的出票行为；附属票据行为的伪造被称为票据上签名的伪造，指的是假冒他人的名义做除出票以外的票据行为，如背书、承兑、保证等票据行为的伪造。

我国《票据法》规定："票据上记载事项应当真实，不得伪造、变造。伪造、变造票据上的签章和其他记载事项的，应当承担法律责任。"

票据伪造主要产生以下法律后果：

1.对伪造人的效力

伪造者将被伪造者的姓名或名称记载在票据上，而不在票据上记载自己的姓名或名称。根据票据的文义性特征，其伪造行为不是票据行为，因此伪造者不承担票据责任，持票人只能根据民法、刑法的规定追究其民事责任或刑事责任。

2.对被伪造人的效力

被伪造人自己未在票据上签章，也没有委托其他人签章，因此其不负票据上的责任。因为当事人只有在票据上签章才能承担票据责任。

3.对其他真实签章人的效力

根据票据行为独立性原则，票据的伪造并不影响票据上真实签章的效力。凡真正签名于票据者，仍应依票据上所记载的文义负责。

4.对持票人的效力

所有持票人不能向伪造人或被伪造人主张票据权利，而只能依照民法要求伪造者赔偿。但如果票据上有真实的签章人且该签章在伪造者之后，则持票人可以选择依民法请求伪造者赔偿，也可以选择依票据法向被伪造人之后的真实签章者行使票据上的追索权。

5.对付款人的效力

付款人没有尽到审查义务，对伪造票据付款，该付款行为有效，所遭受的损失由其自行承担，但可依据民法的规定向伪造人请求民事赔偿。但对于伪造背书而言，情况比较复杂。

在伪造签名特别是伪造背书的问题上，以英国为代表的英美票据法系与以德法为代表的《日内瓦公约》之间存在十分明显的分歧。英美票据法系主张保护汇票的真正所有人，而《日内瓦公约》则主张保护善意持票人。它们的出发点都是为了促进票据的流通使用，只是考虑问题的角度不同。英美票据法系认为，如果由被伪造签名背书的人来承担伪造签名的损失，他们就会不愿意开出汇票或接受汇票，从而使汇票的使用受到影响；《日内瓦公约》则认为，如果由善意持票人或付款人承担伪造签名的损失，他们在使用汇票时就要花时间查对有无伪造签名的事实，否则不放心接受汇票，这也会影响汇票的流通使用。因此，虽然两大法系都从促进票据流通的立场出发，但对伪造背书却作出了截然不同的处理方法。

我国《票据法》第14条规定："票据上的记载事项，应当真实，不得伪造、变造。伪造、变造票据上的签章和其他记载事项的，应当承担法律责任。票据上有伪造、变造签章的，不影响票据上其他真实签章的效力。"其第32条规定："以背书转让的汇票，后手应当对其直接前手背书的真实性负责。后手指在票据签章人之后签章的其他票据债务人。"因此，我国《票据法》的规定与《日内瓦公约》是一致的。

（二）票据变造

票据变造是指无权更改票据上记载事项内容的人，以行使变造后的票据权利义务为目的，非法改变有效票据上除签章以外其他记载事项的行为。票据的变造是对票据债务内容的改变，如到期日的改变，票据金额的改变，付款地、付款人的改变等。而票据的伪造只能是对票据上签章的伪造。

多数国家的法律规定，票据在变造之前和变造之后都有效。通常在变造之前签章的人，对原记载事项负责；在变造之后签章的人，对变造之后的记载事项负责；不能辨别是在票据被变造之前还是之后签章的，视同在变造之前签章。

---

**案例讨论**

天益公司采购员万某需携带5万元金额的支票到A市采购原料。该支票由天益公司刘某负责填写，由该公司财务主管加盖了财务章及财务人员的印鉴，收款人一栏则授权万某填写。以上记载均有支票存根记录为证。万某携该支票到A市某私营企业购买了价值5万元的原料，该私营企业老板董某是万某的朋友，其见该支票上的笔迹为万某所为，以自己最近资金周转陷入困境为由，请求万某帮忙将支票上的金额改为15万元以渡难关。万某碍于朋友情面应允了，使用董某提供的涂改剂将金额改成了15万元，但从外观上看不出涂改的痕迹。其后，董某为支付货款将该支票背书转让给了某化工厂。此事败露后，天益公司起诉某化工厂和董某，要求返还多占用的10万元票款。

问：（1）本案中万某的行为在票据法上属于什么性质的行为？为什么？

（2）本案应如何处理？为什么？

---

（三）票据涂销

票据涂销是指对票据上的签章或其他记载事项予以涂抹或以其他方式予以消除的行为。比如，笔墨涂抹、橡皮揩擦、药品腐蚀等皆属于涂销行为，持票人将票据上背书人的签章涂去，或将票据上记载的付款地涂去等，也属于涂销行为。不论票据上经涂销后的记载事项是否能够辨认，都不影响票据涂销的成立。若票据经涂销后，从外形上辨别不出其为票据，则不属于票据的涂销，而属于票据毁灭，发生票据丧失的法律效果。我国《票据法》没有关于票据涂销的规定，但在票据实务中经常有票据涂销出现，从稳定票据关系、维护票据信用的角度出发，应当承认票据涂销的法律效力。

关于票据涂销的效力，各国的规定不同。英国学者把涂销分为有权涂销和无权涂销。前者指票据权利人进行的涂销；后者指通过盗窃、诈骗、抢劫等手段得到票据后由无票据权利人所进行的涂销。如果是有权涂销，则票据权利消灭；如果是无权涂销，则不导致票据权利的消灭。德国学者认为，票据是要式证券，票据的记载事项一经涂销，票据就丧失了要式性，票据的债务也由此而消灭，因此不必考虑是否出于故意或过失、有权或无权。日本学者则认为，票据是流通证券，票据上的权利不应因涂销而受影响，但若票据上的文句因涂销不明其意，票据债权人须在证明其文义以后才能行使其权利。此外，还有一些国家的票据法区别以下情况作不同的处理：

1.权利人故意涂销的效力

票据权利人进行的故意涂销，属于有效涂销，应产生涂销效力，即权利人丧失其在涂销部分的票据权利。

2.权利人无意涂销的效力

对于票据权利人非故意涂销票据上记载事项的，该涂销行为不影响票据权利，因为该涂销行为不是其真实意思的反映。

3.非权利人所为涂销的效力

对于没有票据权利的人涂销票据上记载事项的，无论其是故意的还是非故意的，都不影响票据的权利。

## 三、票据抗辩

票据抗辩是指票据债务人根据票据法的规定，对票据债权人提出某种合法的事由而拒绝履行其义务的行为。在票据关系中，支付请求权和追索权等是票据债权人的权利。而票据抗辩权则是票据债务人的权利，是票据债务人以合法的理由拒绝支付票款。其存在的意义在于公平地保障票据债务人的合法权益。票据的抗辩分为物的抗辩和人的抗辩两种。

（一）物的抗辩

物的抗辩是指基于票据本身的内容有瑕疵而进行的抗辩，因其可以对抗任何持票人，所以又称为绝对抗辩。同时，由于其与直接当事人之间的关系无关，所以也称为客观抗辩。比如，债务人认为票据本身欠缺某些基本内容，如汇票上未记明金额、出票人没有签名、记有附带条件的支付委托等，认为该票据应该无效或消灭，从而拒绝进行付款，这种抗辩就属于对物的抗辩。物的抗辩包括以下情形：票据欠缺应记载的内容；票据到期日未到；票据已经依法付款；票据经判决为无效；票款已依法提存；欠缺票据行为能力；票据系伪造及变造；票据因时效而消灭；与票据记载不符的抗辩等。对于前五项，任何票据债务人都有权拒绝支付票款。对于后四项，只限于特定债务人可以对所有债权人进行抗辩。比如，对于伪造票据，由于被伪造者并未在票据上签字，因而被伪造者可以对任何债权人进行抗辩。

（二）人的抗辩

人的抗辩是指特定的债务人对特定的债权人的抗辩。这种抗辩是基于当事人之间的特定关系而产生的，一旦持票人发生变更，就不得再进行抗辩，所以又称为相对抗辩、主观抗辩。人的抗辩包括以下情形：票据原因关系不合法，比如为支付赌债而签发的支票；原因关系不存在或消灭，比如为购货而签发票据但对方没有发货；欠缺对价，比如持票人未按约提供与票款相当的商品或劳务等；票据债务已经清偿、抵销或免除而未载于票据上，可对直接当事人抗辩；票据交付前被盗或遗失，可对盗窃人或拾得人抗辩等。

票据的抗辩是为了防止不法行为，保护债务人的合法权益。但对票据的抗辩如不加以限制，有关票据债务人随意抗辩，就会影响票据的流通性。对此各国的票据法对抗辩都作出了限制。我国《票据法》规定："票据债务人不得以自己与出票人或者持票人的前手之间的抗辩事由，对抗持票人。但是，持票人明知存在抗辩事由而取得票据的除外。票据债务人可以对不履行约定义务的与自己有直接债权债务关系的持票人进行抗辩。"

## 四、票据丧失的补救

票据的丧失是指票据权利人在违反自己意思的状态下丧失票据占有。这一概念包含以下两个构成要素：一是票据的丧失是违反票据权利人意思的；二是票据权利人已丧失票据之占有。票据丧失包括绝对丧失和相对丧失两种情况。绝对丧失又称票据的灭失，是指票据的物质形态发生根本性变化，从外观上已不再表现为一张完整的票据，如票据被焚烧毁灭。相对丧失又称票据的遗失，是指票据的物质形态没有改变，只是脱离了持票人占有，如票据的遗失和被盗。在绝对丧失的情况下，失票人较易通过法定措施补救自己的票据权利，权利救济中的票据丧失一般是指票据的相对丧失。

由于票据权利的行使与票据的占有在票据法上有不可分离的关系，持票人若丧失其票据，则在其未重新占有票据之前不能直接向票据债务人行使票据权利。如为票据的相对丧失，其他人有可能行使该票据上的权利。因此，为保护持票人的权利，许多国家都规定了票据丧失的补救措施。票据丧失的补救方法主要有：

（一）挂失止付

挂失止付是指在票据丧失后，失票人将票据丧失的情况通知付款人（包括代理付款人），请求付款人在法定期限内对挂失的票据不予付款，防止票据款项被人领取（包括善意第三人），以保护失票人权利的票据丧失救济措施。挂失止付只是失票人丧失票据后可以采取的一种临时补救措施，以防止所失票据被他人冒领。挂失止付并未对票据权利加以确认，失票人无法通过这个程序恢复自身的票据权利，因此挂失止付只是票据丧失后的票据权利或票据金额的保全方法。此外还应当注意，挂失止付程序并不是公示催告程序和诉讼程序的必经程序。

（二）公示催告

公示催告主要是大陆法系国家采用的一种救济方法。它既是一种法律程序，又是一种法律制度。从前一种意义上讲，它是指法院依失票人的申请，以公示的方法，催告票据利害关系人在一定期限内向法院申报权利，如在一定期限内没有申报权利，则产生失权的法律后果的一种程序；从后一种意义上讲，它是指失票人向法院提出申请，请求宣告票据无效，从而使票据权利与票据本身相分离的一种权利救济制度。

在公示催告期间，当有人提出权利申报或提出相关的票据权利主张时，法院就应当立即裁定终止公示催告，并通知申请人和票据付款人。在公示催告期间届满后、除权判决作出前，有利害关系人申报权利的，也应该裁定终结公示催告。此后，申请人与权利申报人就应通过普通民事诉讼解决双方有关票据权利归属的纠纷。公示催告期满，没有人提出权利申报或者提出相关的票据，或者申报人提出的票据非申请人丧失的票据时，则依申请人的申请，由法院作出除权判决，宣告票据无效，则失票人可以恢复票据权利的享有和行使。因此，公示催告是票据权利的复权方法之一。

（三）普通诉讼程序

失票人在丧失票据后，可以直接向法院提起民事诉讼，请求法院判令票据债务人向其支付票据上所载的金额。法院根据失票人的申请对票据权利归属作出判决，认定申请人是否为所失票据的合法权利人。确认之诉是完全意义上的复权方法。我国《票据法》没有对该程序作出详细规定。

★ 实训演练

分组案例讨论

1.商场与一酒厂于2006年1月6日签订一份买卖合同，合同规定由该酒厂向商场供应普通白酒12万瓶，货款10万元，由该商场贴上某名牌酒厂的商标对外销售。商场为此开具一张10万元的汇票给酒厂，酒厂随后将该汇票背书转让给个体户张某用以支付购买粮食等原料的货款。张某收到汇票后将汇票变造为40万元背书转让给某工程队，以支付工程队的工程款。工程队再次背书将汇票转让给建筑材料供应商，该供应商向付款人提示承兑时，被付款人以该汇票被变造为由加以拒绝，并做成拒绝证书。此时，商场因酒厂未能全数交付白酒而发生纠纷。

讨论分析以下问题：

（1）该买卖合同是否有效？应如何处理？

（2）买卖合同的效力是否会影响由此而产生的票据关系？

（3）供应商可以向哪些人行使追索权？如果供应商决定向工程队进行追索，追索金额包括哪些？

（4）如何界定该票据关系当事人的法律责任？

2. A、B公司于2001年3月20日签订买卖合同，根据合同约定，B公司于3月25日发出100万元的货物，A公司将一张出票日期为4月1日、金额为100万元、见票后3个月付款的银行承兑汇票交给B公司。4月10日，B公司向承兑人甲银行提示承兑，承兑日期为4月10日。B公司在与C公司的买卖合同中，将该汇票背书转让给C公司。2001年5月20日，C公司在与D公司的买卖合同中，将其质押给D公司。C公司在汇票上记载"质押背书"字样并在汇票上签章。2001年5月25日，D公司将该汇票背书转让给E公司，E公司为善意的、支付对价的持票人。

2001年7月12日，持票人E公司提示付款时，承兑人甲银行以A公司未能足额交存票款为由拒绝付款，并于当日签发拒绝证明。

2001年7月20日，E公司向A公司、B公司、C公司发出追索通知。A公司以B公司发来的货物不符合合同约定为由，拒绝承担票据责任；B公司以E公司未在法定期限内发出追索通知为由，拒绝承担票据责任；C公司以D公司无权背书转让汇票为由，拒绝承担票据责任。

根据我国《票据法》的有关规定，分析回答下列问题：

（1）B公司于2001年4月10日向甲银行提示承兑的时间是否符合法律规定？请说明理由。

（2）E公司于2001年7月12日向甲银行提示付款的时间是否符合法律规定？请说明理由。如果持票人未在法定期限内提示付款，其法律后果是什么？

（3）如果持票人E公司未能出示拒绝证明，其法律后果是什么？

（4）E公司于2001年7月20日向A公司、B公司、C公司发出追索通知的时间是否符合法律规定？请说明理由。如果持票人未在法定期限内发出追索通知，其法律后果是什么？

（5）如果E公司于2002年4月1日才向B公司发出追索通知，其追索权是否丧失？请说明理由。

（6）如果E公司于2003年7月5日才行使票据的付款请求权，则E公司对承兑人的票据权利是否丧失？请说明理由。

（7）如果E公司于2003年7月25日才行使票据的付款请求权，则E公司对出票人或者承兑人的民事权利是否丧失？请说明理由。

（8）A公司拒绝E公司的理由是否成立？请说明理由。

（9）B公司拒绝E公司的理由是否成立？请说明理由。

### ★单元教研交流

1.本单元的重点和难点

重点：票据的概念是指出票人依据票据法签发的，由自己或委托他人于到期日或见票时无条件支付一定金额给收款人或持票人的一种有价证券。

票据的法律特征包括：票据是完全有价证券；票据是设权证券；票据是流通证券；票据是无因证券；票据是要式证券；票据是文义证券。

票据行为的概念是指票据法上规定的，以发生票据上权利、义务关系的要式法律行为，主要有出票、背书、承兑、保证、付款等。

票据行为的成立条件包括：行为人具备相应的票据能力；票据行为人的意思表示须真实；票据形式合法；票据签章；票据交付。

难点：票据的法律特征、票据行为的成立条件、具体票据行为的效力判定。

2.学生在学习中容易出现的问题

（1）不能正确理解票据的无因性、文义性等法律特性。

（2）不能正确理解票据行为的成立条件，以及判定背书、承兑等主要票据行为的效力问题。

（3）不能熟练掌握票据丧失后的补救方法。

应重点针对以上问题进行辨析，扎实掌握理论基础知识，通过案例分析多多加强训练。

3.教学建议

（1）能力培养方面：以任务导入，培养学生问题意识，引导学生分析票据案例，掌握应对票据实践问题的思路与应对策略。

（2）知识体系方面：针对授课重点与难点，引导学生分小组演讲；在课堂案例讨论环节，可采取学生小组对抗式实战演练。

4.单元教学思路

本单元主要围绕票据法律实践问题讲授，旨在培养学生依据票据法的规定，分析票据法律问题的基本能力、理解票据权利与票据行为的法律规定，并懂得在票据丧失后如何补救。

　　本单元以任务导入的方式，依照案例分析的步骤引导学生分析票据法律案例，培养学生问题意识。在相关知识与案例部分，对票据的概念、类型、法律特征、票据权利、票据行为以及票据丧失后的补救方法进行具体介绍。以上内容是正确分析产品责任案例的必备基础知识，必须重点关注。

# 单元五 产品责任争端与解决

## ◎任务目标

★学会辨析是否构成产品责任
★确认产品责任赔偿主体、赔偿范围
★了解各国产品责任法的主要规定
★了解产品责任纠纷案中起诉状、答辩状的主要内容

## 任务

# 产品责任承担争端与解决

### ◎任务描述

我国某玩具进出口公司向美国某玩具公司出口塑料弹弓。出口后不久，就被反映质量有问题。美方称美国儿童使用弹弓时弓柄断裂，并已发生多起伤害事件，有的甚至使眼睛致残。美方提出证据表示，我方出口的弹弓所使用的材料不安全，仅经受9磅拉力弓柄就断裂，而我国香港同类弹弓弓柄能承受60磅拉力。

请问：

（1）本案属于什么性质纠纷？

（2）本案适用何种法律？

（3）我方是否应当承担产品责任？

（4）如何合理解决本案中的纠纷？

（5）如果我方构成产品责任，赔偿范围是什么？

### 任务分析

（一）判断属于什么性质纠纷

根据争议的起因不同，国际民商事争议可以分为合同纠纷和侵权纠纷。前者是指直接基于合同所产生的争议，而后者是指基于侵权所产生的争议。本案中美方声称我方产品质量有问题，并造成美国儿童受到伤害，主要属于侵权纠纷。

（二）明确适用何种法律

《产品责任法》是调整产品的制造者、销售者因制造、销售缺陷产品造成产品使用者损害所引起的赔偿关系的法律规范的总称。本案中我国某玩具进出口公司向美国某玩具公司出口塑料弹弓质量有问题，造成美国儿童使用弹弓发生多起伤害事件，并遭到美方索赔，因此符合《产品责任法》所规定的情形，应当适用《产品责任法》。

（三）判断是否应承担产品责任

首先，弄清楚产品责任的构成要件。在明确该纠纷应当适用《产品责任法》之后，则要判断我公司是否应当承担产品责任。这就要澄清产品责任的构成要件是什么。根据《产品责任法》的一般规定，承担产品责任应具备三个基本条件：一是产品存在缺陷；二是缺陷产品给消费者、使用者或第三人造成人身或财产的损害；三是这种损害与产品缺陷之间存在因果关系。

其次，澄清产品是否存在缺陷。在产品责任的构成要件中，第一个就是产品存在缺陷，即涉案产品属于缺陷产品。那么，什么是缺陷产品？产品缺陷是指产品存在危及人身、他人财产安全的不合理的危险；产品有保障人体健康和人身、财产安全的国家标准、行业标准的，是指不符合该标准。要对涉案产品进行检测，看是否达到相关标准，澄清产品是否存在缺陷以及属于何种缺陷。

再次，判断是否造成损害。与美方积极沟通，让其提供造成损害的有关证据，必要时可以赴美进行实地考证是否造成损害及损害的程度。

最后，判断产品缺陷与损害之间是否存在因果关系。要求美国提供充足的证据证明损害是由该缺陷产品造成的，并且不是由于使用者使用不当所造成的。必要时可以请有关机构或专家进行鉴定。

★ 相关知识与案例

# 一、产品责任法的基本知识

（一）认识产品缺陷

1.产品缺陷的含义

产品缺陷是产品责任立法的核心概念，直接关系到消费者权利能否实现，同时也是实现责任控制、防止生产商责任泛化的控制阀门。可以说，没有产品缺陷，就无所谓产品责任。美国等发达国家都已建立了以产品缺陷为核心的产品责任法律制度。

美国《第二次侵权行为法重述》第402条A款规定："凡销售有不合理的危险的缺陷产品者应对最终使用者或消费者因此而遭受的人身或财产损失承担赔偿责任。"可见"不合理的危险的"（unreasonable danger）是美国产品缺陷的核心概念。

美国《第三次侵权行为法重述》否定了在某些州允许原告通过证明产品没有符合消费者对安全的合理期待而胜诉的原则，即要求原告在起诉制造商有设计缺陷的产品时，应出示一种本可以防止伤害的替代设计。该法律文件还规定，对于产品的制造缺陷，即使尽了"一切可能的注意"，也要承担严格责任；而对于设计缺陷和警告缺陷，则将"不可预见的风险"排除在外；在决定产品是否有缺陷时，传统的"消费者预期标准"被明确放弃，只适用"成本与效益分析标准"（cost-benefit analysis）。该标准通过比较使产品更安全，以避免可能的事故所需的设计成本与这种设计产生的收益（或者说可避免的损失），来确定制造商的严格责任。

我国《产品质量法》第46条规定，产品的缺陷是指产品存在危及人身、他人财产安全的不合理的危险；产品有保障人体健康和人身、财产安全的国家标准、行业标准的，是指不符合该标准。从上述定义可以看出，我国缺陷定义中"不合理的危险"与美国产品缺陷的定义几乎是一致的，但是在添加了产品的国家标准、行业标准与缺陷关系的进一步阐述之后，缺陷定义已与其他国家大相径庭，变成了依附于标准而存在的一个概念。

2.产品缺陷的类型

产品缺陷除产品本身设计、制造有缺陷外，还包括为使产品安全使用所必需的各种要素，如包装、标签、注意事项、安全使用说明书等方面的缺陷。具体来说，产品缺陷主要包括：

（1）产品设计缺陷。

产品设计缺陷是指由于不适当的设计、产品分析、试验而形成的产品缺陷。企业在设计产品时，由于对产品的可靠性、安全性考虑不周，而对消费者、使用者以及第三人造成人身或者财产上的损害。对于产品设计缺陷，产品生产者应承担产品责任。

（2）产品制造缺陷。

产品制造缺陷是指制造产品使用的原材料不符合卫生、安全标准或产品装配不当或不符合标准造成的产品缺陷。产品制造缺陷可能产生于产品制造过程的每一环节，从原材料的选择、零部件的选择到产品的每一道制造工序、加工工序以及装配工序等。对于产品制造缺陷，产品生产者应承担产品责任。

（3）产品警示缺陷。

产品警示缺陷是指生产者或销售者没有提供真实完整、符合要求的产品使用说明和警示说明。产品警示缺陷出现在使用某种产品存在一定的风险，而产品的生产者以及销售者没有正确指出该产品所包含的风险，以致消费者在使用该产品时遭受人身或者财产上的损失的情况中。对于产品的警示缺陷，产品生产者或者销售者应承担产品责任。

在这里，需要注意区分质量不合格的产品与缺陷产品。质量不合格的产品不一定是缺陷产品，但缺陷产品一定是质量不合格的产品。质量不合格产品强调的是产品品质与合同约定不符，而缺陷产品强调的是产品"欠缺安全性"，缺陷产品的危险性是不合理的、无法预期的。二者具体的区别见表5-1。

表5-1　　　　　　　　　　质量不合格产品与缺陷产品的区别

| 区别点 | 质量不合格产品 | 缺陷产品 |
|---|---|---|
| 判断标准不同 | 是否具备通常具备的价值或卖方担保的品质 | 是否存在不合理的危险 |
| 责任性质不同 | 默示或明示担保责任（违约责任） | 产品责任（侵权责任） |
| 责任主体不同 | 销售者 | 生产者 |
| 免责条件不同 | 通常情况下自产品交付最初用户满10年可免除责任 | 未将产品投入流通的；投入流通时引起损害的缺陷尚不存在的；产品投入流通时科学技术尚不能发现缺陷存在的 |

思一思、议一议：以下产品哪些属于缺陷产品？

1.装修使用的地板经检测甲醛释放量为7.0mg/L，超出国家标准。

2.购买的吸油烟机样机使用后与未使用无差别，厨房仍烟雾缭绕。

3.购买的"大地红"烟花燃放时火药外泄造成火灾，烧毁了房屋。

4.购买的某品牌国外进口电烤箱，说明书全英文描述。

（二）认识产品责任

1.产品责任的含义

产品责任，是指产品的生产者或销售者因产品缺陷而给消费者或使用者造成人身伤亡或财产损失时所应承担的赔偿责任。产品责任的性质为侵权责任。在国际货物买卖中，如果卖方的产品存在某种缺陷，在使用过程中给他人造成伤害，就有可能被追究产品责任。

2.产品责任的构成要件

产品存在缺陷是产品责任构成的前提条件，除此之外，构成产品责任还需要缺陷产品给消费者、使用者或第三人造成人身或财产的损害，并且这种损害与产品缺陷之间存在因果关系。

（1）产品存在缺陷。

产品缺陷是指产品存在危及人身、他人财产安全的不合理的危险。产品缺陷是承担产品责任的基础，现代产品责任法已经发展到有缺陷即有责任的阶段。

（2）缺陷产品给消费者、使用者或第三人造成人身或财产的损害。

①缺陷产品造成了损害的事实。如果仅有产品缺陷但没有造成损害，不能要求生产者或销售者承担产品责任。

②可请求损害赔偿的主体不仅限于产品的购买人，也包括未购买产品却使用了产品的人，同时还包括既非购买人也非使用人但遭受了产品损害的第三人。

③这种损害可以是人身的损害，也可以是除缺陷产品以外的财产损失，包括直接损失与间接损失，还可以是因缺陷产品致人损害，给受害人所造成的精神痛苦和感情创伤。例如，美国《统一产品责任示范法》规定，关于人身伤害的赔偿不仅涉及受害人可预见的医疗性支出，还应对受害人因伤残、生理所遭受的痛苦、疼痛等予以补偿。美国法院对受害人人身损害赔偿判定的数额较大，往往大于实际支出的医疗费用及其他实际开支，并且在赔偿总额中对精神损害的赔偿占的比重也比较大。

（3）损害后果与产品缺陷之间存在因果关系。

产品责任中的因果关系是指缺陷产品与受害人的损害事实之间存在的引起与被引起的关系；产品缺陷是原因，损害事实是结果。在产品责任案件中，受害人需要证明损害是由于使用或消费有缺陷的产品造成的，而产品的制造者或销售者若能证明损害是由于消费者或其他第三者的过错造成的，则可以免除产品责任。例如，微波炉的说明书声明不可以将金属制品放入其中，但使用者未加注意，结果引起爆炸造成损害，此时不得要求产品生产者或销售者承担产品责任。

**案例讨论**

2004年，79岁的美国老太太莉柏克为其孙子购买了麦当劳的热咖啡。在汽车内为孙子加糖和奶粉时，把杯子夹在膝间，结果纸杯凹陷，导致老太太下身三度烫伤（曾有类似投诉700余次）。莉柏克住院治疗8天后出院，但卧床不起，直到两个多月后，伤口才逐渐痊愈，后来又做过多次植皮手术，在长达两年的时间中难以自如行走。因"敏感部位"惨遭烫伤，老人蒙受了极大的身心痛苦，甚至险些造成生命危险。最终莉柏克以咖啡质量缺陷为由，将麦当劳告到了联邦地区法院。

　　问：（1）本案产品是否构成产品缺陷？

　　（2）如果属于产品缺陷，那么是哪一种类型的产品缺陷？

　　（3）本案应该如何处理？

## 二、国际产品责任法的立法概况

### （一）美国产品责任法

从世界各国有关产品责任的立法来看，美国的产品责任法是世界上发展最迅速的、内容最完善的及影响最大的。它最先确立了疏忽原则、违反担保原则和严格责任原则在产品责任法中的运用。美国的产品责任法首先是由法院的判例发展起来的，迄今基本上仍适用判例法。美国是个联邦制国家，又是个普通法国家（路易斯安那州除外），各州在产品责任问题上的司法实践差别甚大。自20世纪70年代以来，美国联邦政府颁布了大量的单行法律，如《消费品安全法》《消费者担保法》等。美国商务部于1979年1月制定了《统一产品责任示范法》，作为专家建议文本，供各州在立法及司法中参考适用。此外，美国参议院商业科学和运输委员会下设的消费特别委员会于1982年公布的《产品责任法草案》及美国法学会编撰的《第二次侵权行为法重述》（Restatement of the Law of Torts，2d，1965年版）在统一各州的产品责任法方面也起到了重要作用。1997年5月2日，美国法学会通过了新的产品责任法重述——《侵权行为法重述（第三次）：产品责任》，标志着美国产品责任法的发展又进入了一个新阶段。

美国早期的产品责任法属于契约责任范畴，但是由于契约关系理论所确立的请求权利救济的主体和承担责任的主体范围过于狭窄，并且依据契约自由原则，产品的提供者可以利用免责条款对所产生的损害免于承担责任，使消费者处于极其不利的地位，从而影响到法律处理产品责任问题的公平性。将侵权责任原则引入产品责任领域的是1916年纽约州的麦克弗森诉别克汽车公司案（Macpher Son V. Buick Motor Co.）的判决。

**案例讨论**

原告麦克弗森从零售商处购买了一辆由被告别克汽车公司制造的汽车，当原告驾驶该车行驶时，因一个车轮破裂，汽车突然倾覆，原告被抛出车外而受伤，肇事的原因是车轮破裂，而破裂的车轮是用有缺陷的材料制作的。于是，原告提起诉讼，要求被告赔偿损失。

1.判断本案原告若与被告别克汽车公司没有合同关系，能否直接起诉美国制造商承担产品责任？

纽约最高法院著名的卡窦佐法官突破了契约关系原则的障碍，在此案中作了具有里程碑意义的判决，由此创立了疏忽责任原则。法院认为，"如果一件东西被粗心大意地制造出来，其性质可以合理地肯定会危害生命和肢体，那么这样的东西就是危险之物"，"如果除危险性之外，制造商还明知这样的东西除购买者外，还会有其他人使用它而不会进行新的检验，那么不论有无契约，这种危险物的制造商都负有小心制造它的义务"。这种义务的存在不以直接买卖关系的存在为转移。"我们已摒弃这样的观念——认为虽然后果可预见，但担保生命和肢体安全的义务仅仅源于契约而无其他。我们已经将这种义务的根据放在合适的地方。我们将这种根据放在法律之中。"麦克弗森案的判决引出了产品责任的疏忽责任原则，被后来的判决广为承袭。

　　由此，麦克弗森案的判决所创立的疏忽责任原则决定了本案原告即使与被告别克汽车公司没有合同关系，也可以选择疏忽责任诉因直接起诉被告承担产品责任。

　　2.本案原告应当如何举证？

　　根据疏忽责任理论，本案原告必须证明：（1）被告对产品的缺陷负有注意义务；（2）被告违反了这一注意义务；（3）原告因此受到了损害；（4）违反义务是造成损害的原因。

　　1.疏忽责任

　　疏忽责任是指产品的制造者或销售者在生产或销售过程中因主观上的疏忽导致产品有缺陷，造成产品的消费者、使用者或第三人遭受损害而应当承担的责任。

　　美国法采用客观标准认定疏忽责任。美国法中的过失，是指违反了注意义务。每个公民或企业在行使自己权利时都有义务注意到不能给他人造成损害或伤害，否则就有过失。判断是否违反合理注意义务的标准是一个理智人的标准。在产品责任案件中，对产品设计是否尽到合理注意义务，往往看有没有更合理的设计存在；对产品的检验是否尽到了合理注意义务，通常是根据当时社会的科学技术水平在正常情况下能否检验出产品存在缺陷。

　　疏忽责任原则的确立，将产品责任纳入侵权行为的范畴。依据该原则，可以请求救济的权利主体扩大到了合同以外的第三人，而义务主体也不限于合同一方当事人，如果生产者预见到危险却不加以防范而致人损害，生产者就对此负有责任。同时也扩大了产品的范围，不局限于本身具有危险属性的产品，对人有危险的产品也包括在内。

　　当受害人对生产经营者提起疏忽责任之诉时，必须证明：被告对产品的缺陷负有注意义务；被告违反了这一注意义务；原告因此受到了损害；违反义务是造成损害的原因。

　　在实践中，因为产品从设计到制造都受控于生产者，在现代化大生产的条件下，原告多受自身专业技能、知识水平的限制，对产品的设计制作过程不甚了解。对一般的消费者来说，要举证成功十分困难，甚至不可能。在被告并没有过错，而原告也没有过错的情况下，依据过错责任原则，原告无法获得赔偿，被告也无须承担责任。该原则在保护消费者利益方面大打折扣。美国法采用事实自证规则来减轻原告的举证责任。该规则认为，在很多情况下，事故的发生作为一个事实，本身就证明过错的存在，除非被告有充分的理由证明自己没有过错，否则就应承担责任。

　　2.担保责任

　　在疏忽责任确立的同时期，美国法院在审判实践中还提出了一种担保责任，包括明示担保与默示担保。

（1）明示担保。

明示担保即制造商或销售商对商品的性能、质量或所有权状况作出的说明或陈述。明示担保是基于当事人的意思表示产生的。明示担保常见于产品样品标签、产品说明及广告中。《美国统一商法典》规定了卖方明示担保的情况。该法第2-313条规定：卖方的明示担保因下列情况而产生：①卖方对买方作出的对事实的确认或允诺。如果卖方对事实的确认或允诺与货物有关并成为交易基本组成部分，即为设置了该货物将与其相符的明示担保。②卖方对货物的任何说明。如果这项说明成为交易基本组成部分，即为设置了该货物将与其相符的明示担保。③卖方提供的任何样品或样式。如果这些样品或样式成为交易基本组成部分，即为设置了全部货物将与其相符的明示担保。

美国法认为如果产品的提供者违反这种品质担保，则根据美国《统一商法典》第2-318条的规定，除了应对货物的买方承担违约责任外，还应对因其产品存在违反担保的缺陷所造成的损失依产品责任法上的严格责任原则进行损害赔偿，即只要产品提供者所提供的产品不具有明示或默示的品质担保，无论受损害者是否为缔约的另一方当事人，都应该从产品提供人那里获得赔偿。

---

**案例讨论**

原告巴克斯特在零售商处购买了一辆福特汽车公司生产的汽车。制造商在汽车使用手册中声称汽车的挡风玻璃不会破裂，原告因相信了广告而购买了汽车。但在原告驾车途中，一块小石头打碎了挡风玻璃，破碎的玻璃片伤及原告的眼睛并致其失明。故此，原告向与他并无合同关系的福特汽车公司提起损害赔偿之诉。

问：（1）本案被告是否违背担保责任？

（2）本案中原告是否可以向与他并无合同关系的福特汽车公司提起损害赔偿之诉？

（3）原告应如何举证？

---

（2）默示担保。

默示担保是指法律推定卖方交付的货物应达到的基本标准，它并不取决于制造商或销售商的口头或书面表示，而是依法产生。如果产品提供者所提供的产品不符合默示担保的要求，就意味着它违反了法律的规定。《美国统一商法典》规定，默示担保包括两项重要担保：商销性担保和适宜性担保。商销性担保是指卖方所出售的商品必须至少适用于使用该商品的通常目的。适宜性担保是指卖方担保所售商品适用于出售者知晓的任何其他特殊目的。

因违反商销性默示担保要求赔偿时，受害人必须证明：①产品在出厂时即有缺陷；②缺陷与致伤之间存在因果关系。

因违反适宜性默示担保要求赔偿时，受害人必须证明：①卖方已被告知或者有理由知道产品的使用意图；②买方信赖卖方在选择产品方面的技能、技术和专门知识；③伤害是由于产品未能符合特殊用途而引起的。

在以违反担保作为责任基础要求产品提供者承担责任时，对受害人的有利之处在于他无须证明产品提供者有疏忽，只需要证明产品确有缺陷，而且由于这种缺陷使他遭到损失，就可以要求产品提供者赔偿其损失。但是他仍然必须以产品提供者对产品作出了某种担保为前提，如果产品的缺陷没有包括在担保之中，但又造成了损害，则受害人无法利用担保责任原则要求损害赔偿。当受损害方为货物买卖合同的对方当事人时，他还可以依据合同上的违约条款提出赔偿要求，这时就发生了违约责任与侵权责任的竞合。

3.严格责任

严格责任是指只要产品有缺陷，对消费者具有不合理的危险，且造成其人身伤亡或财产损害，该产品的生产者或销售者就应对此承担赔偿责任。美国1965年《第二次侵权行为法重述》第402A节对严格侵权责任规则进行了具体表述。该条规定内容如下：

①凡销售任何有缺陷的产品而给消费者或使用者带来不合理的危险的人，对因此给消费者或使用者造成的人身伤害或财产损害负有责任，如果，a.销售者从事经营出售此种产品；b.预期转到消费者或者使用者手中，则其销售时的条件没有重大变化。

②即使有下述情况，仍适用前款规定：a.销售者在准备销售和出售其产品时已经尽到一切可能的注意；b.消费者或使用者没有从销售者手中购买产品以及与销售者没有任何合同关系。

按照该节，任何从事营业的人，如果他出售的产品未经任何实质性改变，处于有缺陷状态，对消费者或使用者或其财产而言存在不合理的危险，他就必须承担责任。不论销售者在制造和销售该产品的时候是否已经做到尽一切可能地小心从事，也不论使用者或消费者是否从该出售者处直接购得该产品或与其有无契约关系。

---

**案例讨论**

原告格林曼的妻子从被告零售商那里购买了一种多用途组合工具交给了她的丈夫。一天，原告使用这种电力工具锯一块大木头时，不料一块木片飞出机器，打在了他的前额上，造成重伤。原告提起对该电动工具的制造厂和零售商的诉讼，要求赔偿损失，声称被告在出售该产品时犯有过失行为并违反担保，因为该产品没有安装足够的螺丝，如果设计得当，本来是可以避免这类事故的。

案例分析：法官审理后认为制造商违反了一份销售说明书中的明示担保。此外，法官说道："在本案的具体情况下，要制造商承担严格责任并不需要原告证明存在明示担保……如果制造商把一种产品投放市场的时候明知人们使用该产品时不会去检查有无缺陷，而结果证明产品具有伤害人类的缺陷，那么制造商就负有严格的侵权责任。"制造商的责任"不是由契约担保法律决定的，而是由严格侵权责任法律决定的"。"为了确定制造商的责任，只要原告证明他是在按预定的使用方法使用该工具时受到伤害就足够了。"加利福尼亚法院在该案中确认了严格责任理论，此后严格的侵权责任说获得了广泛的承认。

相对于疏忽责任或者担保责任，严格责任对原告十分有利。为了使产品的生产者或销售者承担严格责任，原告只需要证明：

1.制造商的产品是有缺陷的

如前所述，在美国通常以"消费者期望标准"和"成本与效益分析标准"作为确定某产品是否存有缺陷的关键。前者是以一般消费者的期待为标准来评价产品的安全性，借此认定产品是否存有缺陷的。后者则是通过对产品的有用性与危险性的比较，检查是否采取了安全确保措施，以判定产品是否存在缺陷的。由于两种标准各有利弊，因此新近的观点认为将二者结合为"混合型"方法似乎更符合美国产品责任法的理论基础和发展方向。

2.该缺陷在产品脱离制造商的控制时即已存在

缺陷的存在时间对确定产品责任是至关重要的。缺陷可能发生在产品的制造、装配、流通、使用等不同的时间阶段。如果缺陷发生在产品的使用过程中，很有可能是由于使用者的过错造成的。从事实证明的角度来看，很难证明缺陷与生产者或销售者有关，也很难按照严格责任使其承担责任，在这种情况下，原告一般需要用自己按照产品的使用说明正确地使用了产品的方法来反证缺陷在出厂前就已经存在了。

3.该缺陷与损害结果之间存在因果关系

如同过失行为诉讼一样，严格责任诉讼的原告，不仅必须证明涉诉产品在脱离制造商控制时是存在缺陷的，而且必须证明该缺陷是造成他受伤的原因。但原告不必证明缺陷是损害的唯一原因，只需证明缺陷是损害发生的实质原因，即缺陷足以引起损害发生，就可以主张因果关系的存在。

---

**案例讨论**

一名消费者在北京某医院接受了心脏起搏器的安装手术，术后发现心脏起搏器的导管存在裂痕，但无证据表明该情况对该消费者的人身造成了伤害。经查，心脏起搏器的导管是医院从某美国制造商处购买的，消费者即对该美国制造商提起有关产品质量的诉讼，要求美国制造商赔偿由于其产品缺陷给消费者造成的精神损害。

问：（1）本案产品是否构成产品缺陷？

（2）本案中原告能否直接起诉美国制造商要求其承担产品责任？

（3）本案美国制造商是否需要承担产品责任？

---

（二）欧洲各国的产品责任法

欧洲各国产品责任法的发展比美国稍晚。在20世纪80年代以前，欧洲各国没有专门关于产品责任的立法，它们主要是通过引申解释民法典的有关规定来处理涉及产品责任的案件。为了协调欧洲经济共同体各成员国有关产品责任的法律，欧洲经济共同体理事会于1985年7月25日通过了《关于对有缺陷的产品的责任的指令》（以下简称《指令》），要求各成员国在1988年8月1日以前采取相应的国内立法予以实施，但允许各成员国有某些取舍的余地。《指令》共有22条，其主要内容包括以下几项：

1.采取无过失责任原则

对于产品责任，《指令》放弃了欧洲大陆法传统的过失责任原则，而是采用无过失责任原则，这是一个很大的变化。作出这种改变的主要出发点是使消费者获得更充分的保护。因为当代技术产品纷繁复杂，需要在生产者和消费者之间妥善地分摊风险，而在两者当中，生产者处于更有利的地位，他们能够且应当通过严格的设计、加工和检验程序尽量减少或避免他们所生产的产品的危险性，而且他们可以通过产品责任保险，将保险费加在货价上而使自己获得保障。因此，在立法指导思想上就应当加重生产者的责任，使消费者受到更有利的保护。

基于上述考虑，《指令》明确规定，在产品责任诉讼中，受害的消费者只需证明他受到损害和产品有缺陷的事实，以及二者之间存在因果关系，即可使该产品的生产者承担责任，而无须证明生产者有过失。这就是无过失责任原则。

2.关于生产者的定义

根据《指令》第1条的规定，生产者应对有缺陷的产品所引起的损害承担责任。因此，确定谁是"生产者"是一个十分重要的问题。《指令》对生产者所下的定义是较为广泛的，它包括：制成品的制造者；任何原材料的生产者；零部件的制造者；任何将其名称、商标或其他识别标志置于产品之上的人；任何进口某种产品在共同体内销售、出租、租赁或在共同体内以任何形式经销该产品的人；如果不能确认谁是生产者，则提供该产品的供应者即被视为生产者，除非受损害的消费者在合理时间内获得查出谁是生产者的通知。

3.关于产品的定义

《指令》的另一项重要内容是确定产品的定义。按照《指令》的规定，所谓"产品"是指可以移动的物品，但不包括初级农产品和戏博用品。不过，各成员国可以通过国内立法，将上述两种产品包括在"产品"的定义范围之内。至于经过工业加工的农产品则包括在"产品"的范围内。

4.关于缺陷的定义

《指令》对缺陷的定义采用客观标准。按照这种标准，如果产品不能提供一般消费者有权期望得到的安全，该产品就被认为是有缺陷的。在确定产品是否缺陷时，要考虑到各种情况，其中包括产品的状况、对产品的合理预期的使用和把产品投入流通的时间。不能因为后来有更好的产品投入市场，就认为先前的产品是有缺陷的。例如，在20世纪60年代，汽车座位上都没有安全带，当时不认为这种汽车是有缺陷的产品。但是，如果20世纪80年代生产的汽车没有装设安全带，就将被认为是有缺陷的产品。对产品的操作、使用说明书，也是涉及产品安全性的因素之一。

5.关于损害赔偿

按照《指令》的规定，可以请求损害赔偿的范围，主要包括人身伤害和死亡。对有缺陷的产品自身的损失，一般不了考虑。特别值得指出的是，《指令》对"痛苦"的补偿有所保留，它认为这是属于非物质性的损害赔偿，应按有关国家的国内法来处理。

6.对产品责任的抗辩

依照《指令》的规定，在产品责任诉讼中，被告可以提出以下三种抗辩：

（1）无罪责。

如果生产者能证明他没有罪责，他就可以不承担责任，这主要包括以下几种情况：①该生产者并没有把该产品投入市场。②引起损害的缺陷在生产者把产品投入市场的时候并不存在，或者证明这种缺陷是在后来才出现的。例如，损害是由于对产品的不适当使用而引起的。③生产者制造该产品并非用于经济目的的销售或经销，亦非在其营业中制造或经销。④该缺陷是由于遵守公共当局发布的有关产品的强制性规章而引起的。⑤按照生产者将产品投入市场时的科技知识水平，该缺陷不可能被发现。这种抗辩又被称为"发展的风险"或"现有水平"抗辩。由于各成员国的法律对这一抗辩持不同的态度，因此《指令》允许各成员国在各自的法律中对是否采用这种抗辩自行作出取舍。

（2）时效。

《指令》对时效作了如下规定：①受害者的权利自生产者引起损害的产品投入市场之

日起10年届满即告消灭，除非受害者已在此期间对生产者起诉。②《指令》要求各成员国必须在其立法中规定提起损害赔偿诉讼的时效，该诉讼时效为3年，从原告知道或理应知道受到损害、产品有缺陷及谁是生产者之日开始计算。《指令》对时效的中止和中断没有作出规定，因此有关时效的中止和中断的问题，应按适用的国内法来处理。

（3）赔偿的最高限额。

生产者的责任原则上应当是没有限制的，但《指令》允许各成员国在立法中规定，生产者对由于同一产品、同一缺陷所引起的人身伤害或死亡的总赔偿责任不得少于7 000万欧洲货币单位。

此外，《指令》还规定，生产者不得以合同或其他办法来限制或排除其对产品的责任。这表明产品责任是属于强制性的法律规定，不能由当事人以合同任意予以排除或限制。

（三）中国的《产品质量法》

我国的产品责任立法开始于20世纪80年代。1986年颁布的《中华人民共和国民法通则》（以下简称《民法通则》）第122条规定："因产品质量不合格造成他人财产、人身损害的，产品制造者、销售者应当依法承担民事责任。"该条通常被学者视为我国产品责任制度之基本规定。为了适应经济体制改革的要求、完善市场经济法制建设，1993年我国制定了《中华人民共和国产品质量法》（以下简称《产品质量法》），将产品责任纳入该法体系。

1.产品与产品缺陷

（1）产品。

我国的《产品质量法》规定："本法所称产品是指经过加工、制作，用于销售的产品。"2000年7月8日，《第九届全国人民代表大会常务委员会第十六次会议关于修改〈中华人民共和国产品质量法〉的决定》进一步明确规定："建设工程不适用本法规定；但是，建设工程使用的建筑材料、建筑构配件和设备，属于前款规定的产品范围的，适用本法规定。"

按照我国法律的规定，产品必须具备两个条件：其一，产品必须经过加工、制作。这就排除了未经过加工的天然品（如原煤、原矿、天然气、石油等）及初级农产品（如未经加工、制作的农、林、牧、渔业产品和猎物）。其二，产品必须用于销售。这是区分《产品责任法》意义上的产品与其他物品的又一重要特征。这样，非为销售而加工、制作的物品被排除在外。

（2）产品缺陷。

我国在《产品质量法》第46条中规定，产品的"缺陷"是指"产品存在危及人身、他人财产安全的不合理的危险；产品有保障人体健康和人身、财产安全的国家标准、行业标准的，是指不符合该标准"。

2.产品责任归责原则

我国《产品质量法》第41条规定："因产品存在缺陷造成人身、缺陷产品以外的其他财产（以下简称他人财产）损害的，生产者应当承担赔偿责任。"该法第42条规定："由于销售者的过错使产品存在缺陷，造成人身、他人财产损害的，销售者应当承担赔偿责任。销售者不能指明缺陷产品的生产者也不能指明缺陷产品的供货者的，销售者应当承担赔偿责任。"该法第43条规定："因产品存在缺陷造成人身、他人财产损害的，受害人可以向产品生产者要求赔偿，也可以向产品销售者要求赔偿。属于产品生产者的责任，产品销售者赔偿的，产品销售者有权向产品生产者追偿。属于产品销售者的责任，产品生产者赔偿的，产品生产者有权向产品销售者追偿。"根据上述规定，我国法律制度下的产品责任对生产者采用无过错责任原则，即不要求产品生产者对造成的损害具有过错，只要证明其生产的产品存在缺陷、有受损害事实且产品缺陷与受损害事实之间有因果关系即可。

生产者是产品责任的主要承担者，但是因销售者的过错使产品存在缺陷，造成人身、他人财产损害的，或者销售者不能指明缺陷产品的生产者，也不能指明缺陷产品的供货者的，则销售者应当承担赔偿责任。这意味着销售者承担缺陷责任实行过错责任原则和过错推定责任原则。

3.损害赔偿及抗辩

（1）损害赔偿。

①人身、财产损害赔偿。

我国《产品质量法》第44条规定："因产品存在缺陷造成受害人人身伤害的，侵害人应当赔偿医疗费、因误工减少的收入、残废者生活补助费等费用；造成受害人死亡的，并应当支付丧葬费、抚恤费、死者生前扶养的人必要的生活费等费用。因产品存在缺陷造成受害人财产损失的，侵害人应当恢复原状或者折价赔偿。受害人因此遭受其他重大损失的，侵害人应当赔偿损失。"可见，我国产品责任的损害赔偿范围包括人身伤害（含死亡）、财产损失、其他重大损失等几个部分。

②精神损害赔偿。

2001年2月26日，由最高人民法院审判委员会第1161次会议通过并自2001年3月10日起施行的《最高人民法院关于确定民事侵权精神损害赔偿责任若干问题的解释》第1条规定："自然人因下列人格权利遭受非法侵害，向人民法院起诉请求赔偿精神损害的，人民法院应当依法予以受理：a.生命权、健康权、身体权；b.姓名权、肖像权、名誉权、荣誉权；c.人格尊严权、人身自由权。

可见，根据我国法律及有关司法解释，因产品缺陷致使受害人权利受到侵害时，不但可以要求产品生产者或销售者承担人身、财产损害赔偿责任，还可以在人身受到伤害的基础上要求被告承担精神损害赔偿责任。

（2）被告可以提出的抗辩。

我国产品质量责任的抗辩理由主要有以下3项：未将产品投入流通的；产品投入流通时，引起损害的缺陷尚不存在的；将产品投入流通时的科学技术水平尚不能发现缺陷存在的。

---

**案例讨论**

李某在北京购买了某汽车工业有限公司生产的轿车一辆，购车价费总计153 000元。3个月后的一天，李某驾车到郊区游玩，行驶途中汽车突然起火，虽经抢救但仍被烧毁。事发后，李某及时与汽车厂家取得联系，要求厂家赔偿，厂家却多次推脱。李某以所购汽车为缺陷产品为由向厂家要求赔偿15万元。

问：（1）本案中李某所购汽车是否属于缺陷产品？

（2）原被告双方的举证责任分别是什么？

（四）中国产品责任的诉讼

1.诉讼管辖权

中国没有涉外产品责任方面的专门法律规定，对涉外产品责任案件的审理，依照审理涉外侵权民事案件的法律规定。《中华人民共和国民事诉讼法》第4编"涉外民事诉讼程序的特别规定"第237条规定："在中华人民共和国领域内进行涉外民事诉讼，适用本编规定。本编没有规定的，适用本法其他有关规定。"该法第1编第2章第29条规定："因侵权行为提起的诉讼，由侵权行为地或者被告住所地人民法院管辖。"

2.诉讼时效

《民法通则》第136条规定："出售质量不合格的商品未声明的，诉讼时效期间为1年。"《产品质量法》第33条规定："因产品存在缺陷造成损害要求赔偿的，诉讼时效期间为2年，自当事人知道或者应当知道其权益受到损害时起计算。"因此，对因产品存在缺陷造成损害而提起侵权损害赔偿之诉，适用《产品质量法》的2年诉讼时效期间的规定；而对一般的产品质量违反担保之诉，适用《民法通则》有关1年的诉讼时效期间的规定。

《产品质量法》第33条第2款规定："因产品存在缺陷造成损害要求赔偿的请求权，在造成损害的缺陷产品交付最初消费者满10年时丧失；但是，尚未超过明示的安全使用期的除外。"

3.法律适用

对于涉外产品责任法律适用问题，依照《民法通则》第8章"涉外民事关系的法律适用"中的有关规定及司法解释加以解决。其具体包括：

（1）有关产品责任的国际公约。

《民法通则》第8章第142条第2款规定："中华人民共和国缔结或者参加的国际条约同中华人民共和国的民事法律有不同规定的，适用国际条约的规定，但中华人民共和国声明保留的条款除外。"

（2）有关产品责任的国际惯例。

《民法通则》第8章第142条第3款规定："中华人民共和国法律和中华人民共和国缔结或者参加的国际条约没有规定的，可以适用国际惯例。"

（3）侵权行为地法。

《民法通则》第8章第146条规定："侵权行为的损害赔偿，适用侵权行为地法律。"最高人民法院《关于贯彻执行〈中华人民共和国民法通则〉若干问题的意见》第187条规定："侵权行为地的法律包括侵权行为实施地法律和侵权结果发生地法律。如果两者不一致，人民法院可以选择适用。"

（4）最密切联系原则。

《民法通则》第8章第146条规定："当事人双方国籍相同或者在同一国家有住所的，也可以适用当事人本国法律或者住所地法律。"该条款是最密切联系原则在我国侵权行为法律适用中的具体立法体现，其有利于判决的承认和执行。

**案例讨论**

王某在某煤炭公司购买了500千克煤块用于冬季取暖。王某在往炉子里加煤时，炉子突然发生爆炸，致使王某右眼被炸伤。事后经认定，本案事故是由于煤炭爆炸所致。

王某以煤块存在产品缺陷为由要求煤炭公司按《产品质量法》承担赔偿责任。

　　问：（1）判断本案能否适用《产品质量法》？

　　（2）本案中的煤块是否构成产品缺陷？

　　（3）煤炭公司是否需要承担赔偿责任？

**★ 实训演练**

（一）分组案例讨论

原告的亲属林某在乘坐被告生产的日本三菱吉普车时，因前挡风玻璃在行驶途中突然爆裂而被震伤致死亡。事故发生后，被告三菱公司即将破损玻璃封存。应车主单位的要求，被告将破损玻璃的照片寄回日本国内玻璃的生产厂家进行鉴定，结论为：受强外力致破损，检验结果均符合规格要求。车主单位对此不予以认可，要求被告将封存的玻璃交北京中国建筑材料科学研究院国家进出口商检局安全玻璃认可的实验室进行鉴定。但是被告擅自将玻璃运回日本国内，交玻璃生产厂家进行鉴定，鉴定结论为：挡风玻璃本身不存在品质不良现象，破损系由外部原因造成。后车主单位委托国家质检中心进行鉴定。国家质检中心出具的报告称："由于所提供的样品从原吉普车上拆卸后经过多次运输，已经相当破损，无法从上面切取做强度实验所需的试验片，我中心只能结合委托方提供的玻璃破损照片进行推断、分析；从玻璃破碎的塌陷形式看，能够造成此种破坏状态的力量来自外部。"

问题：本案中的生产者的责任如何？试说明理由。原告是否需要举证？法院应如何判定？

（二）请同学参照以下产品质量纠纷答辩状，试对任务描述中的案例拟写答辩状

**产品质量纠纷答辩状**

答辩人：乙有限责任公司

现就甲公司诉被告乙有限责任公司买卖合同纠纷一案，答辩如下：

1.原告作为生产者应当保证自己的产品质量，并对自己的产品质量负责。

依据《中国人民共和国产品质量法》第26条，生产者应当对其生产的产品质量负责。产品质量应当符合下列要求：（1）不存在危及人身、财产安全的不合理的危险；有保障人体健康和人身、财产安全的国家标准、行业标准的，应当符合该标准。（2）具备产品应当具备的使用性能，但是对产品存在使用性能的瑕疵作出说明的除外。（3）符合在产品或者其包装上注明采用的产品标准，符合以产品说明、实物样品等方式表明的质量状况。所以本案中原告应当首先证明自己的产品具备了应当具备的使用性能，其所出售的是合格产品。

2.被告负责的举证责任。

根据民事诉讼证据的法律规定，因产品质量责任产生纠纷，实行举证责任倒置，即用户只需要证明其损害是由于产品有缺陷所致就可以要求赔偿，而生产者是否有过错，由生产者自己举证。本案中被告只需证明自己因此受到的损害后果，即在使用过程中，发现软件存在的许多缺陷。

3.原告存在迟延交货的违约问题。

根据原被告2004年9月1日签订的合同编号为TM-060901买卖合同的约定：卖方交货时间为2004年11月15日，而实际上原告在2005年3月16日才全部履行完合同义务，原告实际履行合同义务时间与合同约定不一致，原告的行为已构成迟延交货，其应当承担相应的违约责任。根据双方的合同约定，"由于卖方原因延误了交货期，每延误7天，买方按合同总价的1%对卖方处以罚款，不足7天按7天计。此款项从货款中直接扣除。罚款最高不超过合同总价的5%，超过1个月未交货的，买方有权解除合同，卖方承担由此给买方造成的损失"。因此，被告有权依据合同约定直接从货款中扣除36 500元。

4.被告已经付出的货款金额。

2004年9月1日，原被告双方签订合同之后，被告分别于2004年9月18日向原告支付153 150元，于2004年10月31日向原告支付60 000元，于2004年11月6日向原告支付60 000元，于2005年4月向原告支付6 000元，4次共计向原告支付279 150元。

5.还未到合同约定付款时间，原告诉讼请求不能成立。

合同第7条款中约定，"货到买方后3个月内付总货款的60%，余款为总货款的10%，1年内无质量问题付清余款"。原告完成全部交货时间为2005年3月16日，所以在原告2005年10月25日提起本次诉讼时，还未达到货到1年的时间，所以本案中10%的货款73 000元的付款条件还未成就，另外还存在质量问题。

**★单元教研交流**

1.本单元的重点和难点

重点：产品责任法的概念是指调整产品生产者或销售者以及其他经济主体与消费者、使用者或者第三人之间因产品缺陷所形成的侵权赔偿关系的法律规范的总称。

产品责任即产品存在缺陷导致的损害赔偿责任。产品责任的构成要件有3个：产品存在缺陷；缺陷的产品给消费者、使用者或其他第三人造成人身或财产的损害；损害后果与产品缺陷之间存在因果关系。

各国产品责任法律制度的主要内容：美国产品责任法律制度；欧洲各国产品责任法律制度；中国产品责任法律制度。

难点：判别产品责任案例纠纷的性质、适用的法律；针对产品责任问题确定合理的应对策略。

2.学生在学习中容易出现的问题

（1）分不清产品责任与产品质量责任。

（2）不能准确掌握产品责任的构成要件。

（3）不能正确适用产品责任法。

3.教学建议

（1）能力培养方面：以任务导入，培养学生问题意识，引导学生分析产品责任案例，掌握应对产品责任问题的思路与应对策略。

（2）知识体系方面：针对授课重点与难点，引导学生分小组演讲；在课堂案例讨论环节，采取学生小组对抗式实战演练。

4.单元教学思路

本单元主要围绕产品责任法律问题讲授，旨在培养学生辨别产品责任的性质，依据产品责任法的规定确认产品责任及其赔偿主体、赔偿范围的能力。

本单元以任务导入的方式，依照案例分析的步骤引导学生分析产品责任案例，培养学生问题意识。在相关知识与案例部分，对产品责任的概念与构成、产品责任与产品质量责任的区别、产品责任法的概念予以重点介绍。以上内容是正确分析产品责任案例的必备基础知识，必须重点关注。

# 单元六 工业产权争端与解决

## ◎ 任务目标

★ 了解工业产权的基本类型
★ 掌握商标和专利的内涵及其类型
★ 掌握获得商标权和专利权的条件
★ 能够正确判断哪些行为属于侵犯工业产权
★ 知道针对侵犯工业产权的行为应当采取哪些保护措施

## 任务一 商标侵权争端与解决

### ◎ 任务描述

唯冠科技（深圳）有限公司（以下简称"深圳唯冠"）是唯冠集团最大、最核心的研发生产基地，公司于1991年落户深圳，1994年进驻沙头角保税区，是深圳高新技术及中国外贸出口百强企业之一。

2000年，唯冠集团注册了iPad在欧洲与世界其他地区的商标。次年，唯冠大陆子公司深圳唯冠注册了iPad中国商标。2009年12月，苹果通过旗下英国子公司IP Application支付3.5万英镑（约合5.5万美元），从唯冠台湾子公司唯冠国际手中买下了iPad全球商标权。由于深圳唯冠员工袁辉与麦世宏参与了谈判，苹果认为转让协议也包括了iPad在中国大陆的使用权。

2010年1月，苹果正式发布iPad。2月，苹果以深圳唯冠连续3年停止使用iPad商标为由要求中国商标局撤销1590557号商标。2010年4月，苹果在深圳中级人民法院起诉深圳唯冠，认为基于之前的转让协议，自己已持有iPad商标在大陆的所有权。

请问：

（1）本案属于什么性质的纠纷？

（2）本案适用何种法律？

（3）iPad商标权归谁所有？

（4）如何应对此案纠纷？

**任务分析**

（一）判断属于什么性质的纠纷

在本案中，苹果公司一方面以深圳唯冠连续3年停止使用iPad商标为由要求中国商标局撤销1590557号商标，另一方面基于之前的转让协议，在深圳中级人民法院起诉深圳唯冠，认为自己拥有iPad商标在大陆的所有权。因此，本案主要是商标所有权权属纠纷。

（二）明确适用何种法律

《商标法》是指规定调整商标的注册、使用、管理和保护商标专用权而发生的社会关系的法律规范的总称。本案中苹果公司与唯冠公司就商标专用权的权属问题发生争议，符合《商标法》所规定的情形，适用《商标法》来解决纠纷。

（三）判断商标权的归属

首先，弄清楚商标权取得的方式。商标权的取得方式分为原始取得和继受取得，原始取得又分为使用取得和注册取得两种。我国《商标法》实行注册制度和先申请原则。

其次，弄清楚争议双方取得商标权的方式。本案中，唯冠大陆子公司深圳唯冠注册了iPad中国商标，因此，深圳唯冠获得的iPad中国商标属于注册取得，而苹果通过旗下英国子公司IP Application支付3.5万英镑（约合5.5万美元），从唯冠台湾子公司唯冠国际手中买下了iPad全球商标权，属于继受取得。

再次，分析苹果公司是否取得了深圳唯冠的商标权。从法律上讲，虽然深圳唯冠与台湾唯冠均作为唯冠国际的子公司而存在一定的关联关系，但深圳唯冠和台湾唯冠是两个相互独立的法人，其财产、组织机构、营业场所等都是相互分离的，双方不存在依附关系。根据《公司法》的精神，台湾唯冠与英国子公司IP Application所签订的商标转让协议只能转让已经注册在台湾唯冠名下的、除中国大陆以外的其他国家的iPad商标，如果台湾唯冠转让了中国大陆的iPad商标，则属于无权处分，深圳唯冠不予追认的话，该行为是无效的。而且，合同具有相对性，当事人不能通过合同对第三人创设权利义务。2009年年底，英国子公司IP Application与台湾唯冠签署了商标转让协议，该协议的主体是英国子公司IP Application与台湾唯冠，不论英国子公司IP Application与台湾唯冠的协议内容如何，两者均不得对第三人深圳唯冠创设权利义务。协议中有关深圳唯冠的权利义务内容对深圳唯冠不具有法律效力。因此，苹果公司并未取得深圳唯冠公司的商标权。

（四）确定应对策略

针对商标纠纷，可以有如下解决途径：一是通过友好协商，双方达成和解；二是通过法院诉讼或者仲裁的方式解决纠纷；三是通过行政途径解决纠纷。在第二和第三种解决方式中，还可以分为被动应诉和主动出击两种情形。在诉讼、仲裁和行政途径解决纠纷的过程中，也可以在裁决机构的注册下达成调解协议，定分止争。具体到本案，基于上述分析，深圳唯冠在中国大陆依法持有iPad商标的所有权，因此，深圳唯冠一方面应当积极应诉；另一方面应当主动出击，控告苹果公司在中国大陆销售iPad商标产品侵犯其商标权，给苹果公司施加压力，逼迫其回到谈判桌上，达到实现公司利益最大化的目的。

★相关知识与案例

# 一、什么是商标

（一）商标

1.商标的概念

商标是指生产经营者为了使人们识别其商品，以区别于其他人所生产或销售的同种或同类的商品而使用的一种特定商业标志。根据我国现行《商标法》第8条的规定，任何能够将自然人、法人或者其他组织的商品与他人的商品区别开的标志，包括文字、图形、字母、数字、三维标志、颜色组合和声音等，以及上述要素的组合，均可以作为商标申请注册。

我国最早的商标可追溯到北宋时期。当时济南有家姓刘的针铺店，以白兔为商标，颇负盛名。这个商标是用铜版印刷的，近似方形，中间绘有白兔图，画像鲜明突出。图画的上端横向写着店名"济南刘家功夫针铺"，两侧写有"认准门前白兔儿为记"的文字，图下方从左到右写着关于经商范围、方法和质量要求的文字。这件历史文物现存国家博物馆。

国外最早出现的商标是1473年英国伦敦街头的张贴印刷商标，比我国刘记针铺商标要晚好几百年。

2.商标的特征

（1）商标是用于商品或服务上的标记，与商品或服务不能分离，并依附于商品或服务。

（2）商标是区别于他人商品或服务的标志，具有显著性的区别功能，便于消费者识别。商标的构成是一种艺术创造。

（3）商标是由文字、图形、字母、数字、三维标志、颜色组合和声音等一种要素或多种要素组合构成的。

（4）商标具有独占性。使用商标的目的就是区别于他人的商品或服务，便于消费者识别。所以，注册商标所有人对其商标具有专用权，受到法律的保护，未经商标权所有人的许可，任何人不得擅自使用与该注册商标相同或相类似的商标，否则即构成侵犯注册商标所有人的商标专用权，将承担相应的法律责任。

（5）商标是一种无形资产，具有价值。商标代表着商标所有人生产或经营的质量信誉和企业信誉、形象，商标所有人通过商标的创意、设计、申请注册、广告宣传及使用，使商标具有了价值，也增加了商品的附加值。商标的价值可以通过评估确定。商标可以有偿转让，经商标所有权人同意，许可他人使用。

（6）商标是商品信息的载体，是参与市场竞争的工具。生产经营者的竞争就是商品或服务质量与信誉的竞争，其表现形式就是商标知名度的竞争，商标知名度越高，其商品或服务的竞争力就越强。

3.商标的种类

根据不同的标准可以对商标作出如下几种分类：

（1）商品商标和服务商标。

按照商标的使用对象不同，其可分为商品商标和服务商标。商品商标是指指定使用在商品上标明商品来源的商标。商品商标是狭义的商标，它是商标的本来含义，指一般的商标。服务商标是指用于向社会提供的服务项目上的、用以区分服务的提供者的商标。

（2）集体商标和证明商标。

按照商标的所有人不同，其可分为集体商标（collective trademark）和证明商标（certification trademark）。集体商标是指以团体、协会或者其他名义注册，供该组织成员在商事活动中使用，以表明使用者在该组织中的成员资格的标志，如图6-1所示。证明商标是指由对某种产品或服务具有监督能力的组织所控制，而由该组织以外的单位或个人使用于其产品或服务上，用以证明该产品或服务的原产地、原料、制造方法、质量，或者其他特定品质的标志，如图6-2所示。"纯羊毛标志"就是总部设在伦敦的国际羊毛局在130多个国家和地区注册的证明商标。

图6-1 集体商标

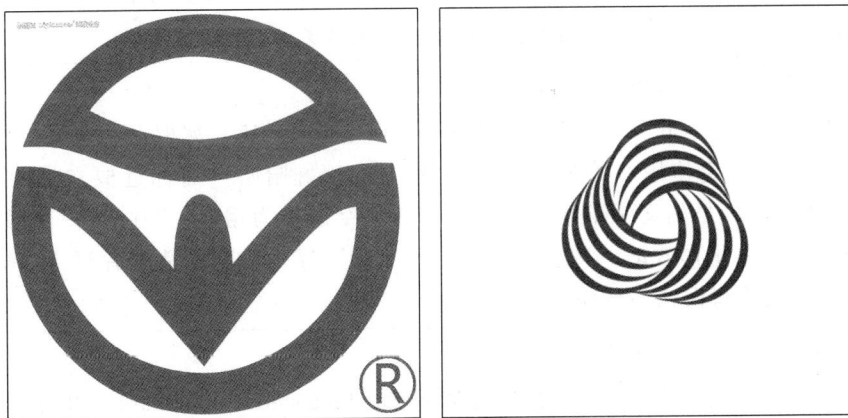

图6-2 证明商标

思一思、议一议：集体商标与证明商标的区别

（1）两者均是由多个生产经营者或服务提供者共同使用的商标。

（2）集体商标表明商品或服务来自同一组织；而证明商标表明商品或服务的质量达到规定的特定品质。

（3）集体商标的申请人都必须是依法成立且具有法人资格的组织；而证明商标的申

请人还必须对商品或服务的特定品质具有检测和监督能力。

（4）集体商标只要是该集体成员均可使用，该组织以外的成员不得使用；而证明商标则显示其开放性，只要达到管理规则规定的特定品质的商品或服务都可以要求使用证明商标。

（5）集体商标的注册人可以在自己经营的商品或服务上使用集体商标；而证明商标的注册人不能在其经营的商品或服务上使用该证明商标。

（6）集体商标注册后不能转让；而证明商标可以转让给其他依法成立、具有法人资格并具有检测和监督能力的组织。

（3）联合商标和防御商标。

按照商标的特殊性质，其可分为联合商标（associated trademark）和防御商标（defensive trademark）。

联合商标是指同一商标所有人在同一种或者类似的产品和服务中注册两个或两个以上近似的商标。主要使用的商标叫作主商标，其余的叫作卫星商标。

比如，国外一家生产食品的厂商，因"乐口福"商标享有盛名，于是又申请注册了"乐福口""口乐福""口福乐""福口乐"等商标。我国杭州娃哈哈集团有限公司的"娃哈哈"商标近几年声名鹊起。为了防止"娃哈哈"商标被他人影射和仿冒，该公司先后申请注册了"哈哈娃""哈娃娃""娃娃哈"等几个商标。再比如，过去的"老虎牌"万金油，注册了"猫""熊""豹""牛"等十余种动物商标。这些商标在性质上都属于联合商标。

防御商标是指同一商标所有人在不同类型的商品上注册同一个驰名商标。原来注册的商标是正商标，后来在其他商品上注册的和原来注册的商标相同的商标是防御商标。例如，日本电器制造商索尼（SONY）公司，在自行车、食品等许多与电器并不类似的商品上注册了索尼（SONY）商标，以防止他人使用，有损索尼声誉。

思一思、议一议：商标侵权防不胜防

有人申请将"姓啥啥"商标指定使用在第30类的冰激凌、冰棍上，这就与杭州娃哈哈集团已注册的指定使用在第30类的冰制品上的"娃哈哈"商标近似。"姓啥啥"与"娃哈哈"两个商标虽然文字不同，读音不同，但字形极为相似。"姓啥啥"只是将"娃哈哈"的每一个字稍作改动，刻意将其向"娃哈哈"靠拢，利用消费者对"娃哈哈"商标的信任，使消费者误认，从而误购。

（4）注册商标和未注册商标。

按照商标是否注册，其可分为注册商标（registered trademark）和未注册商标（unregistered trademark）。

注册商标是指商标使用者向国家商标主管机关提出商标注册申请并获得核准的文字、图形或其组合标志。

未注册商标是指商标使用者未向国家商标主管机关提出注册申请，自行在产品或服务上使用的文字、图形或其组合标志。

（5）驰名商标和普通商标。

按照商标的驰名度不同，其可分为驰名商标（well-known trademark）和普通商标

(common trademark)。驰名商标是指在中国为相关公众广为知晓并享有较高声誉的商标。普通商标是指未被认定为驰名商标的商标

4.商标与近似标记的区别

（1）商标与商品装潢。

商标与商品装潢两者同附于商品为同一商品服务，有时两者经常混为一体，极易混淆。二者的共同点是，都用于商品表现或包装上，对商品起一定的装饰作用。但是，商品装潢是以图案、绘画、色彩或文字来装饰、美化、宣传商品的附着物或包装物。

商品装潢与商标的区别主要有：

①使用的目的不同。装潢的使用目的是保护商品、美化商品和宣传商品，以引起人们对商品的美感和需求欲望；使用商标是为了区分商品，即把不同企业的同一种或类似商品区别开来。

②专用性不同。商品装潢是非专用的，亦无须注册，任何人都可根据市场和顾客的需要，随时加以变动或改进。但有时商品装潢的包装图案作为其商标依法注册，则该商品装潢又有商标性质，具有商标专用性，享有注册商标专用权。商标是专用来区别生产者或经营者及其商品的。商标一旦依法注册，商标所有者便取得商标专用权，其他任何人未经许可，不得在同种商品或类似商品上使用与该注册商标相同或近似的商标，否则即为侵权。

③表达的内容不同。装潢设计的初衷在于介绍、渲染和美化商品内容，装潢的内容必须与商品的内容相一致。商标表示的形式为文字、图形、记号或其组合，并且须有显著特征便于识别，商标必须使用在商品或商品的包装、容器上，并行销于市场，商品上所使用的商标必须与所注册的商标一致，不得更改。

在使用商品装潢时应注意，根据《中华人民共和国商标法实施条例》（以下简称《商标法实施条例》）第50条第（1）项的规定，在同一种或者类似商品上，将与他人注册商标相同或者近似的标志作为商品名称或者商品装潢使用，误导公众的，属于《商标法》第52条第（5）项所称侵犯注册商标专用权的行为。根据《关于禁止仿冒知名商品特有的名称、包装、装潢的不正当竞争行为的若干规定》（1995年7月6日国家工商管理局公布及《中华人民共和国反不正当竞争法》（以下简称《反不正当竞争法》）（1993年9月2日公布）第5条第（2）项的规定，擅自使用知名商品特有的名称、包装、装潢或者使用与知名商品近似的名称、包装、装潢，造成和他人的知名商品相混淆，使购买者误认为是该知名商品的，属于不正当竞争行为。以上这些行为都要承担相应的法律责任。

对于一些构思独特、创意新颖的商品装潢设计，可以通过申请外观设计专利或者版权（著作权）来予以保护。

（2）商标与企业名称。

商标是区别不同商品或者服务来源的标志，由文字、图形或者其组合构成；企业名称是区别不同市场主体的标志，由行政区划、字号、行业或者经营特点、组织形式构成，其中字号是区别不同企业的主要标志。商标专用权和企业名称权均是以法定程序确认的权利，分别受商标法律、法规和企业名称登记管理法律、法规保护。商标专用权和企业名称权的取得，都应当遵守《民法通则》和《反不正当竞争法》中的诚实信用原则，不得利用他人商标或者企业名称的信誉进行不正当竞争。但如果商标中的文字和企业名称中的字号相同或者近似，使他人对市场主体及其商品或者服务的来源产生混淆，构成不正当竞争

的，应当依法予以制止。

这里所指混淆主要包括：①将与他人企业名称中的字号相同或者近似的文字注册为商标，引起相关公众对企业名称所有人与商标注册人的误认或者误解的；②将与他人注册商标相同或者近似的文字登记为企业名称中的字号，引起相关公众对商标注册人与企业名称所有人的误认或者误解的。根据《国家工商行政管理局关于解决商标与企业名称中若干问题的意见》的规定，商标注册人或者企业名称所有人认为自己的权益受到损害的，可以书面形式向国家工商行政管理局或者省级工商行政管理局投诉，并附送其权益被损害的相关证据材料。

（3）商标与域名。

域名是指联入网络的计算机在网络中的特定标识符，是计算机 IP 地址的外部代码。它是人们按照一定的规则用英文字母来命名自己的网址，再用计算机转换成计算机地址进行传输。

从商业角度来看，域名是企业的网上商标。企业都非常重视自己的商标，而作为网上商标的域名，其重要性和价值也已被全世界的企业所认识。域名和商标都在各自的范畴内具有唯一性。从企业树立形象的角度看，域名和商标有着潜移默化的联系，所以域名与商标有一定的共同特点。许多企业在选择域名时，往往希望用和自己企业商标一致的域名。商标和域名都具有标识性和排他性，并且都具有广告宣传的功能。

但是，域名和商标之间有明显的区别，主要表现在以下几个方面：

①两者适用的对象不同。商标是用来标识商品或服务的，只能用在商品或服务上；而域名是用来标识计算机用户的，计算机用户不是商品。

②两者标识性的基础不同。商标的标识性源于其显著性，当不同法律主体生产或经营的商品或服务根本不同时，2 个或 2 个以上完全相同的商标可以同时获得注册；而域名的标识性是由它的唯一性保障的，不论法律主体从事的业务属于什么种类，也不论是否分别处于不同的国家或地区，都不能注册相同的域名。

③两者排他性的基础不同。已注册商标在不同种类的商品或服务上，或在申请注册的地域范围之外，或是超出注册的有效期，其排他性灭失；而已注册域名只要按时缴纳维护费就可以在全球范围内无限期地与所有已注册或将注册的域名相排斥，既无地域性也无时效性。

④两者取得的原则不同。商标取得的原则因国家而异，有的国家采取注册在先原则，有的国家采用使用在先原则，有的国家采取混合原则；而域名采取注册在先原则，不先注册就不得在互联网上使用。

⑤两者的分类原则和基础不同。商标注册机构在申请人提出商标注册申请时，要求其按照相应的分类标准，明确记载申请注册的商标所要标识的商品或者服务种类；而除了因申请人的本身法律属性在选择顶级域名或二级域名时受到限制外，域名注册申请人无须申明其经营活动的内容，更无须明确记载商品或服务种类。

⑥两者获得途径不同。商标注册由各国或地区的专门机构各自依据本国或地区法律独立进行。商标注册的审查仅以国家或地区为限，存在着处于不同国家的法律主体拥有相同商标的可能性。而域名注册由处于不同国家的注册机构各自独立进行。只有当有关域名尚无人注册时，该域名才能被注册，因而每一个已注册域名在全球范围内是唯一的，不存在

不同国家的法律主体存在同域名分别主张权利的情形。

（4）商标与外观设计。

外观设计就是关于产品的形状、图案、色彩或其组合所提出的富有美感并适用于工业上应用的新设计。在我国，外观设计可以通过《中华人民共和国专利法》（以下简称《专利法》）得到保护。商标和外观设计的共同点在于两者都可以通过图形、三维立体的方式表现出来。二者的区别在于：①外观设计可以由发明创造人向专利局提出申请，经过专利局审查，获得专利局授予的专利权；而商标可以由商标申请人向商标局申请，由商标局授予商标权。②保护时间不同。外观设计的保护期是10年，不得续展；商标的保护期虽然也是10年，但可以无限制地续展。③内容不同。外观设计必须富于美感；而商标不一定要有美感，它强调的是标识性。

（二）商标法

商标法是确认商标专用权，规定商标注册、使用、转让、保护和管理的法律规范的总称。它的作用主要是加强商标管理，保护商标专用权，促进商品的生产者和经营者保证商品和服务的质量，维护商标的信誉，以保证消费者的利益，促进社会主义市场经济的发展。

早在19世纪，率先进入现代工业文明的西欧各国就相继将商标纳入法律的调整范围并开始通过立法来保护商标权。最早的商标法是1857年法国的《关于以使用原则和不审查原则为内容的制造标记和商标的法律》。

我国于1982年8月23日第五届全国人民代表大会常务委员会第二十四次会议通过了《商标法》，并分别于1993年2月22日、2001年10月27日、2013年8月30日进行了3次修正。

1983年3月10日，国务院发布了《中华人民共和国商标法实施细则》。2002年9月15日颁布实施了《商标法实施条例》，由此使我国商标制度得以进一步完善。

## 二、商标的注册和使用

商标注册是指商标使用人将其使用的商标按照法律规定的条件和程序，向商标管理机关提出注册申请，以取得商标专用权的行为。

（一）商标注册的原则

1.自愿注册原则

自愿注册原则又称任意注册原则，是指商标所有人自行决定是否申请商标注册，欲取得商标权的应提出注册申请，不注册的商标也可以使用，但商标所有人不享有商标权。我国现行《商标法》实行的就是自愿注册原则。我国《商标法》第4条规定："自然人、法人或者其他组织在生产经营活动中，对其商品或者服务需要取得商标专用权的，应当向商标局申请商标注册。"

与自愿注册原则不同的是全面注册原则，又称强制注册原则。全面注册原则要求生产经营者的商品应当使用商标的，都必须使用商标，所有商标都必须注册，未注册商标不得使用。目前世界上已很少有实行全面注册原则的国家了，我国于1950年颁布的《商标注册暂行条例》采取的就是自愿注册原则，但是在1957年改为实行全面注册原则，直到1982年《商标法》实施才又改为采取自愿注册原则。实行全面注册原则是当时实行计划经济体制以及把商标当作产品质量的管理手段所决定的。

我国现行《商标法》在实行自愿注册原则的同时，对涉及人身健康的极少数商品实行强制注册。《商标法》第6条规定："国家规定必须使用注册商标的商品，必须申请商标注册，未经核准注册的，不得在市场销售。"现行《烟草专卖法》第20条规定："卷烟、雪茄烟和有包装的烟丝必须申请商标注册，未经核准注册的，不得生产、销售。"

2.以使用在先为补充的申请在先原则

对于两个或两个以上的申请人，在同一种或类似商品上申请相同或近似的商标时，准予最先申请者注册，即申请在先原则。但对于同一天提出申请而无法确定谁是最先申请者的情况，则采用使用在先原则。因此，严格地说，我国商标注册实行的是以使用在先为补充的申请在先原则。

3.优先权原则

优先权原则是《巴黎公约》所确立的对工业产权国际保护的重要原则之一。

优先权是指任何一个《巴黎公约》成员国国民向任何一个《巴黎公约》的成员国就第一次提出正式申请后的一定时期内，再向其他成员国提出申请时，该成员国应当将该申请人的第一次申请日视为在该国提出申请的日期，即优先权日。根据《巴黎公约》的规定，商标注册申请的优先权的时间为6个月；对在国际展览会上首次展出的商品的临时保护，可以给予优先权，时间也是6个月。

我国《商标法》规定的商标注册优先权的发生事由有以下两种情况：

（1）首次申请而产生的优先权。

我国《商标法》第25条规定："商标注册申请人自其商标在外国第一次提出商标申请之日起6个月内，又在中国就相同商品以同一商标提出商标注册申请的，依照该外国同中国签订的协议或者共同参加的国际条约，或者相互承认优先权的原则，可以享有优先权。"

（2）首次使用而产生的优先权。

在适用优先权原则方面，我国《商标法》除了依照《巴黎公约》在涉及不同缔约国之间的商标申请方面平等地规定了本国人与外国人应享有的优先权外，还设立了本国优先权制度。我国《商标法》第26条规定："商标在中国政府主办的或者承认的国际展览会的商品上首次使用的，自该商品展出之日起6个月内，该商品的注册申请人可以享有优先权。"

另外，优先权并不是自动产生的。申请人要求优先权的，应当在提出商标注册申请的同时提出书面声明，并且在3个月内提交第一次提出商标注册申请文件的副本或者展出其商品的展览会名称、在展出商品上使用该商标的证据、展出日期等证明文件。未提出优先权声明或者逾期未提交证明文件的，视为未要求优先权。

（二）商标注册和使用的条件

1.商标注册和使用的消极条件

（1）绝对禁止条件。

我国《商标法》第10条规定，下列标志不得作为商标使用：①同中华人民共和国的国家名称、国旗、国徽、国歌、军旗、军徽、军歌、勋章等相同或者近似的，以及同中央国家机关的名称、标志、所在地特定地点的名称或者标志性建筑物的名称、图形相同的；②同外国的国家名称、国旗、国徽、军旗等相同或者近似的，但经该国政府同意的除外；③同政府间国际组织的名称、旗帜、徽记等相同或者近似的，但经该组织同意或者不易误导公众的除外；④与表明实施控制、予以保证的官方标志、检验印记相同或者近似的，但经授权的除外；⑤同"红十字""红新月"的名称、标志相同或者近似的；⑥带有民族歧视性的；⑦带有欺骗性，容易使公众对商品的质量等特点或者产地产生误认的；⑧有害于社会主义道德风尚或者有其他不良影响的。

县级以上行政区划的地名或者公众知晓的外国地名，不得作为商标，但是地名具有其他含义或者作为集体商标、证明商标组成部分的除外。已经注册的使用地名的商标继续有效。

---

**思一思、议一议**：未经授权不得擅自使用"12315"标志

2009年10月15日，国家工商行政管理总局发出《关于加强"12315"官方标志保护的通知》。通知要求，对将该标志作为商标申请注册的，国家工商行政管理总局商标局将依法予以驳回。对未经国家工商行政管理总局授权，擅自使用"12315"官方标志的违法行为，各级工商机关应当依据《商标法》的有关规定进行查处。

通知要求，各级工商机关要严格按照国家工商行政管理总局的有关规定，在12315工作机构办公场所、办公设备、执法车辆、网站域名、宣传品及12315联络站等方面规范使用"12315"官方标志，切实维护"12315"官方标志的严肃性和权威性。

据了解，"12315"是工业和信息化部（原信息产业部）正式核准国家工商行政管理总局使用的、全国统一的消费者申诉举报服务专用电话号码和短消息类服务业务接入代码，也是工商机关开展消费维权工作和服务社会公众的重要平台。为了维护"12315"的严肃性、权威性和专用性，2009年9月8日，国家工商行政管理总局商标局依据《商标法》的有关规定，将"12315"标志确定为官方标志。

---

（2）相对禁止条件。

与上面所述的绝对禁止条件不同，我国《商标法》第11条规定的标志虽不得作为商标注册，但可以作为非注册商标使用；另外，该条所规定的标志经过使用取得显著特征并便于识别的，仍可以作为商标注册。《商标法》第11条规定的这类标志主要有以下几种类型：①仅有本商品的通用名称、图形、型号的；②仅直接表示商品的质量、主要原料、功能、用途、重量、数量及其他特点的；③其他缺乏显著特征的。

---

**案例讨论**

某生产厂家经过研究，研制出了一种比市场上一般的保温杯更加保温的保温杯，为了吸引大家的注意及突出该产品的特点，经厂领导班子决定，特批准在这种保温杯的外包装上印上"保温牌"，但是负责销售的人员不知这种做法是否符合我国《商标法》的要求。

问：这一生产厂家的做法是否符合我国《商标法》的要求？

---

2.商标注册的积极条件

（1）必须具备法定的构成要素。

商标的识别功能和象征作用要求用作商标的标志应为人们所感知，进而借以识别和选择商品或服务。我国《商标法》第8条规定："任何能够将自然人、法人或者其他组织的商品与他人的商品区别开的标志，包括文字、图形、字母、数字、三维标志、颜色组合和

声音等，以及上述要素的组合，均可以作为商标申请注册。"

（2）必须具有可识别性——显著性。

所谓商标的显著性，是指构成商标的文字、图形或其组合从总体上具有明显的特色，能与他人同种或类似商品上的商标区别开来，在市场交易中足以使一般人据以辨别不同经营者提供的商品或服务，即商标具有独特性和可识别性。《商标法》第9条规定："申请注册的商标，应当有显著特征，便于识别，并不得与他人在先取得的合法权利相冲突。" 缺乏显著特征的不得作为商标注册，但经过使用取得显著特征并便于识别的，可以作为商标注册。

（3）非冲突性。

非冲突性就是指不得与在先合法权利相冲突。此处的在先权利是指在申请商标注册之前他人已有的合法权利。该在先权利可能是知识产权领域的权利，也可能是其他民事权利。不得与他人的在先权利相冲突在《商标法》的第9条中得到明确体现。不与在先权利相冲突，是商标注册应当满足的条件，它要求申请人遵守诚实信用原则，在从事商标法律行为时，顾及合法权利。

（三）商标注册的程序

1.商标申请

（1）申请人。

商标注册申请人可以是自然人、法人或其他组织。国内申请人可以委托商标代理组织代理，也可以直接办理。外国人或者外国企业在中国申请商标注册的，应当按其所属国和我国签订的协议或者共同参加的国际条约办理，或者按对等原则办理，具体事宜应当委托国家认可的具有商标代理资格的组织代理。

（2）提交的文件。

须提交的文件包括商标注册申请书、商标图样及证明文件。每一件商标注册申请都应当向商标局提交商标注册申请书1份，即一件商标一份申请；填写的商品名称应当是按"商品和服务分类表"中的商品或服务的名称填写；商标注册申请人的名称应当与所提交的证件相一致；商标为外文或者包含外文的，应当说明含义。

申请人需要送交商标图样5份，若指定商标颜色的，则应当提交着色图样5份，黑白稿1份。以三维标志申请注册商标的，应当在申请书中声明，并提交能够确定三维形状的图样。

与申请书一同附送的证明文件主要有以下几种：①申请人用药品、医用营养品、医用营养饮料和婴儿食品等商标注册的，应附送省级卫生厅发给的药品生产企业许可证或药品经营企业许可证；②申请烟草制品商标注册的，应附送国家烟草主管机关批准生产的证明文件；③国内的报刊、杂志申请商标注册的，应当提交新闻出版主管部门颁发的全国统一刊号（CN）的报刊登记证；④提交申请人的身份证明；⑤用人物肖像作为商标申请注册的，必须提供肖像权人授权书并经公证机关公证。

2.商标审查

我国《商标法》规定采用形式审查和实质审查相结合的制度。

（1）形式审查。

形式审查主要是对申请书的填写是否属实、准确、清晰及有关手续是否完备进行审查，并决定是否受理商标注册申请。申请手续不齐备或者未按规定填写申请文件的，予以退回，申请日不予保留；申请手续基本齐备或者申请书基本符合规定，但需要补正的，通知申请人予以补正，在规定期限内补正并交回商标局的，保留申请日。

（2）实质审查。

实质审查是对商标是否具备注册条件的审查，主要包括审查是否违反商标法禁用条款、是否具备法定构成要素、是否具有显著特征、是否与他人在同一种或类似商品上注册的商标相同或近似等。

经过实质审查，认为申请注册的商标符合《商标法》的有关规定并且有显著特征的，予以初步审定并公告；商标局认为申请注册的商标不符合《商标法》的有关规定，或者与他人在先注册或申请的商标相混同的，驳回申请，发给驳回通知书；商标局认为商标注册申请虽有不符合规定之处，但可以修正的，限定修正时间，发给商标审查意见书。

（3）初步审定和公告。

经过对申请注册商标的形式审查和实质审查，认为符合《商标法》的有关规定，得出可以核准注册的结论，即初步审定。但初步审定的商标并没有经过正式核准注册，还未取得商标专用权。

初步审定的商标必须在商标公告上公布，主要目的是为商标注册人、在先申请人及其他合法在先权利人提供维护自身利益的机会，以避免和减少商标注册后可能发生的争议；同时公开征求社会公众意见，接受社会公众对商标局初步审定结果的监督。

（4）核准注册。

初步审定公告的商标，自公告之日起3个月内无异议的，由商标局核准注册，发给商标注册证并予以公告。如果自初步审定公告之日起的3个月异议期内有人提出异议，经裁定异议不能成立而核准注册的，商标注册申请人取得商标专用权的时间自初步审定公告3个月期满之日起计算。

### 三、商标权的保护

商标权是指商标所有人依法对其使用的商标所享有的占有、使用、收益和处分的权利。商标权是《商标法》的核心。

（一）商标权的内容

1.专用权

专用权是指商标权人对自己的注册商标享有专有使用的权利。专用权是商标权的核心。商标专用权的范围是从商品和商标两个方面结合加以界定的。我国《商标法》第56条规定："注册商标的专用权，以核准注册的商标和核定使用的商品为限。"同时，使用注册商标也是商标注册人的义务。我国《商标法》第49条第2款规定："注册商标成为其核定使用的商品的通用名称或者没有正当理由连续3年不使用的，任何单位或者个人可以向商标局申请撤销该注册商标。"

2.禁止权

禁止权是指商标权人有权禁止他人未经其许可使用其注册商标。根据我国《商标法》的规定，未经商标注册人的许可，在同一种商品或者类似商品上使用与其注册商标相同或者近似的商标的，均属于侵犯商标专用权的行为。

思一思、议一议：专用权的范围与禁止权的范围是否一致？

商标禁止权的范围大大超出了专用权的范围，包括：同类商品或服务，相同商标；同类商品或服务，近似商标；类似商品或服务，相同商标；类似商品或服务，近似商标。

3.许可使用权

许可使用权是指商标权人有权将其注册商标许可他人在一定范围内使用。商标注册人可以通过签订商标使用许可合同，许可他人使用其注册商标。许可人应当监督被许可人使用其注册商标的商品质量，被许可人应当保证使用该注册商标的商品质量。经许可使用他人注册商标的，必须在使用该注册商标的商品上标明被许可人的名称和商品产地。商标使用许可合同应当报商标局备案。

4.转让权

转让权是指注册商标所有人将其注册商标的所有权转移给他人的权利。根据规定，转让注册商标的，转让人和受让人应当签订合同，并共同向商标局提出申请。转让注册商标的手续，由受让人前往商标局办理。有关商标权或注册商标的转让，只有经过商标局核准和公告后才能生效。

思一思、议一议：商标权的转让应当注意哪些问题？

第一，在同一种或类似商品上注册的相同或近似的商标不得分开转让；

第二，已经许可他人使用的注册商标不得随意转让；

第三，集体商标不得转让；

第四，受让人必须保证使用该注册商标的商品或者服务的质量。

案例讨论

2007年2月，重庆市某制药厂研制出两种人用抗菌药，分别以"清新"（已注册）和"得力"（未注册）为商标。由于制药厂生产经营管理不善，两种药品虽然疗效不错，但少为人知，造成了药品大量积压。为了扭亏为盈，制药厂决定转让这两个商标。几经周折，2009年3月制药厂与某药品开发公司签订了"清新"和"得力"抗菌药商标转让的两份合同。2009年4月，药品开发公司依照两份商标转让合同的规定，付清了商标转让费，随即开始使用"清新"和"得力"商标。

问："清新"和"得力"商标转让合同是否有效？为什么？

（二）商标权的期限

商标权的保护期限为10年，自核准注册之日起计算。注册商标有效期满，需要继续使用的，应当在期满前6个月内申请续展注册；在此期间未能提出续展申请的，可以给予6个月的宽展期。宽展期满仍未提出续展申请的，注销其注册商标。该商标权自保护期限届满即行消灭。

（三）商标权的保护

商标权的保护主要是通过对商标侵权行为的禁止和制裁实现的。

1.商标侵权行为

商标侵权行为是指他人违反《商标法》的规定，在相同或类似的商品或服务上未经商标权人同意擅自使用与注册商标相同或近似的标识，损害商标权人合法利益的行为。

2.商标侵权行为的表现形式

（1）未经商标注册人的许可，在同一种商品上使用与其注册商标相同的商标。

根据我国《商标法》的规定，使用他人的注册商标，必须经商标权人同意，签订注册商标使用许可合同并在商标局备案。未经商标注册人的许可，在同一种商品上使用与其商标相同的商标的，无论是出于故意还是过失，都构成对商标权的侵犯。

（2）未经商标注册人的许可，在同一种商品上使用与其注册商标近似的商标，或者在类似商品上使用与其注册商标相同或者近似的商标。

2013年新《商标法》第57条将原《商标法》第52条中"在同一种商品或者类似商品上使用与注册商标相同或者近似的商标"的侵权情形进行了细分，对不属于在"同一种商品上使用相同商标"情形的侵权判定增加了"容易导致混淆"的判定要件。该条款的修改明确了对"在同一种商品上使用与注册商标近似的商标""在类似商品上使用与注册商标相同的商标""在类似商品上使用与注册商标近似的商标"三种商标使用行为是否构成侵权的判定，需要考虑是否满足"容易导致混淆"这一适用要件。商标权利人在今后的维权案件中，对于他人不属于在"同一种商品上使用相同商标"的商标使用行为，如果要想获得最终的侵权认定，需要注意在理由阐述及证据材料的组织上不要忽视对涉案商标的使用满足"容易导致混淆"这一要件的论述及证明。

近似商标的判断应当以相关公众的一般注意力为标准，对商标进行整体对比和主要部分的对比；同时，适当考虑请求保护的注册商标的显著性和知名度，往往显著性越强的商标或知名度越高的商标越容易被他人搭便车。

> 思一思、议一议：商标近似
>
> 上海一食品厂的"大白兔"奶糖商标早已注册，并成了名牌。而某省一食品厂注册了"白鼠"奶糖商标。上海厂在"白鼠"奶糖注册后1年内提出争议，申请裁定。经审查，"白鼠"图形画得与"白兔"图形一样，包装图案、颜色也相似。把这两个商标的商品放在一起，或不放在一起，消费者均会误认"白鼠"奶糖就是"大白兔"奶糖。因而商标评审委员会撤销了"白鼠"奶糖的商标，维护了注册在先的"大白兔"商标专用权。

（3）销售侵犯注册商标专用权的商品。

根据我国《商标法》的规定，只要客观上销售了侵犯注册商标专用权的商品，不管主观上是否明知或应知，都构成侵权。

但是，实践中也确实存在销售者并不知道或无法知道所销售的是侵犯商标专用权商品的情况，因此，我国《商标法》第64条第2款规定："销售不知道是侵犯注册商标专用权的商品的，能证明该商品是自己合法取得的并说明提供者的，不承担赔偿责任。"

（4）伪造、擅自制造他人注册商标标识或者销售伪造、擅自制造的注册商标标识。

这是一种故意的商标侵权行为。在1993年修改的《商标法》中，伪造商标标识被列为商标侵权行为，并将原来的"销售他人注册商标标识的"改为"销售伪造、擅自制造注册商标标识的"。

商标标识是指附有文字、图形、数字、字母、三维标志、颜色组合等商标图样的物质实体，如商标纸、商标牌、商标织带、印有商标的包装等。最常见的有化妆品、药品、酒的瓶贴，服装上的商标织带，食品、卷烟的包装等。对于制造注册商标标识，法律有严格的规定。国家工商行政管理总局发布了《商标印制管理办法》，印制商标的单位必须是持有工商机关核发的营业执照，并核定允许承揽印刷制造商标的企业，严禁无照或超经营范围承揽商标印、制业务。而企、事业单位或个体户印制商标标识，应当凭"商标注册证"到县市工商局开具"注册商标印制证明"，然后凭证明到商标印制单位印制。商标印制单位要严格核查证明才能承揽印制业务。

伪造主要是指非注册商标所有人自己印制或委托他人印制注册商标标识的行为。其目的各有不同，有的是用于生产假冒商品，有的是销售标识牟取暴利。擅自制造则主要指非印制单位为他人印制标识或印制单位不按国家规定验收有关证明而印制非商标注册人委托印制的注册商标标识的行为。

销售无论是伪造的还是擅自制造的注册商标标识的行为，都构成侵犯商标权的行为。这种侵犯商标权的行为与前述假冒注册商标的行为往往是相互联系、相互配合的，甚至是合二为一的。

（5）未经商标注册人同意，更换其注册商标并将该更换商标的商品又投入市场。

行为人将在市场上合法取得的商品上的注册商标标识撤除，更换为自己的商标后再次投入市场。行为人撤换商标后以他人的产品替代自己的产品，是因为替代产品具有较好的品质，经得起消费者的挑选。撤换商标的行为导致原商标权人为他人做嫁衣，其凭借自己的产品和商标建立自己的商业信誉、开拓市场的路径被阻拦破坏了，妨碍了商标所有人通过商标从事商品竞争、追求合法的经济利益。

---

**案例讨论**

1993年12月，鳄鱼国际机构私人有限责任公司（以下简称"鳄鱼公司"）授权北京同益广告公司（以下简称"同益公司"）在北京销售 "鳄鱼" 皮质品和"卡帝乐"服饰系列等。1994年4月，同益公司以每条188元的价格购买北京市京工服装工业集团服装一厂（以下简称"服装一厂"）生产的"枫叶"男西裤26条，并将其中25条的商标更换为"卡帝乐"商标，在北京百盛购物中心同益公司所设的鳄鱼专卖店以每条560元的价格进行出售，并注明产地为新加坡。同月，服装一厂将北京百盛购物中心、同益公司和鳄鱼公司告上法庭。

问：北京百盛购物中心、同益公司和鳄鱼公司是否侵犯了服装一厂的商标权？

---

（6）给他人的注册商标专用权造成其他损害的行为。

这是我国《商标法》规定的一个弹性条款，除了以上5种侵权行为之外给他人商标专用权造成损害的行为都可以适用此款规定。

根据我国《商标法实施条例》和《最高人民法院关于审理商标民事纠纷案件适用法律若干问题的解释》的有关规定，下列行为属于给他人的注册商标专用权造成其他损害的行为：①在同一或类似商品上将与他人注册商标相同或近似的文字、图形作为商品名称或商品装潢使用，误导公众的；②故意为侵犯他人注册商标专用权行为提供仓储、运输、邮寄、隐匿等便利条件的；③将与他人注册商标相同或者近似的文字作为企业的字号在相同或者类似的商品上突出使用，容易使相关公众产生误认的；④复制、模仿、翻译他人注册的驰名商标或者其主要部分在不相同或者不相类似商品上作为商标使用，误导公众，致使该驰名商标注册人的利益可能受到损害的；⑤将与他人注册商标相同或者近似的文字注册为域名，并且通过该域名进行相关商品交易的电子商务，容易使相关公众产生误认的。

---

**案例讨论**

劳力士钟表有限责任公司（以下简称"劳力士公司"）起诉称：劳力士公司是一家历史悠久的生产钟表的企业。自1992年起，劳力士公司陆续在不同的商品类别上在国家商标局注册了多个"Rolex"商标。劳力士公司对其生产的主要产品"Rolex"手表进行了广泛的宣传。1999年"Rolex"商标被国家工商行政管理局列入《全国重点商标保护名录》。1999年5月5日，北京国网信息有限责任公司（以下简称"国网公司"）注册了"rolex.com.cn"域名，但未实际使用。劳力士公司认为国网公司将劳力士公司"Rolex"商标及企业名称注册为域名属于恶意抢注行为，侵犯了其公司的商标权并构成不正当竞争。

北京市第二中级人民法院经审理认为，劳力士公司的"Rolex"商标和以该商标所代表的产品品质在中国和世界各国享有较高的知名度，可认定该商标为驰名商标。国网公司无正当理由将与劳力士公司注册商标及企业字号相同的"Rolex"注册为自己的域名且并不实际使用，主观恶意十分明显，违反了诚实信用的基本原则，构成了不正当竞争。判决国网公司于判决生效后10日内撤销"rolex.com.cn"域名并赔偿损失1万元。一审判决后，双方当事人均未在法定期限内提出上诉，该判决已发生法律效力。

问：谈谈你对本案的看法。

---

3.商标侵权的法律责任

（1）民事责任。

民事责任主要包括停止侵害、消除影响、赔偿损失等。

根据我国《商标法》的规定，侵犯商标专用权的赔偿数额，按照权利人因被侵权所受到的实际损失确定；实际损失难以确定的，可以按照侵权人因侵权所获得的利益确定；权利人的损失或者侵权人获得的利益难以确定的，参照该商标许可使用费的倍数合理确定。对恶意侵犯商标专用权，情节严重的，可以按照上述方法确定数额的1倍以上3倍以下确定赔偿数额。赔偿数额应当包括权利人为制止侵权行为所支付的合理开支。

人民法院为确定赔偿数额，在权利人已经尽力举证，而与侵权行为相关的账簿、资料主要由侵权人掌握的情况下，可以责令侵权人提供与侵权行为相关的账簿、资料；侵权人不提供或者提供虚假账簿、资料的，人民法院可以参考权利人的主张和提供的证据判定赔偿数额。

权利人因被侵权所受到的实际损失、侵权人因侵权所获得的利益、注册商标许可使用费难以确定的，由人民法院根据侵权行为的情节判决给予300万元以下的赔偿。

销售不知道是侵犯注册商标专用权的商品，能证明该商品是自己合法取得并说明提供者的，不承担赔偿责任。

（2）行政责任。

行政责任是工商行政管理部门在处理商标侵权案件中对当事人作出的处罚。商标侵权的行政责任主要有以下几种：①责令立即停止侵权行为；②没收、销毁侵权商品和专门用于制造侵权商品、伪造注册商标标识的工具；③处以违法经营额5倍以下的罚款，没有违法经营额或者违法经营额不足5万元的，可以处25万元以下的罚款。对5年内实施两次以上商标侵权行为或者有其他严重情节的，应当从重处罚。销售不知道是侵犯注册商标专用权的商品，能证明该商品是自己合法取得并说明提供者的，由工商行政管理部门责令停止销售。

对侵犯商标专用权的赔偿数额的争议，当事人可以请求进行处理的工商行政管理部门调解，也可以依照《中华人民共和国民事诉讼法》向人民法院起诉。经工商行政管理部门调解，当事人未达成协议或者调解书生效后不履行的，当事人可以依照《中华人民共和国民事诉讼法》向人民法院起诉。

（3）刑事责任。

根据《中华人民共和国刑法》的规定，商标犯罪违法行为有3种：假冒注册商标罪，销售假冒注册商标商品罪，伪造、擅自制造他人注册商标标识或者销售伪造、擅自制造他人注册商标标识罪。

侵犯商标权犯罪的构成要件有以下几点：①必须侵犯了国家商标管理制度和他人的注册商标专用权；②必须实施了使用其他企业已注册商标的行为；③侵犯商标权的主体可以是自然人也可以是单位；④行为人主观上必须是故意的。

构成侵犯注册商标犯罪的，处3年以下有期徒刑或者拘役，并处或者单处罚金；情节特别严重的或销售金额巨大的，处3年以上7年以下有期徒刑，并处罚金。单位犯罪的，对单位处罚金，并对其直接负责人、直接责任人依照前款规定处以刑罚。

4.商标侵权行为的例外

我国《商标法》未就商标侵权行为的例外作出明确规定，但在理论上和司法实践中也承认商标侵权行为有例外情形。从其他国家商标法的规定来看，商标侵权行为的例外情形主要有以下两种：

第一种情形是指行为人在与他人注册商标核定使用商品相同的商品上以普通方式表示自己的姓名、肖像、商号或者商品的形状、品质、功能、产地等，不受商标专用权效力的拘束，即使这些标记与他人注册商标相同或近似也不构成商标侵权。但是，这里仅限于行为人对这些标记的使用须以"普通方式"善意为之，其目的仅限于向消费者提供信息。如果行为人出于不正当竞争的目的，或将这些标记作商标意义上的使用，则属恶意使用，可能会使消费者对商品来源产生误认，从而构成商标侵权行为。例如，"龙口"为龙口粉丝厂在粉丝上所注册的商标，其专用权受法律保护。如果龙口市的另一家粉丝生产厂家在其生产的粉丝包装上以普通方式表明粉丝产地为龙口，则不构成商标侵权，"龙口"注册商标所有人无权阻止。但是，如果这家粉丝生产厂家将"龙口"作商标意义上的使用，如故意将"龙口"两字放大且置于显著位置，则属于侵犯"龙口"注册商标专用权的行为，应受到法律制裁。

第二种情形是指当注册商标所有人或其许可人生产的带有注册商标的商品出售后，第三人在本国合法出售的这些商品上使用该注册商标进行转售的行为，不构成商标侵权。这就是商标权用尽情形，也称商标权穷竭情形，即一旦标有注册商标的商品已经由注册商标所有人或在其控制下合法投入市场，商标权人的权利就用尽了。第三人在该商品上使用其注册商标的行为，不构成商标侵权，不受商标注册人的约束。但是第三人的使用须以该商品没有经过任何变化为限。如果将该商品进行修理、加工等后再使用原注册商标投入流通，仍然构成商标侵权。例如，《法国知识产权法典》第713条第4款规定："商标权所有人无权禁止他人在经所有人或经其同意将带有该商标的商品投入欧洲经济共同体的市场后使用该商标。但是，如有正当理由，尤其是商品投放市场后有所变化或改动的，商标所有人得禁止商品的进一步流通。"值得注意的是，如果经商标注册人许可在甲国出售某批标有其注册商标的商品，而该批商品都被转售到了同样保护该注册商标的乙国，在此情形下，对于向乙国转售之人是否侵犯了商标注册人的商标专用权，各国有不同的看法。例如，美国历来认为这种"平行进口"行为无疑构成商标侵权，而墨西哥则认为这种行为不属于商标侵权。

## 四、驰名商标

（一）驰名商标的概念

驰名商标是指经过长期使用，在市场上享有较高声誉，并为公众所熟知的商标。我国2001年修改的《商标法》中参照《保护工业产权巴黎公约》《与贸易有关的知识产权协定》的规定，增加了对驰名商标的保护，其保护范围基本上和国际公约一致。

驰名商标原本是加强对较高知名度商标保护的一种法律概念，但长期以来，市场经营者将驰名商标作为一种荣誉使用在产品上或宣传活动中。市场对驰名商标这种广告效应的旺盛需求，在一定程度上助长了饱受诟病的驰名商标制度异化问题。2013年修改的《商标法》第14条第5款规定："生产、经营者不得将'驰名商标'字样用于商品、商品包装或者容器上，或者用于广告宣传、展览以及其他商业活动中。"违反此规定的，根据该法第53条的规定，由地方工商行政管理部门责令改正，处10万元罚款。此次新《商标法》增加了对驰名商标宣传和使用行为的禁止性规定，旨在将驰名商标回归为一种法律符号。

（二）驰名商标的认定

1.认定标准

根据我国《商标法》第14条的规定，认定驰名商标应当考虑下列因素：

（1）相关公众对商标的知晓程度。

这里的相关公众，包括与使用商标所标识的商品或者服务有关的消费者、生产该商品或者提供服务的其他经营者，以及经销渠道中所涉及的销售者和相关人员等。一个商标的知名度越高，其信誉越高，市场占有率也就越高。

（2）该商标使用的持续时间。

商标使用的时间越长，越能证明该商标所标识的商品或者服务的质量优异以及该商标为广大消费者所认可。世界驰名商标持续使用的历史都很长。

（3）该商标的任何宣传工作的持续时间、程度和地理范围。

对商标进行宣传是广大消费者知晓该商标及所标识商品或者服务的有效手段。宣传的力度越大、范围越宽、时间越长，消费者熟知的程度就越高，其商品或者服务的销售和覆盖面就越广，商标的知名度和信誉也就越高。

（4）该商标作为驰名商标受到保护的记录。

如果一个商标曾经被商标局或者人民法院认定为驰名商标，则其可以作为认定驰名商标的因素之一来考虑。

（5）该商标驰名的其他因素。

这里的其他因素主要指产品质量、销售量、销售区域等。认定驰名商标时应当综合考虑上述各项因素，但并不要求满足上述所有因素。

2.认定方式

根据我国《商标法》的规定，驰名商标的称号主要采用被动认定的方式。我国《商标法》第13条规定："为相关公众所熟知的商标，持有人认为其权利受到侵害时，可以依照《商标法》的规定请求驰名商标保护。"在商标注册审查、工商行政管理部门查处商标违法案件过程中，当事人依照该法第13条规定主张权利的，商标局根据审查、处理案件的需要，可以对商标驰名情况作出认定。在商标争议处理过程中，当事人依照该法第13条规定主张权利的，商标评审委员会根据处理案件的需要，可以对商标驰名情况作出认定。在商标民事、行政案件审理过程中，当事人依照该法第13条规定主张权利的，最高人民法院指定的人民法院根据审理案件的需要，可以对商标驰名情况作出认定。

（三）驰名商标的保护

1.对未注册的驰名商标予以保护

我国《商标法》第13条明确规定："就相同或者类似商品申请注册的商标是复制、模仿或者翻译他人未在中国注册的驰名商标，容易导致混淆的，不予注册并禁止使用。"

2.放宽驰名商标注册的显著性条件

显著性是商标获得注册的重要积极条件，不具有显著性的商标就不会有很强的识别性。但是，由于驰名商标与某一商品紧紧联系在一起，已获得较高的声誉且为相关公众所熟知，即使其在设计上不具有显著性，由于在较大范围内的长时间使用，该商标已完全具备表示商品出处的功能，足以弥补其设计上显著性不足的缺憾。因此，对于缺乏显著特征的标志经过使用获得显著特征的商标，法律放宽了其获准注册时的显著性条件。

3.扩大驰名商标的保护范围

根据相关法律法规的规定，复制、模仿、翻译他人注册的驰名商标或其主要部分在不相同或者不相类似商品上作为商标使用，误导公众，使该驰名商标注册人的利益可能受到损害的，不予注册并禁止使用。对注册的驰名商标的保护范围已扩大到不相同或者不相类似的商品上。

4.驰名商标所有人享有特别期限的排他权

根据我国《商标法》第45条的规定，已经注册的商标与驰名商标发生冲突的，自商标注册之日起5年内，在先权利人或者利害关系人可以请求商标评审委员会宣告该注册商标无效；对恶意注册的，驰名商标所有人不受5年的时间限制。

5.禁止将他人的驰名商标作为企业名称使用

当驰名商标与企业名称发生冲突时，只要驰名商标所有人认为他人将其驰名商标作为企业名称登记，可能欺骗公众或者对公众造成误解的，就可以向主管机关提出撤销该企业名称的申请，主管机关则必须依《企业名称登记管理规定》审查该企业名称是否属于"可能欺骗公众或对公众造成误解的"的情形。

**案例讨论**

甘肃奇正实业集团有限公司（以下简称"奇正公司"）系医用药品藏药的研发、生产和销售的公司。1997年取得"奇正（汉字）+奇正（藏文）"（以下简称"奇正商标"）的注册商标专用权，核定商品项目为第5类（医用药品及其包装袋）和第10类（外科、医用及兽医用医疗仪器、设备）。此后至2004年1月间，奇正公司又在24种商品及服务类别上对汉字"奇正""正奇"进行了商标注册。奇正公司研制、生产的使用"奇正"商标的"奇正消痛贴膏"等产品销往中国绝大部分地区及境外，近几年该产品在国内同行业的市场占有率达23%~25%。奇正公司投入1.8亿元用于大量的广告宣传工作。2002年"奇正"商标被评为"第三届甘肃省著名商标"。奇正公司的产品1997年被甘肃省人民政府授予"陇货精品"称号，1999年被西藏自治区人民政府授予"西藏自治区名优产品"称号。

谈宏伟系加工出售肉食制品的个体工商经营户。在其店铺门口正上方放置的大型招牌上标有"奇正排骨卤肉坊"字样，并占招牌的绝大部分版面。该字样用红色、大号字体分两行排列，"奇正"二字排在第一行，"排骨卤肉坊"排在第二行。奇正公司以谈宏伟侵犯其注册商标专用权为由向兰州市中级人民法院提起诉讼。

法院经审理认为，使用"奇正"商标的奇正公司的产品在国内市场占有较大市场份额，经过近10年的经营和市场宣传，"奇正"商标已为国内广大消费者知晓，具有较高的知名度，符合《商标法》关于驰名商标的认定条件，"奇正"商标应为驰名商标。谈宏伟在其店铺招牌上突出使用与"奇正"商标相同的文字、相近似的字体，虽然双方当事人经营的产品不属于相同或类似的商品和服务，但谈宏伟的行为足以导致相关公众对商品或服务的来源产生混淆，对驰名商标注册人的利益造成了损害。因此，认定谈宏伟构成商标侵权。法院判决，谈宏伟停止将"奇正"二字作为经营字号使用。双方当事人均未提起上诉。

问：谈谈你对本案的看法。

（四）其他国家对驰名商标的保护

世界上许多国家对驰名商标实行保护，但由于对驰名商标的理解存在差异，因此保护的程度不尽相同。各国对驰名商标的保护，一般是通过确认其专用权的方式实现的，保护措施不尽相同，一般可分为相对保护和绝对保护两种。

1.驰名商标的相对保护

驰名商标的相对保护是指在同类商品的范围内保护驰名商标的专用权。例如，法国《商标法》规定，商标注册并不能阻止他人使用同一商标于不同类商品上。同时，该法还规定，一切尚未注册的驰名商标，都可以成为相同或相似的其他商标取得注册的障碍。但法国在具体的判决上对驰名商标实行较广泛的保护，其理论基础是，如果驰名商标被冒用于不同商品上，将使消费者把这些商品误认为是驰名商标权人的新产品而发生混淆。因此，将驰名商标冒用在不同商品上也属于侵权行为，可对其提起诉讼。但这种扩大了的保护有一定限度，即以足以使消费者发生混淆的商品为限，如果两种商品之间风马牛不相及，根本不会产生混淆，则不可谓侵权。从根本上讲，法国对驰名商标还是实行相对保护的。例如，法国最高法院曾要求日本东洋工业公司在使用"马自达"（Mazda）商标时，应注明"汽车"以区别于美国索恩电气公司的同名"马自达"商标。

德国对驰名商标的保护也局限于"同一商品与同类商品",驰名商标是否受到侵害,以及商标是否受到保护,应由两个商标的近似程度和使用商标的商品是否同一或同类加以判断。对于驰名商标使用于完全不同的商品上,德国《商标法》未加限制。

2.驰名商标的绝对保护

驰名商标的绝对保护指的是禁止在任何商品上使用他人的驰名商标,其保护范围比相对保护范围要宽,驰名商标的专用权具有绝对效力。

美国法律规定任何未经注册的商标被使用于同类或完全不同的商品上,都构成对商标权的侵害。例如,著名的照相器材商标"柯达"(Kodak)被使用于脚踏车或打火机上是不允许的,尽管前后两类商品完全不同。

此外,意大利、瑞士、英国、日本、荷兰、比利时、卢森堡等众多经济发达国家也对驰名商标实行绝对保护。

---

**思一思、议一议**:企业如何保护自己的驰名商标?

(1)企业应当了解《商标法》对商标权的保护途径。

(2)企业可以注册联合商标和防御商标。

(3)企业应当及时行使异议权和撤销权。

(4)企业应当将驰名商标在互联网上登记注册为域名。

(5)企业应当使驰名商标与企业的广告用语以及企业的名称保持一致。

---

# 任务 二
## 专利权争端与解决

◎任务描述

奥托昆普公司(以下简称"芬兰奥托")是在芬兰注册的一家专业生产铜产品及铜管制造设备的跨国公司。1988年3月26日,其在中国申请了一种铜及铜合金管的制造方法,属于发明专利。从1991年开始,河南金龙精密铜管股份有限公司(以下简称"河南金龙")先后引进了4条芬兰奥托在中国申请并被授予发明专利的生产线,依托引进创新生产线和品牌扩张,河南金龙迅速壮大,先后收购、兼并、控股了国内10家企业,成为格力、海尔、美的、新飞等众多家电集团的铜管供应商,改变了中国长期依赖高档进口铜管的局面。2004年,河南金龙销售额达到36亿元人民币,逐步发展成为世界第一大铜管生产企业。金龙的发展壮大,不仅使芬兰奥托在中国的铜管市场竞争中失利,还使其卖掉了在美国、西班牙、马来西亚等地的铜管生产厂。

为了加入WTO,中国政府在一些知识产权法律规定方面与国际惯例接轨,并在谈判方面作出了一些让步。2001年12月10日,国家知识产权局发布了第80号公告,规定在中国申请的发明专利的保护期由原来的 15 年延长到 20 年。因此，芬兰奥托在中国被授权的专利保护期就延长到了 2008 年 3 月 26 日。中国法律的变化，让芬兰奥托看到了良机。2003 年 3 月，芬兰奥托以河南金龙的 3 条生产线专利侵权为由，向河南省知识产权局提出侵权指控，要求每条生产线支付专利许可费 400 万元人民币，3 条生产线共计 1 200 万元人民币。2004 年，河南金龙接到了美国的空调制造厂 GOODMEN 公司以及日本丸红公司美国分公司的订单。2004 年 12 月，当河南金龙 27 个集装箱的 5 000 吨铜管产品中的部分产品已经驶离中国天津口岸时，突然收到了芬兰奥托发来的律师函，声称河南金龙出口美国市场的铜管侵犯了其在美国的专利权，要求美国客户终止从中国进口并销毁库存产品，甚至扬言要在美国海关申请禁令扣押这批产品。

请问：

（1）本案属于什么性质的纠纷？

（2）本案应当适用什么法律？

（3）涉案专利权属于哪家公司？

（4）应如何应对本案的纠纷？

◎任务分析

（一）判断属于什么性质的纠纷

在本案中，芬兰奥托以河南金龙 3 条生产线专利侵权为由，向河南省知识产权局提出侵权指控；芬兰奥托声称河南金龙出口美国市场的铜管侵犯了其在美国的专利权，要求美国客户终止从中国进口并销毁库存产品，甚至扬言在要美国海关申请禁令扣押这批产品。显然，本案属于专利侵权纠纷。

（二）明确适用何种法律

专利法是确认发明人（或其权利继受人）对其发明享有专有权，规定专利权人的权利和义务的法律规范的总称。本案中芬兰奥托与河南金龙就专利权属问题发生争议，符合专利法所规定的情形，应当适用专利法来解决纠纷。

（三）判断专利权的归属

首先，弄清楚专利权取得的方式。专利权具有授权性，不能自动取得。发明创造人要使其发明创造成果获得专利保护，必须依专利法的规定向专利行政部门提出专利申请，并接受审查。对经审查合格的专利申请，授予专利权。并且，专利权具有地域性，即按照一国法律获得承认和保护的知识产权，只能在该国发生法律效力。本案中，芬兰奥托按照中国有关法律，在中国申请了铜及铜合金管的制造方法的发明专利，因此，芬兰奥托在中国拥有该项发明的专利权。

其次，弄清楚芬兰奥托的专利权是否到期。专利权不仅具有地域性，还具有时间性。所谓时间性，是指专利权仅在规定的期限内受到保护，一旦超过法律规定的有效期限，这一权利就自行消灭，不再受专利法的保护。本案中，尽管按照两家公司签订合同时的中国《专利法》的规定，芬兰奥托的专利权到纠纷发生之日已经到期，不应该受到法律的保护。但是，由于中国加入 WTO 的需要，中国《专利法》将发明专利权的保护期限从原来的 15 年延至 20 年，导致芬兰奥托的专利权死而复生，仍然受法律的保护。

（四）确定应对策略

专利权属纠纷可以有如下解决途径：一是通过友好协商，双方达成和解；二是通过法院诉讼或者仲裁的方式解决纠纷；三是通过行政途径解决纠纷。虽然通过后两种途径解决纠纷，河南金龙也可能取得胜诉的结果，但是在美国启动司法程序化解纠纷，少则半年，多则三四年。在全世界每年150万吨的铜管消费市场中，仅美国市场就占了30万吨，如果在3～4年的时间里都无法进入美国市场，则损失无法估量。一旦错失市场时机，企业很可能将进入困局。因此，本案中河南金龙应采取友好协商的解决途径，争取最终实现达到多赢的目的。

**★相关知识与案例**

# 一、专利法概述

（一）专利与专利权

1.专利

在英文中，专利被称为"patent"，最初是指由国王亲自签署的带有玉玺印鉴的独占权利证书。国王的这种证书通过信件传递，但并不像通常那样是密封的，而是一种"敞开封口的证书"，所经之路上的任何人都可以打开看，其意义是希望所有看到这一证书的人都知道授予独占权利的内容。因此，专利的本意具有"公开"和"垄断"双重含义，二者也成为专利的两个最基本的特征。

作为各国现行专利法的法律术语，专利有广义和狭义之分。广义的专利具有三层含义：其一，专利是指专利权人对某一项发明创造所享有的专利权。通常所说的"申请专利"，即指权利人向专利的行政管理部门就某项发明创造申请专利权。其二，专利是指被授予专利权的发明创造本身，即专利权的客体。其三，专利有时指记载发明创造内容的专利文献，即记载发明创造详细内容，受《专利法》保护的技术范围的法律文件。狭义的专利是指国家主管机关（专利行政主管部门）以颁发证书形式授予发明人或设计人，在一定期限内对某项发明创造依法享有的独占实施的权利。

2.专利权

所谓专利权，是指国家主管部门依据《专利法》授予发明创造人或合法申请人对某项发明创造在法定期间内所享有的一种独占权或专有权。未经专利权人许可，任何单位或个人不得实施其专利，包括不得为生产经营目的制造、使用、许诺销售、销售、进口其专利产品等。

（二）专利法律制度

1474年3月19日，威尼斯共和国颁布了世界上第一部专利法。该法规定，在10年期限内，未经发明人的同意和许可，禁止他人再制造与该发明相同及相似的装置，若仿制，将赔偿专利权人金币百枚，仿制品也要立即销毁。威尼斯专利法率先以立法形式取代了君主特许权制度，并且其规定的三个基本原则，即保护发明创造原则、专利独占原则、侵权处罚原则，为现代专利制度奠定了基础。

17至18世纪，伴随着资本主义经济的迅速发展，新技术的使用成为最有效的竞争手段，新技术的拥有者极力要求国家对自己的技术予以保护，因而专利制度在世界范围内广泛发展起来。迄今为止，世界上已有160多个国家和地区制定了专利法。

我国最早有关专利的法规是1898年清朝光绪皇帝颁布的《振兴工艺给奖章程》，其中对于不同的发明新方法及新产品，可以给予50年、30年、10年的专利。1984年3月12日第六届全国人民代表大会常务委员会第四次会议审议通过了《中华人民共和国专利法》（以下简称《专利法》），1985年国务院批准发布了《中华人民共和国专利法实施细则》（以下简称《专利法实施细则》），建立起了我国现代的专利保护制度。同时，为了适应科学技术的迅猛发展和经济全球一体化的需要，我国又曾先后多次对《专利法》及其实施细则进行修改，现行《专利法》是在2008年12月17日修改通过的，并于2009年10月1日开始实施。目前，我国正在对《专利法》进行第四次修改。

## 二、专利权的客体

专利权的客体，也称专利法保护的对象，是指能取得专利权，可以受专利法保护的发明创造。在我国，专利权的客体包括发明、实用新型和外观设计三种类型。

（一）发明

1.发明的概念

日本《专利法》第2条规定："发明是指利用自然规律作出的具有高度创造性的技术构思。"美国《专利法》第101条认为，发明是任何新颖而适用的制法、机器、制造物、物质的组合，或者任何上述内容新颖而适用的改进。我国《专利法实施细则》第2条规定："《专利法》所称发明，是指对产品、方法或者其改进所提出的新的技术方案。"

发明具有以下几个特点：

①发明必须含有一定量的技术创新。与现在的技术相比，发明应当具有实质性的进步。

②发明是一种技术方案，能够解决一定的技术难题。发明不是科学幻想，应当是具有将来实施的可能性和必要性。

2.发明的分类

（1）根据发明的定义，发明可以分为产品发明和方法发明。

产品发明是指人们就生产各种有形物品或物质所提出的新的技术方案，如机器、设备、化学材料、各种用品等。方法发明是指把一种物品或者物质改变成另一种状态或另一种物品或物质所利用的手段和步骤的发明，如造纸方法、炼钢方法、印刷方法等。它既可以是一个完整的过程，又可以是一个步骤。

（2）根据发明之间的依赖或制约关系，发明可以分为首创发明和改良发明。

首创发明是指一种在技术史上从未有过的全新的技术解决方案。它为人类科学技术的发展开创了新的里程碑，如指南针、电话、白炽灯、数字印刷等。改良发明又称改进发明，是指在基本发明的基础上作进一步改进，使之具有新的功效的技术方案。多数发明都是在前人成功经验的基础上逐渐发展、深入的，例如霓虹灯就是在日光灯基础上的改良发明。但是改良发明在实施上有赖于基础发明的实施，在利用改良发明时，需要经过在先的基础发明专利权人的授权。为此，我国《专利法》专门规定了强制许可制度。

（3）根据发明专利权的归属，发明可以分为职务发明创造和非职务发明创造。

职务发明创造是指执行本单位的任务或者主要利用本单位的物质技术条件所完成的发

明创造。根据我国《专利法实施细则》的规定，属于下列情况之一的为职务发明创造：在本职工作中作出的发明创造；履行本单位交付的本职工作之外的任务所作出的发明创造；退职、退休或调动工作后一年内作出的，与其在原单位承担的本职工作或分配的任务有关的发明创造；利用本单位的资金、设备、零部件、原材料或不向外公开的技术资料等完成的发明创造。如果单位和发明人或设计人对申请专利的权利和专利权的归属没有作出约定，职务发明创造申请专利的权利属于该单位，专利申请被批准后，该单位为专利权人。非职务发明创造又称自由发明，是指发明人完全独立地依靠自己的智力劳动以及设备、资金等外部条件所完成的发明创造。根据各国法律的规定，自由发明创造的专利申请权和专利权都归属于发明创造的完成人，即发明人或设计人。

（4）根据完成发明的人数，发明可以分为独立发明和共同发明。

独立发明是指仅由一个发明人单独完成的发明。共同发明是指由数个发明人合作共同完成的发明。

（二）实用新型

1.实用新型的概念

我国《专利法》所称实用新型，是指对产品的形状、构造或者其结合所提出的适于实用的新的技术方案。

2.实用新型的特征

（1）实用新型是一种新的技术方案。

实用新型本质上也是一种技术方案，是发明的一部分。由于发明要求有较高的创造性，但大部分以实用为目的而创造性又达不到发明要求的小发明创造又得不到保护，因此才产生了实用新型制度以保护那些具有使用功能的技术方案。实用新型又叫作小发明，如图6-3所示。

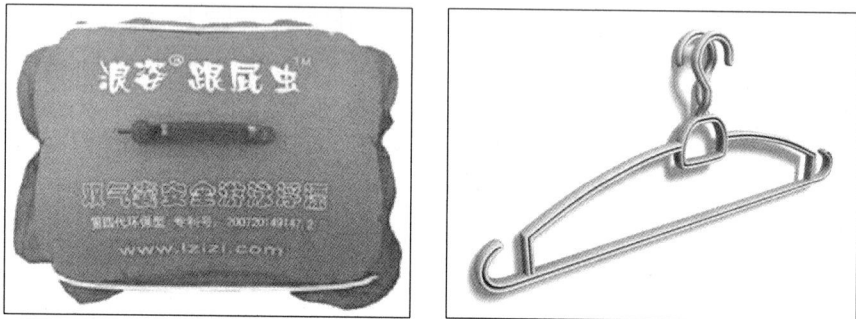

图6-3　实用新型示例

（2）必须是一种经过工业方法制造的占据一定空间的产品。

方法发明、用途发明以及非经人工制造的自然存在的物品等，都不属于实用新型专利的保护范围。

（3）必须具有一定的形状和构造。

没有固定形态的物质，如气体、液体、粉末状、颗粒状的物质或材料等都不能被授予实用新型专利；再如食品、饮料、调味品、药品等仅涉及物质分子结构或者混合物的组分，不涉及产品结构，也不能被授予实用新型专利。

思一思、议一议：实用新型与发明专利的区别

（1）实用新型的范围小于发明。

（2）实用新型的创造性低于发明。

（3）实用新型专利权的审批程序比发明专利权的审批程序简单。

（4）实用新型专利权的保护期限比发明专利权的保护期限短。

（三）外观设计

1.外观设计的概念

外观设计也被称作工业品外观设计。联合国《发展中国家外观设计示范法》认为，外观设计是线条或颜色的任何组合，或任何立体形状，不管其是否与颜色、线条相结合，均被视为外观设计。日本《外观设计法》认为，外观设计是指物品的形状、花纹、色彩三者或两者的结合，通过视觉引起美感的创造物。我国《专利法》所称外观设计，是指对产品的形状、图案、色彩或者其结合所提出的富有美感并适于工业应用的新设计。

2.外观设计的特征

（1）外观设计与技术无关。外观设计是对产品的外观进行美化，目的在于吸引消费者的注意力，最终目的是提高产品的销量。

（2）外观设计以产品为载体。外观设计离不开产品。一个富于美感的外观设计只有通过产品才能表现出来，才能实现它自身存在的价值，如图6-4所示。

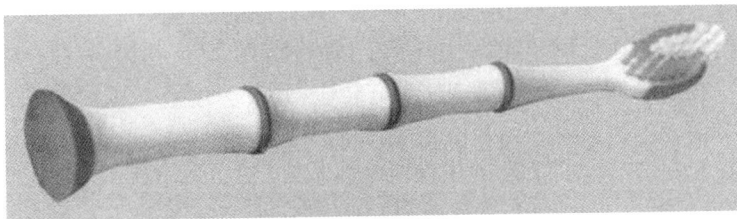

图6-4  外观设计示例

（3）外观设计应具有美感。这是外观设计最重要也是最本质的特征。这里的"美感"指的是一般的、大多数消费者所认为的"美感"。

（4）外观设计应适于工业应用。这里的工业应用指的是该外观设计可以通过工业方式重复复制并形成批量生产。

案例讨论

20世纪90年代初期，全国冰箱企业均采用冷冻室上置、冷藏室下置，并将温度控制设置于箱内的冰箱设计。海尔公司考虑到冷藏室的使用频率大大高于冷冻室，下置的冷藏室会使用户经常弯腰取物，十分不便，而且温度控制设置于箱内也不便于观察和调节温度，因此设计出了将冷藏室上置、冷冻室下置，将温度控制设置于箱外的新型冰箱。海尔公司认为这种设计不仅实用，也增加了冰箱外观的美感，于是提出了外观设计专利申请。

问：海尔公司设计的新型冰箱是申请外观设计专利合适还是申请实用新型专利合适？

思一思、议一议：专利类型实例

以圆柱形没有手柄的杯子为例：

发明专利：你发明一个内带矿石的可以将水变成矿泉水的杯子，就可以申请发明专利。

实用新型：你设计一个带有手柄的杯子，就可以申请实用新型专利。

外观设计：一般杯子是圆柱形的，你设计一个四棱柱体的，可以申请外观设计专利。

（四）专利法不保护的对象

根据我国《专利法》的规定，以下各种情况不能被授予专利权：

1.违反国家法律、社会公德或者妨害公共利益的发明创造不能取得专利权

（1）违反法律的发明创造。

违反法律的发明创造分两种情况。一是该发明创造的目的本身是法律（仅指由全国人大颁布的法律）明文禁止的或是与国家法律相违背的。例如，用于赌博的设备、机器或工具；吸毒的器具；伪造国家货币、票据、公文、证件印章、文物的设备等发明创造；以国旗、国徽作为图案内容的外观设计。二是发明创造本身的目的并没有违反国家法律，但若不按正常方法使用有可能违反国家法律时，不能因该发明创造滥用违反国家法律而拒绝授予专利权。例如，以国防为目的的各种武器；以医疗为目的的各种毒药、麻醉品、镇静剂、兴奋剂；以娱乐为目的的游戏机、棋牌等；探测雷达测速装置的仪器。

（2）违反社会公德的发明创造。

一些发明创造虽未违反国家法律，但对于树立社会主义道德风尚不仅不能产生任何积极的作用，相反还会产生一定程度的破坏作用，这些发明创造不应被授予专利权。例如，带有暴力、凶杀或者淫秽内容的图片或者照片的外观设计。

（3）妨害公共利益的发明创造。

一些发明创造的公布或实施本身会给国家和社会造成危害或使其正常秩序受到影响，其结果虽对使用人或某些人有一定的益处，但破坏了公共利益，对整个社会没有益处，这样的发明创造不应被授予专利权。例如，一种采用催眠气体使盗车者开车时失去控制的装置；一种金库以及住宅的防盗装置，但在使用时可能造成事故；万能钥匙等。

2.不属于发明的项目不能被授予专利权

（1）科学发现。

科学发现是对自然界客观存在的未知物质、现象、变化过程及其特征和规律的揭示，是对客观世界的认识而不是对客观世界的改造。但是，科学发现和发明创造两者之间的关系密切，人类社会的许多发明创造都是在对客观世界的规律的认识和理解的基础上产生的。

（2）智力活动的规则和方法。

智力活动的规则和方法是人们进行思维、记忆、推理、分析和判断的规则和方法。例如，游戏规则、计算方法和管理方法等，它们是抽象的智力活动，不具有利用自然力的技术方面的特征。这些规则和方法不能被授予专利权。但是，进行这类智力活动的新设备、新工具、新装置如果符合专利条件，也可以被授予专利权。

计算机程序也是一种数学方法或者信息保护的方法，具有抽象的特点，原则上也不适宜采用专利进行保护。世界各国对于计算机程序或软件能否获得专利保护存在着不同的看法。计算机程序是指为了得到某种结果，可以由计算机执行的一系列有序的编码。这种程序与数学算法和公式分不开，从本质上看，计算机程序属于数学算法和数学公式，因此一直未能被列入专利的保护范围。1972年，菲律宾首先将计算机软件作为版权的保护对象纳入版权法体系。美国专利商标局于1996年公布了《与计算机软件发明有关的专利申请审查指南》，明确计算机软件可以成为专利保护的法定主体。日本的专利厅也采取了美国的做法。但是，欧洲专利局仍然坚持计算机软件必须产生"技术效果"才能获得专利保护。

（3）疾病的诊断和治疗方法。

疾病的诊断和治疗方法直接以有生命的人体或动物作为实施对象，对疾病进行识别、确定或消除，本身没有利用自然规律，不属于产业上的技术方法，因而不能被授予专利权。另外，疾病的诊断和治疗充满了主观因素，同一疾病对于不同的患者可能提出不同的治疗方法，不同的医生对同一病人可能提出完全不同的治疗方案，难以满足产业上再现性的要求。而且，疾病的诊断和治疗直接与人民群众的生命财产密切相关，如果授予其专利权，就会导致医疗费用上涨，甚至可能造成法律和道德的冲突。但是，为诊断和治疗疾病而研制发明的各种仪器、设备可以被授予专利权。

3.某些特定技术领域的发明不能取得专利权

（1）动物和植物品种。

我国现行《专利法》可以对培育或生产动植物新品种的方法依法授予专利，但尚不能对动物和植物新品种本身授予专利权。

但是，现代社会生物技术发展异常活跃，从技术上已能解决再现性问题，而从发展的角度看，对动植物品种的保护是必然趋势。现在已有不少国家的专利法开始授予植物品种专利，或者在专利法之外专门制定特别法保护植物品种。1997年3月20日国务院颁布《植物新品种保护条例》，另外我国已经加入《植物新品种保护公约》。

（2）用原子核变换方法获得的物质。

原子核变换包括原子的自然衰变（指放射性元素）和人工核反应。放射性元素的自然衰变不是人力所能控制的，因此不能受专利法保护。人工核反应通常可分为核裂变和核聚变，能释放出大量的能量。商用核电站、原子弹都是利用核裂变的原理，而核聚变所释放的能量要远远大于核裂变，但目前在技术上尚不能实现大规模的受控核聚变。出于保护国家和公众安全的目的，世界上绝大多数国家都不对此授予专利。

（3）对平面印刷品的图案、色彩或者二者的结合作出的主要起标识作用的设计。

《专利法》对于平面印刷品主要起标识作用的设计不授予专利权，主要原因在于授予这些专利的条件太低，导致即便这些设计获得专利后也不能转化为较高的经济效益，从而产生了大量的"专利垃圾"。

（4）对违反法律、行政法规的规定获取或者利用遗传资源，并依赖该遗传资源完成的发明创造，不授予专利权。

《专利法》所称依赖遗传资源完成的发明创造，是指利用遗传资源的遗传功能完成的发明创造。违反法律、行政法规的规定获取或者利用遗传资源，是指遗传资源的获取或者利用未按照我国有关法律、行政法规的规定事先获得有关行政管理部门的批准或者相关权利人的许可。例如，按照《中华人民共和国畜牧法》和《中华人民共和国畜禽遗传资源进出境和对外合作研究利用审批办法》的规定，向境外输出列入中国畜禽遗传资源保护名录的畜禽遗传资源应当办理相关审批手续，某发明创造的完成依赖于中国向境外出口的列入中国畜禽遗传资源保护名录的某畜禽遗传资源，未办理审批手续的，该发明创造不能被授予专利权。

## 三、专利权的主体

专利权的主体即专利权人，是指依法享有专利权并承担与此相应义务的人。根据我国《专利法》的规定，有权在中国申请专利的人包括中国的单位和公民，以及外国人、外国企业或者外国的其他组织。

（一）发明人或设计人

发明人或设计人，是指对发明创造的实质性特点作出了创造性贡献的自然人。发明或者实用新型的完成人称为发明人，外观设计的完成人称为设计人。在完成发明创造的过程中，只负责组织工作的人、为物质技术条件的利用提供方便的人或者从事其他辅助工作的人，不是发明人或者设计人。

（二）专利申请人

专利申请人是指就一项发明创造向专利局申请专利的人。通常情况下，发明人有权对其完成的发明创造申请专利，发明人与申请人为同一人。但是，现实中也存在发明人与专利申请人并非同一人的情况。专利申请人主要有以下几种情况：

（1）非职务发明。

非职务发明又称自由发明，其专利申请权属于发明人。

（2）他人通过合同从发明人处取得发明创造的专利申请权。

专利申请一经批准即获得专利权，因此专利申请权的转让意味着专利权属的转让，受让人在获得专利权后，发明人在无特别约定情况下除享有发明人资格外，不再享有其他财产权。

（3）发明人的继承人通过继承取得发明创造的专利申请权。

（4）发明人完成的职务发明创造的专利申请权属于发明人所在单位。

（5）合作发明创造的专利申请人。

在没有特别约定的情况下，合作发明创造的专利申请人为完成或共同完成发明创造的单位和个人。合作发明在申请专利时应当取得所有权利共有人同意，任何一个共有人不同意申请专利的，其他共有人不得擅自将合作发明申请专利；共有人转让其共有份额的，其他共有人在同等条件下有优先购买权；共有一方放弃其专利申请权的，其他共有方可共同申请，放弃申请的一方可以免费实施该项专利。

（6）以合同方式委托他人完成的发明创造。

以合同方式委托他人完成的发明创造，根据合同的约定确定专利申请权的归属；如果对此合同没有约定或约定不明，专利申请权属于受托方即完成发明创造的一方。

（三）专利权人

专利权人是指依法享有专利权的人。专利权人可以是一个人，也可以是多个人。我国

2008年12月修改的《专利法》第15条明确规定，专利申请权或者专利权的共有人对权利的行使有约定的，从其约定；没有约定的，共有人可以单独实施或者以普通许可方式许可他人实施该专利；许可他人实施该专利的，收取的使用费应当在共有人之间分配；有其他情形的，行使共有的专利申请权或者专利权应当取得全体共有人的同意。

专利权人和专利申请人是两个不同的概念。一项发明创造申请专利后并不一定获得批准成为专利技术，也就是说，专利申请人未必能够成为专利权人；反之，专利权人也未必都是专利申请人，因为专利权是可以通过转让、继承等方式获得的。

## 四、专利权的取得

（一）授予专利权的实质条件

无论是发明、实用新型还是外观设计，想要取得专利权的首要条件就是不违反法律、社会公德和不妨害社会公共利益。

1.发明和实用新型专利的授予条件

一项发明创造要想获得专利权，必须具备一定的条件，其中新颖性、创造性和实用性是取得专利权的实质条件，这通常被称为专利"三性"。

（1）新颖性。

新颖性是指可以获得专利权的技术发明是新的，或者是前所未有的。根据新《专利法》的规定，新颖性是指该发明或者实用新型不属于现有技术，也没有任何单位或者个人就同样的发明或实用新型在申请日以前向国务院专利行政部门提出过申请，并记载在申请日以后公布的专利申请文件或者公告的专利文件中。

新条文提出了"现有技术"的概念，根据新《专利法》第22条的规定，现有技术是指申请日以前在国内外为公众所知的技术。与原《专利法》相比，新《专利法》使新颖性和创造性的确定更加抽象，增加了专利行政部门自由确定的范围。

世界各国的专利法规定，一项技术发明在某些特定情形下的公开，可以在某一特定的时期之内，不破坏在后申请案的新颖性。

根据我国《专利法》第24条的规定，申请专利的发明创造在申请日前6个月内，在以下三种情形下不丧失新颖性：①在中国政府主办或者承认的国际展览会上首次展出的；②在规定的学术会议或者技术会议上首次发表的；③他人未经申请人同意而泄露其内容的。

（2）创造性。

创造性是指申请专利的发明或实用新型与现有技术相比，具有本质上的差异。我国《专利法》规定："创造性，是指与现有技术相比，该发明具有突出的实质性特点和显著的进步，该实用新型具有实质性特点和进步。"

"实质性特点"是指发明创造与现有技术相比在技术性方面具有本质的区别特征。"进步"是指发明创造与现有技术相比必须有所提高。而《专利法》在创造性方面对发明的要求较实用新型更高，要求"突出"和"显著"。

创造性的审查和判断是一件非常困难和复杂的工作，专利局往往最后审查创造性。对于创造性，介于授予和不授予专利之间的发明创造，国际上通行的做法是采取有利于申请人的原则。实践中，主要参考下列标准衡量是否具有创造性：开拓性发明创造；发明创造解决了长期希望解决而未解决的技术难题；发明创造取得了预料不到的非常好的使用效果；发明创造本身构成的技术难度非常高；发明创造克服了技术偏见；发明创造在商业上获得成功。

（3）实用性。

实用性是指能在工农业等各种产业中应用，并且能够产生积极效果。

实用性不仅是专利的必要条件，同时也是发明创造的目的。一般需要具备以下条件才被认为具有实用性：①发明创造能够在某一工业部门制造或使用，具备可实施性；②被授予专利权的发明创造必须能够重复实施，只要按照申请人提出的方案去做，就能再现其所称的效果，而且可以重复任意次；③发明创造的实施必须能够产生积极效果，具备有益性，通常表现为提高产品质量、改善工作和生产环境、节约能源、减少环境污染、降低生产成本等。

2.外观设计专利的授予条件

修改后的《专利法》第23条使符合外观设计专利的条件更加具体明确，同时也使对外观设计专利申请的审核更加严格。授予专利权的外观设计应当不属于现有设计，即授予专利权的外观设计，应当不属于申请日以前在国内外为公众所知的设计；没有任何单位或者个人就同样的外观设计在申请日以前向国务院专利行政部门提出过申请，并记载在申请日以后公告的专利文件中；授予专利权的外观设计与现有设计或者现有设计特征的组合相比，应当具有明显区别；授予专利权的外观设计不得与他人在申请日以前已经取得的合法权利相冲突。

（二）授予专利权的形式条件

1.专利权的申请

（1）申请原则。

申请原则主要包括先申请原则、优先权原则、书面原则和主题单一性原则。

第一，先申请原则。我国《专利法》及其实施细则规定，两个以上的申请人分别就同样的发明创造申请专利的，专利权授予最先申请的人；如果是在同一天申请的，由申请人在收到专利局通知后自行协商确定申请人。

第二，优先权原则。申请人自发明或实用新型在外国第一次提出专利申请之日起12个月内，或者自外观设计在外国第一次提出专利申请之日起6个月内，又在中国就相同主题提出专利申请的，依照该外国同中国签订的协议或者共同参加的国际条约，或者依照相互承认优先权原则，可以享有优先权。这种优先权被称作国际优先权。申请人自发明或实用新型在中国第一次提出专利申请之日起12个月内，又向专利局就相同主题提出改进的专利申请的，就第一次提出申请的内容可以享有优先权。这种优先权被称作国内优先权。

优先权是一种请求权。要求优先权的，应当在提起申请时提出书面声明，并且在3个月内提交第一次提出的专利申请文件副本；未提出书面声明或者逾期未提交专利申请文件副本的，视为未要求优先权。

第三，书面原则。专利申请人办理《专利法》规定的有关手续时应当采用书面形式，不能以口头形式或提交实物来代替书面申请和对申请文件进行修改补正。

第四，主题单一性原则。一件发明或者实用新型专利的申请应当限于一项发明或实用新型，一件外观设计专利的申请应当限于一种产品所使用的一项外观设计。

（2）申请文件。

发明和实用新型的专利申请文件包括：①请求书。它是专利申请人向国务院专利行政部门提交的请求对其发明或实用新型授予专利权的正式书面文件。②权利要求书。当事人申请发明或实用新型专利必须提交权利要求书，应当说明发明或实用新型的技术特征，清楚、简要地表述请求保护的范围。③说明书。它是专利申请人具体阐述发明创造内容的文件，从而实现完整、清楚地公开专利技术。

外观设计的专利申请文件包括：①请求书。它是专利申请人向国务院专利行政部门提交的请求对其外观设计授予专利权的正式书面文件。②图片或者照片。因为外观设计是一种造型或图案，难以用文字表述，所以要求用图片或者照片充分、清楚地展示外观设计的特点。

2.专利申请的审批程序

我国对发明专利申请实行早期公布、请求审查制度，一项发明专利申请完整的审查程序包括五个阶段，即初步审查、实质审查、授予专利权、撤销程序和无效宣告程序。

一项发明专利申请要获得批准必须经过前三个阶段。初步审查阶段包括受理专利申请、收取专利费用、分类和明显缺陷的审查、格式审查、公布专利申请等步骤。实质审查阶段包括实审程序启动，申请文件核查，实质审查的准备和检索，实质审查并发出第一次审查意见通知书，申请人答复、修改和审查员继续审查，审查员作出授予专利权通知书等步骤。

授权阶段包括专利局发出授权和办理登记手续两个通知书、申请人办理登记手续、专利局作出授权决定、颁发专利证书与登记、专利局公告授予专利权的决定等步骤。有少数申请经授权后可能还要经过撤销程序和（或）无效宣告程序。

## 五、专利权

（一）专利权的内容

1.署名权

署名权是指发明人或设计人拥有在专利申请文件和专利文件中写明自己是发明人或设计人的权利。它表明对作出发明创造的人科学研究成果的承认。署名权是专利权人的一项人格权，与发明人或设计人的人身不可分离。因此，无论专利权以何种方式由他人继受取得，署名权永远属于发明人或设计人。

2.禁止权

根据我国《专利法》的规定，发明和实用新型专利权被授予后，除法律另有规定外，任何单位和个人未经专利权人许可，不得为生产经营目的制造、使用、许诺销售、销售、进口其专利产品，或者使用其专利方法以及使用、许诺销售、销售、进口依照该专利方法直接获得的产品。外观设计专利被授予后，任何单位和个人未经许可，不得为生产经营目的制造、销售、进口其外观设计产品。

3.许可权

专利权人有许可他人实施其专利并收取使用费的权利。任何单位或者个人实施他人专利，都应当与专利权人订立书面实施许可合同，向专利权人支付专利使用费。被许可人无权允许合同规定以外的任何单位或者个人实施该专利。

4.转让权

转让权是指专利权人通过合同将专利权让与他人。转让是对专利权人的变更，必须履行法律规定的手续，转让自登记之日起生效。中国单位或者个人向外国人转让专利申请权或者专利权的，必须经国务院有关主管部门批准。

5.标记权

标记权是指专利权人在其专利产品或者专利产品的包装上标明专利标记或专利号的权利。专利号是专利权人申请专利时由国家专利行政部门确定的专利号码，该号码在专利权有效期内不会改变。专利权人行使标记权的意义在于向社会表明该产品获得了专利，以提高产品的竞争力从而扩大销售，还可以提醒他人该产品受《专利法》保护从而起到警示作用。

6.请求保护权

当专利权被侵犯时，专利权人可以请求管理专利工作的部门进行处理，也可以向人民法院起诉，请求给予保护。

（二）专利权的限制

1.专利的政府征用许可制度

专利的政府征用许可制度是国家行政机关在全面考虑国家利益的情况下，对某些重大发明创造有目的、有计划地安排实施，以迅速推广先进的专利技术。

我国《专利法》第14条规定："国有企业事业单位的发明专利，对国家利益或者公共利益具有重大意义的，国务院有关主管部门和省、自治区、直辖市人民政府报经国务院批准，可以决定在批准的范围内推广应用，允许指定的单位实施，由实施单位按照国家规定向专利权人支付使用费。""中国集体所有制单位和个人的发明专利，对国家利益或者公共利益具有重大意义，需要推广应用的，参照前款规定办理。"

2.专利实施的强制许可

强制许可是指国务院专利行政部门依照法律规定，可以不经专利权人的同意，直接允许申请人实施专利权人的发明或实用新型专利的一种行政措施。

强制许可实施有以下4种：

（1）权利人不实施时的强制许可。

具备实施条件的单位以合理的条件请求发明或者实用新型专利权人许可实施其专利，而未能在合理长的时间内获得这种许可时，国务院专利行政部门根据该单位的申请，可以给予实施该发明专利或者实用新型专利的强制许可。

专利权人自专利权被授予之日起满3年，且自提出专利申请之日起满4年，无正当理由未实施或者未充分实施其专利的，任何单位均可以依照上述规定，请求国务院专利行政部门给予强制许可。申请实施强制许可的单位或者个人，应当提出未能以合理条件与专利权人签订实施许可合同的证明。

（2）为消除垄断的强制许可。

专利权人行使专利权的行为被依法认定为垄断行为，为消除或者减少该行为对竞争产生的不利影响，国务院专利行政部门可以给予强制许可。

（3）根据公共利益需要给予强制许可。

在国家出现紧急状态或者非常情况时，或者为了公共利益，国务院专利行政部门可以给予实施发明专利或者实用新型专利的强制许可。

（4）从属专利的强制许可。

一项取得专利权的发明或者实用新型（后一专利）比在前已经取得专利权的发明或者实用新型（前一专利）具有显著经济意义的重大技术进步，而其实施又有赖于前一专利实施的，国务院专利行政部门根据后一专利的专利权人的申请，可以给予实施前一发明或者实用新型的强制许可。同时，前一专利权人有权在合理的条件下，取得使用后一专利中的发明或者实用新型的强制许可。

3.专利的合理使用

（1）专利权用尽后的使用或者销售。

专利权用尽是指当专利权人自己制造或者进口含有专利技术的产品，或者许可他人制造或者进口含有专利技术的产品，并且将有关产品上市销售以后，购买者可以进一步许诺销售、销售和使用该产品，专利权人不得加以干预。

（2）先用权的利用。

先用权人的实施行为是指在专利申请日前已经制造相同产品、使用相同方法或者已经做好制造、使用的必要准备的人，有权在原有范围内继续制造、使用，而不构成专利侵权。

（3）临时过境的外国运输工具的使用。

临时通过中国领陆、领水、领空的外国运输工具，为其自身需要在装置和设备中使用我国有关专利技术的，可以不经专利权人的许可。但这种使用权限于与我国签有协议或者共同参加国际公约或者有互惠条约的国家的运输工具。

（4）非生产经营目的的利用。

为科学研究和实验目的，为教育、个人及其他非为生产经营目的使用专利技术的，可以不经专利权人的许可，不视为侵权行为。

（5）为提供行政审批所需要的信息，制造、使用、进口专利药品或者专利医疗器械，以及专门为其制造、进口专利药品或者专利医疗器械。

医药公司生产药品或者医疗器械，需要行政审批，而行政审批时需要医药公司提供这些药品或医疗器械的信息，因此医药公司为了能尽快在专利药品或医疗器械的专利年限到期后就能生产专利药品或医疗器械，在专利药品或医疗器械的专利权有效期内，进行为了提供行政所需要的信息的制造、使用、进口专利药品或者专利医疗器械的，以及专门为其制造、进口专利药品或者专利医疗器械的，不视为侵权行为。

---

**思一思、议一议：专利申请**

分析说明下列内容有无可能获得中国专利的保护。如果可以，请为其选择合适的专利种类进行专利申请。

A.新的抗病毒口服液。

B.一种体育比赛的新规则。

C.独特风味烤鸡的制作方法。

D.治疗颈椎疾病的推拿手法。

E.帮助骨折患者恢复健康的新式夹板。

F.可以使盗窃者昏迷的机动车防盗装置。

G.楼盘销售的新创意。

---

**思一思、议一议**：专利权的侵犯

李某的一项专利被授予了专利权，在下列5种情形中，哪些不被视为侵犯其专利权？

（1）甲厂在该专利申请日前已经制造相同产品，并在原有范围内继续制造该产品。

（2）乙厂使用不知道是未经张某许可而制造出售的该专利产品。

（3）丙公司购进并使用了李某制造的该种产品。

（4）张某未经李某同意，为科学实验制造了该产品。

（5）赵某在自己研制出的产品上标明李某的专利号。

---

（三）专利权的期限

我国《专利法》第42条规定："发明专利权的期限为20年，实用新型专利权和外观设计专利权的期限为10年，均自申请日起计算。"

（四）专利权的保护

1.专利侵权行为及其他违反《专利法》行为的表现形式

根据我国《专利法》的有关规定，侵犯专利权及其他违反《专利法》的行为主要有以下三种形式：

（1）未经专利权人许可实施其专利，构成侵犯专利权。但是，为生产经营目的使用或者销售不知道是未经专利权人许可而制造并售出的专利产品或者依照专利方法直接获得的产品，能证明其产品合法来源的，不承担赔偿责任。

（2）假冒他人专利的侵权行为。它是指在非专利技术产品上或广告宣传中标明专利号，使公众误认为是他人的专利产品，直接侵害专利权人合法权益，欺骗消费者，扰乱专利管理秩序的行为。

（3）以非专利产品冒充专利产品的行为。实际上，以非专利产品冒充专利产品客观上侵犯了消费者的合法权益，扰乱了专利管理秩序，属于对公众的欺诈行为，并不发生对其他专利权的侵犯。

2.违反《专利法》的法律责任

（1）民事责任。侵犯专利权引起纠纷的，当事人可以协商解决；不愿协商或者协商不成的，专利权人或者利害关系人可以向人民法院起诉。

人民法院经审理认定被告构成侵权的，将依法追究侵权人的以下民事责任：责令侵权人停止侵权行为；责令侵权人消除由于侵犯专利权所造成的不良影响；判令侵权人赔偿损失。新《专利法》第65条在原法的基础上更加具体地规定了侵犯专利权的赔偿数额计算方式，即按照权利人因被侵权所受到的实际损失确定；实际损失难以确定的，可以按照侵权人因侵权所获得的利益确定；权利人的损失或者侵权人获得的利益难以确定的，参照该专利许可使用费的倍数合理确定；权利人的损失、侵权人获得的利益和专利许可使用费均难以确定的，人民法院可以根据专利权的类型、侵权行为的性质和情节等因素，确定给予

1万元以上100万元以下的赔偿。

（2）行政责任。发生专利侵权纠纷时，专利权人或者利害关系人既可以向人民法院起诉，也可以请求管理专利工作的部门处理。对于假冒专利和冒充专利的违法行为，管理专利工作的部门有权依法处理。

我国专利行政机关保护专利的主要方式如下：责令改正并公告；没收违法所得；罚款。新《专利法》加大了对假冒专利的经济处罚力度，规定：假冒专利的，除依法承担民事责任外，由管理专利工作的部门责令改正并予以公告，没收违法所得，可以并处违法所得4倍以下的罚款；没有违法所得的，可以处20万元以下的罚款；构成犯罪的，依法追究刑事责任。

（3）刑事责任。我国《专利法》和《刑法》规定，专利违法行为和专利侵权行为情节严重，构成犯罪的，依法追究刑事责任。我国《刑法》第216条规定："假冒他人专利，情节严重的，处3年以下有期徒刑或者拘役，并处或者单处罚金。"

**★ 实训演练**

分组案例讨论

1.1992年3月，某国英什尔公司在中国的代理商杰克向中国商标局提出控告，称该公司生产的收录两用机被中国某公司仿冒，而且所使用的商标与该公司的商标极为相似。英什尔公司的收录机商标为文字与图形组合商标，图案为一匹奔跑的马，旁边为马的英文字母草写"horse"；中国某公司的商标图案为一匹低头吃草的马，旁边为马的草写汉语拼音字母"ma"。中国某公司的商标在1992年1月获得注册，享有该注册商标的专用权。英什尔公司的商标在本国享有注册商标专用权，但在中国还未注册，正打算委托其本国律师向中国商标局提出注册申请。

英什尔公司在向中国商标局提出的控告中称，中国某公司采取非法手段在市场上大量销售其仿冒的产品，给该公司造成巨大损失，要求中国商标局撤销中国某公司的注册商标，立即停止这种侵权行为，同时赔偿该公司因侵权而遭受的巨额损失。中国某公司闻听英什尔公司向国家商标局提出控告后，也向商标局提出控告，反称英什尔公司侵犯了其注册商标专用权，而且同样要求英什尔公司停止侵权行为，赔偿损失。中国某公司还认为其注册商标在先，理应受到保护。但英什尔公司则称该公司商标有百年的历史，是世界驰名商标，应该受到特殊的保护，况且已准备提出注册申请。同时，针对中国某公司的"两个商标相像纯属巧合"的说法，英什尔公司进行了反驳，称英什尔公司的产品早在1988年就进入了中国市场，而中国某公司1992年1月才获得商标的注册，这明显是中国某公司的蓄意行为。

问题：根据上述案情，你认为本案应如何处理？

2.1994年12月，H化工研究院工程师梁某在一次技术洽谈会上与G化工厂厂长张某结识。张某请梁某帮助解决污水净化重复利用的技术难题，梁某答应试试。1995年春节，梁某与其在大学读书的儿子在H化工研究院内一个废弃多年的人防工程里，用3个箩筐、一堆渣土、扫帚、水桶等工具，还自费购买10余种试剂、试纸、电炉等物品，对G化工厂的污水进行净化实验。实验结果达到了G化工厂的技术指标要求。梁某将实验资料交给H化工研究院一份，院里认为梁某为该院工程师，污水净化又是其业务研究范围，此成果应是职务技术成果，便以研究院的名义于1995年5月向国务院专利行政部门提交了"HI-PQ703污水净化方法"专利申请。1998年7月，研究院获得专利权。在此期间，梁某一直认为自己的成果是非职务发明，故强烈要求办理专利权人变更手续。双方争执不下，梁某诉至法院。

请分析：梁某和H化工研究院的主张，哪一个成立？为什么？

### ★单元教研交流

1.本单元的重点和难点

重点：商标权的内容：专用权、禁止权、许可使用权、转让权。商标侵权行为的表现形式：

（1）未经商标注册人的许可，在同一种商品上使用与其注册商标相同的商标。

（2）未经商标注册人的许可，在同一种商品上使用与其注册商标近似的商标，或者在类似商品上使用与其注册商标相同或者近似的商标，容易导致混淆。

（3）销售侵犯注册商标专用权的商品。

（4）伪造、擅自制造他人注册商标标识或者销售伪造、擅自制造的注册商标标识。

（5）未经商标注册人同意，更换其注册商标并将该更换商标的商品又投入市场。

（6）给他人的注册商标专用权造成其他损害的行为。

（7）故意为侵犯他人商标专用权行为提供便利条件，帮助他人实施侵犯商标专用权行为。

专利权的内容：署名权、禁止权、许可权、转让权、标记权、请求保护权。

专利权的实质要件：新颖性、创造性、实用性。

难点：商标侵权行为的判定；专利的实质要件。

2.学生在学习中容易出现的问题

（1）难以判断商标是否构成近似。

（2）对构成发明和实用新型专利的实质要件难以把握。

（3）难以判断商标和专利侵权行为。

3.教学建议

（1）能力培养方面：以任务导入，培养学生问题意识，引导学生分析工业产权案例，掌握应对工业产权争端问题的思路与应对策略。

（2）知识体系方面：针对授课重点与难点，引导学生分小组演讲；课堂案例讨论环节，可采取学生小组对抗式实战演练。

4.单元教学思路

本单元主要围绕工业产权法律问题讲授，旨在培养学生掌握工业产权取得的条件、性质、依据工业产权法的规定，确认工业产权侵权责任的能力。

本单元以任务导入的方式，依照案例分析的步骤引导学生分析工业产权案例，培养学生问题意识。在相关知识与案例部分，对工业产权（包括商标权和专利权）的概念与构成、工业产权的取得、工业产权侵权的形式等予以重点介绍。以上内容是正确分析工业产权案例的必备基础知识，必须重点关注。

# 单元七　国际商事仲裁争端与解决

## ◎ 任务目标

★ 了解国际商事仲裁的内涵及特点
★ 掌握国际商事仲裁协议的内容及法律效力
★ 掌握国际商事仲裁的基本程序
★ 了解国际商事仲裁裁决的承认和执行涉及的法律问题

## 任务

# 仲裁协议法律效力的争端与解决

### ◎ 任务描述

爱尔建材（天津）有限公司（以下简称"爱尔公司"）与德国玛莎（集团）股份有限公司（以下简称"德国玛莎公司"）于 2002 年 9 月 16 日签订了一份订购合同。在双方签订的中英文文本合同中均约定了仲裁条款，并明确约定以中文文本为准。合同的仲裁条款约定："一切因执行本合同所引起的争执，双方应友好协商解决。如双方协商不能解决，则此争执通过仲裁解决。仲裁执行地点在中国北京或天津进行，由中国或天津市对外国际贸易促进委员会按照现行仲裁章程进行仲裁。仲裁委员会的裁决为终局裁决，对双方均有约束力，双方均应执行。仲裁费用由败诉方承担。"双方在合同纠纷解决过程中，就仲裁条款是否有效发生争议。

请问：

（1）该案纠纷属于什么性质的纠纷？

（2）本案适用什么法律？

（3）争议双方的仲裁条款是否具有法律效力？

（4）本案该如何解决？

**任务分析**

（一）判断属于什么性质的纠纷

在法律纠纷中，有实体权利义务的纠纷，也有争议解决程序的纠纷。本案中，合同双方当事人对他们之间签订的仲裁条款的法律效力问题产生争议，因此属于争议解决程序方面的纠纷。

（二）判断适用什么法律

本案中由于双方是围绕仲裁条款的法律效力问题产生了争议，当然首先适用仲裁方面的法律来解决这一问题。

（三）判断仲裁条款是否具有法律效力

首先，明确仲裁协议的有效条件。各国法律对仲裁协议应具备的具体条件的规定不尽相同，但从国际贸易仲裁的特点来看，影响国际商事仲裁协议有效性的要件主要有三个：一是请求仲裁的意思表示即仲裁合意。二是提交仲裁的事项。当事人在仲裁协议中约定提交仲裁的事项必须是仲裁地国家和仲裁裁决地国家立法允许采用仲裁方式来处理的事项，否则协议无效。一般来说，各国法律都规定了仲裁解决争议的事项范围，如我国《仲裁法》第3条规定："婚姻、收养、监护、扶养、继承纠纷，依法应当由行政机关处理的行政争议，不能仲裁。"联合国《国际商事仲裁示范法》虽未明确规定哪些争议不能通过仲裁解决，但其第7条将可仲裁之争议范围界定为"契约性或非契约性的商事法律关系"。三是选定的仲裁机构。比如，我国《仲裁法》对仲裁协议的内容作出了相当严格和明确的规定。该法第16条规定："仲裁协议应当具有下列内容：（1）请求仲裁的意思表示；（2）仲裁事项；（3）选定的仲裁委员会。"而且该法第18条进一步明确规定，仲裁协议对仲裁事项或者仲裁委员会没有约定或者约定不明确的，当事人可以补充协议；达不成补充协议的，仲裁协议无效。本案中，由于争议双方在买卖合同中订立了书面的仲裁条款，符合仲裁协议的形式要件。同时，该仲裁条款是当事人双方在平等互利的基础上自愿签订的，是双方真实的意思表示，存在仲裁合意，并且双方约定的仲裁事项属于合同纠纷，符合仲裁事项。本案的关键问题是双方是否明确选择了仲裁机构。本案中，双方的文本合同明确约定："一切因执行本合同所引起的争执，双方应友好协商解决。如双方协商不能解决，此争执通过仲裁解决。仲裁执行地点在中国北京或天津，由中国或天津市对外国际贸易促进委员会按照现行仲裁章程进行仲裁。仲裁委员会的裁决为终局裁决，对双方均有约束力，双方均应执行。仲裁费用由败诉方负担。"本案中双方虽未约定认定该仲裁条款效力的准据法，但约定了仲裁地点为中国北京或天津，因此，应当根据仲裁地法即中国法律认定该仲裁条款的效力。该仲裁条款表达了将与合同有关的争议交付仲裁解决的意思，并约定由"中国或天津市对外国际贸易促进委员会"进行仲裁。由于"天津市对外国际贸易促进委员会"并不存在，且在当事人约定由"中国对外国际贸易促进委员会"仲裁时可以认为当事人选择的是由"中国国际经济贸易仲裁委员会"进行仲裁，因此，应当认为该仲裁条款符合我国《仲裁法》的规定，是有效的仲裁条款。（4）判断该案如何解决。如上所述，爱尔公司与德国玛莎公司之间的仲裁条款合法有效，因此双方的合同纠纷应当通过仲裁解决，法院不享有管辖权。

**★相关知识与案例**

## 一、国际商事仲裁的概念与特征

（一）国际商事仲裁的概念

国际商事仲裁又称对外经济贸易及海事仲裁、涉外仲裁等，是指不同国家的公民、法人将他们在对外经济贸易及海事中所发生的争议，以书面的形式，自愿交由第三者进行评断和裁决。国际商事仲裁主要运用于下列案件：国际货物买卖合同中的争议；国际货物运输中的争议；国际保险中的争议；国际贸易、支付结算中的争议；国际投资、技术贸易以及合资、合作经营、补偿贸易、来料加工、国际租赁、国际合作开发自然资源、国际工程承包等方面的争议；国际知识产权保护方面的争议；海上碰撞、救助和共同海损中的争议；国际环境污染、涉外侵权行为中的争议等。其特点是：以双方当事人的协议为基础；仲裁机构一般是民间性的组织；提交仲裁的当事人有自由选择地点、仲裁机构、仲裁员、仲裁程序和适用的实体法；仲裁裁决是终局的，一旦作出，立即生效。

作为国际商事仲裁起源之一的中世纪的商人习惯法，既不是由现代意义上的国家立法机关制定的，也不是法学家们的作品，而是商人们在长期的国际商事交易中发展起来的。中世纪的商人习惯法之所以在当时具有普遍性，是因为从事国际商事交易的商人们无论在英国伦敦，还是在德国科隆，或是在意大利威尼斯经商，都适用相同的商事惯例。这些惯例形成和发展的一个主要原因就是商人们在各主要集市均设立了处理他们之间商事争端的行商法院（piepowder），这些行商法院无疑是统一的、具有现代调解或仲裁的性质而非严格意义上的法院。若以现代术语表述，它们具有常设国际仲裁庭的特点。那些非职业性的仲裁员被召集在一起，负责在各地解决争端，无论处理争端的法院设在何处，地方惯例有何差别，他们都会明确地适用相同的商业惯例。

19世纪末，随着商事交易的发展及通过仲裁解决争端的普遍采用，仲裁逐步发展成为解决争端的一项国内法上的制度。进入20世纪以来，特别是第二次世界大战之后，随着科技进步和国际经贸的迅速发展，通过仲裁解决国际商事争端已得到各国法律的普遍认可。各国间承认与执行在他国作出的仲裁裁决的国际义务已经固定在1958年的《承认与执行外国仲裁裁决公约》（以下简称《纽约公约》）中。鉴于一国法院的判决在另一国家申请执行时可能遇到种种问题，可以这样认为，通过仲裁解决国际商事争端已成为商人们首选且最受欢迎的解决争端的方法。

国际商事仲裁经过近两个世纪的发展，建立了一套完整的国际商事仲裁体系，使国际商事仲裁成为解决跨国纠纷的有效手段之一。近年来，国际商事仲裁呈现出了前所未有的繁荣景象。

（二）国际商事仲裁的特征

国际商事仲裁作为一种有效的纠纷解决方式，与协商、调解和诉讼等其他纠纷解决方式相比较，具有以下特征：

1.管辖权的非强制性

受理国际商事纠纷的仲裁机构一般都属于民间性机构，其对案件的管辖权不是来自法律的直接规定，而是双方当事人通过签订协议自愿授予的，然后有关的仲裁机构才有权对该纠纷进行审理和裁决。若无仲裁协议，发生纠纷的双方当事人就不能将纠纷提交仲裁机构予以解决，而任何仲裁机构也无权直接受理该纠纷，这体现出仲裁机构管辖权的行使是非强制性的。不同的是，法院的管辖权无须当事人通过协议授予，它来自法律的直接规定，一方当事人提起诉讼，另一方应当应诉。

### 2. 仲裁程序的强制性

仲裁程序从双方当事人将纠纷提交仲裁机构时开始。仲裁程序一经开始，当事人中的任何一方皆无权单方面终止仲裁程序，即使有当事人不参加或拒绝参加仲裁活动，仲裁庭（或独任仲裁员）仍有权作出缺席审理和裁决。这是与协商或调解等非诉讼解决纠纷的方式不同的地方。另外，除少数仲裁程序或裁决存在违反法律的强制性规定或严重不当等情形外，世界各国都承认或直接强制执行国际商事仲裁裁决。

### 3. 当事人的意思自治性

与诉讼相比，国际商事仲裁的当事人具有很大的自治性。当事人的意思自治体现为当事人可以自主选择仲裁机构、仲裁地点、仲裁员、仲裁程序以及仲裁庭进行裁决时所适用的法律（包括实体法和程序法）。

### 4. 纠纷内容的保密性

仲裁的审理一般不公开进行，这样有利于对当事人的商业秘密进行保护，对双方当事人经济贸易合作的损害也较小，并有助于败诉方自愿履行裁决。

---

**案例讨论**

荷兰公司出售给英国公司一批电子管，因电子管的规格、质量等问题双方发生纠纷。经纠纷双方一致同意将争议提交瑞典斯德哥尔摩商会仲裁院裁决，仲裁庭的首席仲裁员在双方不能协商一致时，由仲裁院指定。英国公司想在舆论上造声势，建议公开审理，该仲裁院没有同意英国公司的要求。

问：（1）仲裁庭的组成符合法律规定吗？

（2）英国公司要求公开审理的建议为什么没有被采纳？

---

### 5. 仲裁的"一裁终局"性

仲裁裁决一般是可执行的一次性终局裁决。它不同于诉讼：诉讼通常设立两个或两个以上的审级，当事人对法院的判决不服，可在法定期限内向上一级法院提起上诉；而仲裁程序终结后所作出的裁决一般是终局性的，当事人无法提起上诉或请求重新裁决，也不得向法院提起诉讼，从而有利于迅速解决纠纷。

### 6. 仲裁方式的灵活性和快速性

仲裁审理纠纷的方式比较灵活，不像司法诉讼程序那样烦琐，加之可以选择某一领域具有专业知识的专家作为仲裁员，因此可以加快审理案件的速度。同时，程序的简化、裁决的快速，也降低了解决有关纠纷所花的费用，具有经济性。

---

**思一思、议一议**：国际商事仲裁和国际民事诉讼的区别

国际商事仲裁和国际民事诉讼都是常用的解决国际商事争议的有效方法，但二者有本质区别：

（1）就机构的性质而言，国际商事仲裁机构只具有民间团体的性质，而审理国际民

商事纠纷的法院是国家司法机关。

（2）就管辖权来源而言，国际商事仲裁机构的管辖权完全来自双方当事人的合意，而法院审理国际民事诉讼的管辖权来自国家的强制力。

（3）就审理程序的公开性而言，国际商事仲裁程序一般都是不公开进行的，而法院审理国际民商事争议，除极少数涉及国家秘密或个人隐私的以外，原则上是必须公开进行的。

（4）就当事人的自治性而言，国际商事仲裁中当事人的自治性大大超过国际民事诉讼中当事人的自治性。

（5）就审级制度而言，国际商事仲裁裁决一般实行一裁终局制，而国际民事诉讼一般实行二审终审制。

## 二、国际商事仲裁协议

（一）国际商事仲裁协议的性质和作用

1.国际商事仲裁协议的性质

国际商事仲裁协议（international commercial arbitration）是当事人之间达成的旨在通过仲裁方式解决国际商事争议的契约或协议。一项有效的仲裁协议是仲裁庭对仲裁案件行使管辖权的基本依据，也是法院承认与执行依此协议作出的仲裁裁决的必要前提。

对于国际商事仲裁的性质，学术界颇有争议，有的认为它只具有司法权性质（司法权说），有的认为它只具有契约性质或自治性质（契约说或自治说），还有的认为国际商事仲裁兼有上述两种性质。早在20世纪60年代，著名的英国国际贸易法学家施米托夫教授就有过精辟的概述："仲裁实质上是解决争议的一种合同制度，仲裁协议是双方当事人保证将仲裁条款项下的争议提交仲裁解决的协议。"也就是说，仲裁协议本身就是一项契约，是当事人各方就其将有关争议交由仲裁解决的一致的意思表示。仲裁条款的性质与合同中的其他条款的性质完全不同。因为合同中的其他条款规定的都是当事人相互之间承担的义务，而仲裁条款规定的不是一方当事人对另一方当事人的义务。仲裁条款是当事人双方的协议，即如果产生了有关一方当事人对另一方当事人承担的义务的争议，则这些争议将由他们自己成立的法庭解决。

仲裁协议可以体现在任何性质的国际合同之中，如它可以成为国际货物买卖、代理、租赁、融资、合资经营、合作经营、补偿贸易、来料加工、工程承包等一系列合同中的一个条款。此条款作为各种合同中的关于解决争议的条款，所产生的义务不同于合同中其他条款产生的义务。当事人违反仲裁条款的义务并不产生损害赔偿的请求权，而是产生解决合同争议的方式的请求权。违反此项协议的补救办法是当事人请求对此协议的强制执行。换言之，当事人就仲裁条款所依据的合同发生的争议，均应交由仲裁解决，而不应当诉诸法院。如果一方当事人无视此规定，当协议项下的争议发生后将此争议提交法院解决时，另一方当事人应当依据他们之间的仲裁协议，就法院对此案的管辖权提出异议，法院应当根据当事人之间业已订立的仲裁协议，令当事人将争议提交仲裁解决，除非法院认定该仲裁协议无效。

仲裁协议也可以体现为当事人之间在争议发生后订立的通过仲裁方式解决他们之间该

特定争议的独立协议。在这种情况下，仲裁协议的法律地位不同于合同中的仲裁条款，而是作为一项独立的协议，即通过仲裁解决争议的独立契约。就仲裁协议的目的而言，无论是合同中的仲裁条款，还是一项独立的仲裁协议，都是就通过仲裁的方式解决争议的契约。其法律后果是，任何一方违反了此项契约，另一方当事人均可向法院请求强制执行该契约，即令当事人将争议提交仲裁解决。

2. 仲裁条款的独立性

在国际贸易的实践中，往往会遇到这样的问题，即当仲裁条款是货物买卖主合同中的一项条款时，如果主合同无效，该合同中的仲裁条款是否也随之无效呢？这是必须注意的一个重要问题。

英国和美国法院的判决案例确立了仲裁条款可以独立于其所依据的合同而不受影响的原则。英国法院早在20世纪60年代以前就首先在"赫曼诉达文斯"（Hermen v. Darwins）一案中确立了这项原则。在这起案件中，被告达文斯是英国某钢铁制造商，他与营业地在纽约的赫曼订立了一项独家代理合同。在该合同中包含以下仲裁条款："由本合同产生的争议应通过仲裁解决。"后来，由于达文斯违约，双方发生争议。在这种情况下，原告赫曼将此事告到法院，指控达文斯违约。达文斯则请求法院终止对该案的审理。法院的初审法官麦克米兰驳回了原告赫曼的起诉请求，提出了一种"皮之不存，毛将焉附"的道理。麦克米兰法官指出："如果合同从来就不存在，那么作为合同一部分的仲裁协议也不存在，因为大合同中包含小协议。"这个意思是明确的，如果主合同无效，那么作为该合同一部分的仲裁条款也就随之无效。原告赫曼不服，上告英国上议院，即类似于美国的最高法院。上议院推翻了原判，认为该合同中的仲裁条款可以不依赖于其依据的合同而独立存在，并且裁定将此争议根据该合同中的规定提交仲裁解决。此后，美国最高法院在1963年"普里曼·平脱诉法拉特与考克林制造公司"（Prima Paint v. Flood & Cbnklin Manufacturing Co.）一案的判决中，也确立了仲裁条款可以独立于其所依据的合同而单独存在的原则，即使一方当事人声称合同是通过欺诈的手段订立的，或合同无效时也应当根据此原则办理。

这项仲裁条款独立原则已经在许多国家的法律规定中得到体现。例如，《中华人民共和国仲裁法》（以下简称《仲裁法》）第19条明确规定："仲裁协议独立存在，合同的变革、解除、终止或者无效，不影响仲裁协议的效力。"《中华人民共和国合同法》第57条对这项原则也有类似的规定："合同无效、被撤销或者终止，不影响合同中独立存在的有关解决争议方法的条款的效力。"

---

**案例讨论**

我国北京市鸿运食品公司（以下简称"鸿运公司"）与美国某进出口公司（以下简称"美国公司"）签订了一份出口罐头的合同，合同约定：如果双方发生纠纷，由北京市仲裁委员会进行仲裁。后来，在履行合同过程中，双方因产品质量问题发生争议，经协商不能解决，就协议解除了合同，但对以前的争议如何解决，双方仍存在异议。鸿运公司认为，既然合同中约定了仲裁条款，则当然应由北京市仲裁委员会仲裁。而美国公司则认为，合同已经解除，合同中的仲裁条款当然也失去效力，所以不应再通过仲裁方式解决，因而向北京市西城区法院提起了诉讼。

问：（1）合同解除后，合同中的仲裁条款是否有效？
（2）本案中双方应通过什么方式解决争议？为什么？

3.国际商事仲裁协议的作用

在国际商事仲裁实践中，一项有效订立的仲裁协议的主要作用是：第一，该仲裁协议对双方当事人具有法律上的拘束力，任何一方当事人均不得单方面撤回。因为仲裁协议是双方当事人共同的意思表示，如果任何一方当事人违反了此项协议，另一方当事人可以向法院请求强制执行该协议。第二，一项有效的仲裁协议是排除法院对协议项下争议的管辖权的依据，至少在仲裁裁决作出之前，法院不得对协议项下争议的解决进行干预，除非法院认定该仲裁协议无效、失效或者不能履行。第三，仲裁协议也是仲裁庭取得仲裁协议项下争议的管辖权的主要依据，赋予仲裁员解决该协议项下争议的权力。第四，一项有效的仲裁协议也是使根据该协议作出的仲裁裁决得以执行的保证。国际商事仲裁协议是仲裁的基础，它既是争议任何一方当事人将争议提交仲裁的依据，又是仲裁机构或仲裁员受理争议案件和具体进行仲裁程序的依据。

**案例讨论**

2003年国内A公司向美国B公司出口纺织品，B公司收货后未按期支付货款。由于投保了出口信用保险，A公司在多次催促无果的情况下向中国出口信用保险公司报告了可能的损失，并委托其进行海外追讨。经中国出口信用保险公司调查、追讨发现，A公司与B公司存在贸易纠纷。由于双方在贸易合同中约定："本合同项下的一切争议，应提交中国国际贸易仲裁委员会仲裁"，A公司于2004年1月向中国国际贸易仲裁委员会（以下简称"仲裁委"）提起仲裁。

B公司在收到仲裁庭的开庭通知后提出了管辖异议，并派代表参加了仲裁庭审理管辖异议的开庭活动。值得注意的是，B公司向仲裁庭提供的贸易合同与A公司提供的合同为不同版本。该版本显示，仲裁条款中的"中国国际贸易仲裁委员会"字样被划去，而在原位置手写了"美国仲裁协会"字样。此外，卖方签字栏内增加了一个A公司授权代表的签字，并注明了时间，该时间晚于A公司提供的合同的签署时间。B公司据此主张双方已对合同进行了更改，重新选择美国仲裁协会为仲裁机构，仲裁委对争议没有管辖权；而A公司则坚决主张从未同意选择美国仲裁协会为仲裁机构，B公司提供的合同中的签字不实，仲裁委对案件有管辖权。

为查明事实，仲裁委将该证据提交某法院司法鉴定中心进行鉴定。鉴定结果确认B公司提供的合同签字栏中增加的A公司授权代表的签字与原签字为同一人所写。2006年1月，仲裁委最终认定其对该案没有管辖权，并作出了撤案决定。

问：谈谈你对本案的看法。

（二）国际商事仲裁协议的主要内容

仲裁协议一般应包括以下内容：

1.提交仲裁的争议事项

它明确了当事人同意将怎样的争议提交仲裁，是直接关系到仲裁机构管辖范围的重要内容。只有在有关的争议事项范围内，当事人才赋予了仲裁机构管辖权，仲裁机构只能审理仲裁事项内的争议，否则属于越权审理，仲裁裁决不能发生法律效力。在当事人申请执行有关仲裁裁决，或申请有关国家的法院承认和执行仲裁裁决时，法院将考察仲裁裁决是否符合仲裁事项规定的范围。只有属于该范围的裁决，法院才予以执行；超出该范围的，法院将不予执行。

2. 仲裁地点

仲裁地点的选择对仲裁程序的进行至关重要，关系到仲裁审理所适用的程序法和实体法。从程序法上来说，如果当事人在仲裁协议中规定了仲裁机构以及仲裁规则，仲裁的进行应遵循该仲裁规则；如果当事人没有约定仲裁规则或选择的仲裁规则对仲裁程序中的某个问题缺乏规定或规定模糊，仲裁程序的进行就需要引用仲裁地点所在国的仲裁法律或其他程序法律加以补充。程序问题适用仲裁地点所在国的法律体现了国际私法中"程序法适用法院地法"的一般原则。从实体法来说，对于解决争议适用的实体法律，如果当事人进行了约定，则遵循约定的适用法律；如果当事人对此没有进行约定，则由仲裁机构根据仲裁地所在国家法律的冲突规则确定合同的准据法。适用不同国家的法律，可能会对当事人双方的权利与义务作出不同的解释，对案件的处理也会得出不同的结果。因此，在订立仲裁条款时，仲裁地点往往成为双方当事人争论的焦点。一般而言，当事人都会力争在自己的国家进行仲裁。

我国当事人在涉外合同中订立仲裁条款时，在仲裁地点的选择上可有以下考虑：

（1）在中国仲裁。对于中国当事人来说，这是最理想的仲裁地点。

（2）在第三国仲裁。如果当事人不愿意到对方所在国仲裁，可以共同选择在第三国或地区的仲裁机构仲裁。在采取这种做法时，应选择对中国友好的国家作为仲裁地点。例如，在中国企业同西欧或北美国家企业签订的成套设备与技术引进合同中，有的就规定在瑞典斯德哥尔摩商会仲裁院仲裁。

（3）在被告所在国家仲裁。

3. 仲裁机构

国际商事仲裁机构有两种：一种是常设的仲裁机构；另一种是临时性仲裁机构，即直接由双方当事人指定的仲裁员自行组成仲裁庭进行仲裁，案件处理完毕即自动解散。实践中，仲裁地点和仲裁机构所在地往往是一致的。在约定仲裁机构的时候，当事人应当写明指定仲裁机构的全称。如果仲裁机构和仲裁地点不一致，则应当在仲裁协议中予以明确。

4. 仲裁规则

仲裁规则主要是规定如何进行仲裁的程序与做法，其中包括如何提出仲裁申请、如何进行答辩、如何指定仲裁员、如何进行仲裁审理、如何作出仲裁裁决以及裁决的效力等内容。仲裁规则的作用主要是为当事人与仲裁员规定一套进行仲裁的行为准则，以便在仲裁中有所依循。仲裁规则是由各国的仲裁机构自行制定的。一般来说，仲裁协议指定某常设仲裁机构进行仲裁，就认为是接受了该仲裁机构仲裁规则的约束。中国国际经济贸易仲裁委员会仲裁规则即规定，选择该仲裁机构，则认为同意按照该仲裁委员会的仲裁规则进行仲裁。但也有一些国家允许当事人选择他们认为合适的仲裁规则，而排除所选仲裁机构自有的仲裁规则。例如，瑞典仲裁法律即允许当事人不采用瑞典的仲裁程序规则，而选择其他国家的仲裁规则。因此，订立仲裁协议时，应当明确适用的仲裁规则。

5.仲裁裁决的效力

仲裁裁决的效力是指仲裁裁决一经作出，是否具有终局性，对当事人有无约束力，法院是否有权经当事人的起诉而重新审理的问题。各国仲裁法律一般都认为仲裁裁决是终局的，对当事人具有约束力，当事人在仲裁协议中不能自行约定排除仲裁裁决终局效力这一强制规定。但有少数国家法律允许当事人在不服仲裁裁决时，可以向法院提起上诉，法院有权依法撤销仲裁裁决。即使像我国这样法律规定了仲裁裁决的终局性，当事人仍然可能提出诉讼并以种种证据证明法定情况的存在，使得法院决定撤销或不予执行仲裁裁决。有鉴于此，当事人一般仍应在仲裁协议中明确约定：仲裁裁决是终局的，对双方当事人均有约束力，以此来确认并强调仲裁裁决的终局性及对当事人的约束力。

（三）仲裁协议的法律效力

仲裁协议是仲裁的基础，一项有效的仲裁协议具有以下法律效力：

1.对当事人的法律效力

仲裁协议一旦成立，就对当事人产生了法律效力。当事人不得就有关特定争议向法院起诉，即承担了不向法院起诉的义务。如果一方当事人违背该义务而向法院起诉，另一方当事人有权依据仲裁协议要求法院中止诉讼程序，把争议提交仲裁。

2.对仲裁员和仲裁机构的法律效力

有效的仲裁协议是仲裁员和仲裁机构受理争议案件的依据。如果当事人之间无仲裁协议或仲裁协议无效，则当事人不得将该争议提交仲裁，仲裁机构也无权受理该项争议。另外，仲裁员或仲裁机构的管辖权受到仲裁协议的严格限制，它只能受理仲裁协议约定进行仲裁的争议，并就此争议进行审理，作出裁决。如果有关裁决所处理的争议不在有关协议范围之内，有关国家的法院可基于一方当事人的申请撤销或拒绝承认与执行该裁决。

3.对法院的法律效力

有效的仲裁协议具有排除法院管辖权的法律效力。世界上大多数国家的仲裁立法都承认这一效力。

4.使仲裁裁决具有强制执行力的法律效力

有效的仲裁协议是强制执行仲裁裁决的依据。国际公约和许多国家的国内立法都规定，如果一方当事人拒不履行仲裁裁决，另一方当事人可凭有效的仲裁协议和仲裁裁决向有关法院申请强制执行该裁决。而无效的仲裁协议是有关国家拒绝承认与执行仲裁裁决的理由之一。

（四）仲裁协议的无效

仲裁协议不具备法定内容和形式，即构成无效。根据我国《仲裁法》第17条的规定，仲裁协议有下列情形之一的无效：约定的仲裁事项超出法律规定的范围；无民事行为能力人或限制民事行为能力人订立的仲裁协议；一方采取胁迫手段，迫使对方订立仲裁协议。

另外，根据我国2006年9月8日施行的《最高人民法院关于适用〈中华人民共和国仲裁法〉若干问题的解释》第5条至第9条的规定：仲裁协议约定两个以上仲裁机构的，当事人可以协议选择其中的一个仲裁机构申请仲裁；当事人不能就仲裁机构选择达成一致的，仲裁协议无效。仲裁协议约定由某地的仲裁机构仲裁且该地仅有一个仲裁机构的，该仲裁机构视为约定的仲裁机构。该地有两个以上仲裁机构的，当事人可以协议选择其中的一个仲裁机构申请仲裁；当事人不能就仲裁机构选择达成一致的，仲裁协议无效。当事人约定争议可以向仲裁机构申请仲裁也可以向人民法院起诉的，仲裁协议无效；但一方向仲裁机构申请仲裁，另一方未在《仲裁法》第20条第2款规定期间内提出异议的除外。当事人订立仲裁协议后合并、分立的，仲裁协议对其权利义务的继受人有效。当事人订立仲裁协议后死亡的，仲裁协议对承继其仲裁事项中的权利义务的继承人有效。债权债务全部或者部分转让的，仲裁协议对受让人有效，但当事人另有约定、在受让债权债务时受让人明确反对或者不知有单独仲裁协议的除外。

鉴于各国对仲裁协议的有效要件的规定尚存在一定差异，当事人在签订仲裁协议时，应当注意有关国家特别是仲裁地和裁决执行地国法律对仲裁协议有效要件的规定，以避免因仲裁协议无效影响仲裁程序的进行或仲裁裁决的承认与执行。

---

**案例讨论**

1991年12月31日，甲公司和乙公司通过传真订立了一份92SPE28/001号售货合同。合同规定：甲公司向乙公司购买203.5公吨柠檬酸，单价为920美元/吨CFKOBE（日本神户），总价款为187 220美元，甲公司应在1992年1月10日通过银行开出不可撤销的、保兑的、可转让的、可分割的信用证，装运期为1992年3月底前。合同还规定有关合同的争议在中国国际经济贸易仲裁委员会进行仲裁。合同签订后，双方于1992年1月13日签订了一份备忘录，对92SPE28/001号合同价款作了修改，最后注明备忘录为92SPE28/001号合同不可分割的一部分，与该合同具有同样的法律效力。备忘录签订后，双方对合同的履行产生争议。乙公司认为传真方式不是法律规定的书面形式，主张达成的合同不成立，合同中的仲裁条款不存在。但甲公司认为仲裁条款有效，遂于1992年5月22日向中国国际经济贸易仲裁委员会深圳分会提出仲裁申请。

问：甲公司和乙公司之间是否存在有效的仲裁条款？

---

**案例讨论**

被告芬兰堪瑟公司为了打入英国的保险市场，与原告英国海港公司签署了一份保险业务协议。在协议中包含了一项仲裁条款，该仲裁条款约定："本协议产生的所有争议或分歧，交由两名仲裁员裁决。"之后，双方发生了争议。于是，英国海港公司将此案诉诸法院，请求法院判决该协议无效。芬兰堪瑟公司认为双方当事人之间存在仲裁协议，请求法院裁定终止诉讼，将它们之间的争议按照协议中的仲裁条款，提交仲裁解决。

英国海港公司声称，按照英国的法律，保险业协议应当取得英国工商局颁发的许可证，而其未能获得英国工商局的许可，故此协议自始违法无效。

问：该仲裁条款有效否？为什么？

---

## 三、国际商事仲裁程序

### （一）国际商事仲裁程序的概念

仲裁程序就其实质而言，是规定如何进行仲裁的程序，是调整仲裁庭、仲裁协议的当事人以及相关人员和机构之间关系应当遵循的程序。该程序始于仲裁申请的提起，以仲裁裁决的作出而告终。

仲裁程序主要规定在仲裁规则或者仲裁应当适用的相关国家颁布的调整仲裁关系的法律之中。如果当事人在仲裁协议中就仲裁适用的仲裁规则作出明确约定，当事人就应当遵守该仲裁规则中关于如何进行仲裁程序的规定。在临时仲裁的情况下，当事人也可以选择适用已经存在的仲裁规则，如联合国国际贸易法委员会仲裁规则。当事人也可以就如何进行仲裁程序作出专门约定，或者就仲裁应当适用的法律或者仲裁地点作出约定。

（二）国际商事仲裁程序

国际商事仲裁程序一般包括如下阶段：

1. 仲裁的申请和受理

仲裁的申请是指平等主体的公民、法人和其他组织就其之间发生的合同纠纷和其他财产权益纠纷，根据其仲裁协议，提请有关的仲裁委员会进行仲裁裁决的行为。争议发生后，争议的任何一方均可按照双方在争议发生前或发生后订立的仲裁协议，依法向选定的仲裁委员会申请仲裁。仲裁的受理是指申诉人向仲裁机构提交仲裁申请书，仲裁机构经审查后予以受理的程序，这是开始仲裁程序的最初法律步骤。

仲裁机构受理案件，要求申诉人提供仲裁协议和仲裁申请书。申请书的内容一般包括申诉人和被申诉人的名称及地址、案情及争议要点、申请人的要求和所依据的事实。

仲裁机构收到仲裁申请后，经过审查认为符合要求且手续完备，即应受理。受理后应及时通知被诉人，并将仲裁申请书及其附件，连同仲裁机构的仲裁规则和仲裁员名册各一份，寄送给被诉人。

2. 仲裁庭的组成

仲裁机构受理仲裁申请后，要依法组成仲裁庭来仲裁案件。仲裁庭有两种类型，即合议制和独任制。合议制是指仲裁庭由3名或3名以上的仲裁员组成的形式；独任制是指仲裁庭由1名仲裁员组成的形式。

临时仲裁机构可直接作为仲裁庭，常设仲裁机构内部则设有仲裁庭组织。仲裁庭由双方当事人合意选定或由有关仲裁机构基于当事人的授权或依职权指定的仲裁员组成。根据我国《仲裁法》的规定，如果当事人选择由独任制仲裁庭进行仲裁，则应由双方当事人共同协商选定仲裁员；如果选择了合议制仲裁庭进行仲裁，则双方当事人应各自选定1名仲裁员，第三名仲裁员由双方当事人共同选定或经双方当事人共同委托由仲裁委员会主任指定。

---

**案例讨论**

被申请人我国某公司与申请人韩国某株式会社之间签订了购销甲苯的合同，合同规定纠纷由中国国际经济贸易仲裁委员会进行仲裁。纠纷发生后，申请人向该仲裁委员会提请仲裁。仲裁审理过程中，被申请人提出了甲仲裁员回避申请，理由是甲与申请人的仲裁代理人乙曾是师生关系。仲裁委员会经审查后认为，甲只是在乙大学本科期间给其上过课，无证据表明存在可能影响案件公正审理的利害关系，被申请人对甲的公正性和独立性产生怀疑的理由不充分，故仲裁委员会作出了甲不予回避的决定，并作出终局裁决。被申请人不服裁决，向北京市第二中级人民法院申请撤销该裁决。

问：本案该如何处理？

3.仲裁审理

仲裁审理是指仲裁庭对纠纷事项进行全面审查的仲裁活动。仲裁审理所涉及的主要问题包括仲裁地点、仲裁审理方式、调查取证方式等。

（1）仲裁地点。

在国际商事仲裁实践中，法律上的仲裁地点的确定，主要有以下两种方法：第一，当事人之间在仲裁协议中共同约定；第二，由仲裁所适用的仲裁规则决定。如果当事人未能在其仲裁协议中对仲裁地点作出约定，或者在仲裁协议中只约定了将他们之间的争议提交某一特定机构仲裁解决或者适用某一特定机构的仲裁规则进行仲裁，如何确定仲裁地点则取决于仲裁所适用的仲裁规则中的规定。

仲裁规则对仲裁地点的规定主要有以下几种：一是仲裁地点为仲裁机构所在地国家。例如，伦敦国际仲裁院1998年仲裁规则第16条对仲裁地点的规定：当事人如果对此没有约定，则仲裁院所在地伦敦为仲裁地，即便仲裁庭依其职权决定在伦敦以外的任何适当的地点开庭、会面与合议，此项仲裁仍然应当被视为在仲裁地进行，为此，仲裁裁决也被视为在仲裁地作出。二是仲裁地点与仲裁机构位于不同国家。在国际商事仲裁实践中，仲裁地点与仲裁机构位于不同的国家也是司空见惯的。如果仲裁机构与仲裁地点分属不同的国家，在这种情况下作出的仲裁裁决，究竟为仲裁地所在国的裁决，还是具有仲裁机构所在国的国籍，则完全取决于仲裁规则中的相关规定与仲裁地所在国的法律如何对此作出认定。这就是说，如果当事人未能就仲裁地点作出约定，则此项地点由仲裁员决定。

（2）仲裁审理方式。

仲裁审理分为口头审理和书面审理两种方式。当事人协议不开庭的，仲裁庭可以根据仲裁申请书、答辩书以及其他材料作出裁决，此谓书面审理。

（3）调查取证方式。

对于仲裁审理过程中调查取证的方式，许多国家的法律和仲裁规则也作出了不同的规定。在仲裁审理过程中，仲裁庭有权审核证据与调查证人，认为有必要时可以传讯证人。欧洲、美洲国家一般都允许仲裁庭传唤证人出庭作证。但对于仲裁庭是否有权强令证人出庭作证，各国的规定则有所不同。例如，1925年的《美国仲裁法案》规定，根据该法指定的仲裁员全体或者过半数有权用书面传唤任何人出庭作证。但是英国、日本与瑞典等国家的仲裁法则规定，如果证人在接到仲裁庭的通知后不出庭作证，仲裁庭无权强令证人出庭作证。如果遇到这种情况，则可以由当事人或仲裁庭向有关法院提出申请，由法院发出传票勒令证人出庭作证。

我国《仲裁法》第43条规定："当事人应当对自己的主张提供证据，仲裁庭认为有必要收集的证据，可以自行收集。"

4.仲裁裁决

仲裁裁决是仲裁庭对当事人提交的仲裁事项进行审理后所作出的处理结果。一般而言，仲裁程序以当事人收到仲裁裁决而告终。仲裁裁决应按多数仲裁员的意见作出，这是各国仲裁法律制度的通例。根据我国《仲裁法》的规定，由合议制仲裁庭进行仲裁时，应按多数意见作出裁决，少数仲裁员的不同意见可以记入笔录；如果各仲裁员各持一种意见，仲裁庭不能形成多数意见，裁决应当按照首席仲裁员的意见作出。仲裁庭在其作出的仲裁裁决书中，应当写明双方当事人的基本情况、仲裁庭组成情况、仲裁请求、纠纷事实、裁决结果及裁决理由、仲裁费用的负担、裁决日期和地点等。

仲裁裁决一经作出，从何时起开始发生法律效力，大致有两种类型：一是自仲裁裁决作出之日起生效。例如，《法国民事诉讼法典》规定，仲裁裁决从其作出之日起对它决定的纠纷具有既判力。二是自仲裁裁决书通知当事人之日起生效。例如，1987年《瑞士联邦国际私法法规》规定，裁决自通知当事人之日起生效；我国《仲裁法》规定，裁决书自作出之日起发生法律效力。

仲裁裁决的效力主要体现为仲裁裁决对当事人有无终局约束力的问题。目前，世界上绝大多数国家规定，仲裁裁决是终局性的，任何一方当事人均不得向法院起诉，也不得向仲裁机构提出变更仲裁裁决的请求。在多数情况下，当事人能够自动执行该裁决，如果败诉方在法律规定的期限内或者在合理的期限内不自动履行，则胜诉一方当事人可以申请相关国家的法院强制执行该裁决。

## 四、国际商事仲裁裁决的承认与执行

### （一）仲裁裁决承认与执行的概念

国际商事仲裁裁决的承认与执行，是解决商事争议的最终结果。如果裁决能得到承认和执行，则争议通过仲裁得到了彻底的解决；反之，如果裁决得不到承认和执行，整个仲裁过程得不到最终结果，则整个仲裁的努力会全部落空。因此，仲裁裁决能否得到最终执行，是整个仲裁的关键点。

仲裁裁决的承认（recognition）和执行（enforcement）往往是作为一个概念出现的，主要出现在某些公约中。例如，1958年《纽约公约》的全称就是《承认与执行外国仲裁裁决公约》，1985年由联合国国际贸易法委员会通过的《国际商事仲裁示范法》（以下简称《示范法》）第8章的标题就是"裁决的承认和执行"。

事实上，裁决的承认和执行只解决一个问题，即裁决的法律拘束力。该拘束力表现在两个方面：一是当事人应主动地予以承认并加以执行；二是有关国家的法院应该予以承认和执行。其中，承认裁决是执行裁决的前提，执行是承认的结果，二者相辅相成，互为条件。因此，仲裁裁决的关键是执行或者由当事人主动执行，或者由有管辖权的法院强制执行。

### （二）内国裁决与外国裁决的区分标准

在国际贸易仲裁中，裁决的执行是一个比较复杂的问题。因为国际贸易仲裁所作出的裁决涉及外国的当事人，如果一方拒不执行裁决，就会出现对本国仲裁裁决的执行问题或对外国仲裁裁决的执行问题。对于前者，各国的规定手续一般比较简单，而对后者的规定则存在着严重的分歧。因为执行外国的仲裁裁决，不仅涉及双方当事人的切身利益，而且涉及两国间的利害关系。

某一仲裁裁决究竟属于内国裁决还是外国裁决，归根结底取决于一国的国内法上的规定。判断国际仲裁裁决的国籍，可以有不同的标准：地域标准、仲裁程序适用法律的标准以及混合标准。《纽约公约》规定外国仲裁裁决采用的是地域标准，即在执行地国以外的国家领土上作出的仲裁裁决被称为外国裁决。此外，《纽约公约》还适用于在申请执行地作出的且根据裁决地法不构成当地裁决的裁决的承认与执行。

可见，某一裁决究竟属于内国裁决还是外国裁决，完全属于一国法律的管辖范围。在某种情况下，在执行地国法院看来，某一裁决属于裁决地国的裁决，但根据裁决地国的法律，该裁决并不具有裁决地国的国籍，而将其视为"非内国裁决"（non-domestic award），进而拒绝对该案实施管辖。例如，在戈特韦肯案中，法国法院拒绝了利比亚公司提出的撤销在法国依据国际商会国际仲裁院仲裁规则作出的裁决的申请。法国法院认为该裁决系适用国际商会国际仲裁院仲裁规则而作出的，故而不是法国仲裁裁决，因而拒绝对该裁决行使撤销的权力。此外，瑞典法院将该裁决视为在法国境内作出的裁决，并将其作为外国仲裁裁决予以执行。

根据各国仲裁立法与实践，一般而言，在执行地国以外的国家或地区领域内作出的裁决通常被视为外国仲裁裁决，而在一国境内作出的裁决通常被视为内国裁决，无论此项仲裁程序适用的是内国法还是外国法。只有在极其特殊的情况下，在内国适用外国法作出的裁决被视为非内国裁决，如戈特韦肯案的情况；而在外国适用内国法作出的裁决被视为内国裁决的案例，则极为罕见。就多数国家的仲裁立法与实践而言，区分内国仲裁裁决与外国仲裁裁决的主要依据是作出裁决的地点。因此，仲裁地点在国际商事仲裁中具有重要的作用。

（三）内国仲裁裁决的执行

一般而言，如果某一国际仲裁裁决是在该裁决作出国（地区）申请执行，则该国际商事仲裁裁决的执行程序原则上与该国国内仲裁裁决的强制执行程序是一致的。但在某些国家，比如法国和中国，都给予外国裁决以及在该国作出的涉外裁决的强制执行以特殊的地位。

1.大陆法系国家仲裁裁决的强制执行

如果在大陆法系国家要求强制执行该国作出的国际商事裁决，其前提条件是必须获得法院的强制执行许可。德国1998年1月1日起生效的仲裁法规定，国内仲裁（在德国作出的国际商事裁决也属于此范围）只有在获得强制执行许可后方可得以强制执行。如果裁决存有该法所规定的可予以撤销的情形，强制执行申请应予以驳回，裁决应予以撤销。如果在一方当事人提出强制执行申请时，另一方当事人以裁决存有法定予以撤销的情形为由要求撤销裁决的申请最后被法院拒绝，或当事人一方未在法定期限内申请撤销裁决，则撤销裁决的理由不再被予以考虑。在意大利、瑞典和瑞士等国家的法律上都有类似的规定，即对于要求强制执行仲裁裁决的申请，法院采取一审终审的程序。此外，地处东欧的国家如俄罗斯（1993年）、乌克兰（1994年）、匈牙利（1994年）、罗马尼亚（1993年）以及保加利亚（1988年）基本上受《示范法》的影响，也采取大陆法系的"地域原则"。与其他国家的仲裁法不同，《法国民事诉讼法典》赋予外国裁决及在法国作出的国际裁决的执行以特殊的待遇，即允许在特定的条件下，要求强制执行国际商事裁决的申请人"可就拒绝承认或强制执行的决定进行上诉"。上述提及的特定条件包括以下5种具体理由：无仲裁协议（无效或过期）、仲裁庭组成不当或独任仲裁员指定不当、仲裁员未依当事人信托完成其使命、违反正当程序及违反国际公共政策。上诉应在得到有关通知之日起1个月内向有管辖权的上诉法院提出。上述5种准许上诉的理由也适用于申请撤销在法国作出的国际裁决。也就是说，只有存在上述5种情形，在法国作出的国际裁决方可被撤销（《法国民事诉讼法典》第1498条）。

2.英美法系国家仲裁裁决的强制执行

英美法系国家与大陆法系国家在对待承认和执行国际商事裁决的法律规定上有不少区别，但集中在以下两个问题上：第一，英美法系强调转化适用，大陆法系则强调司法确认，即只要得到法院的强制执行许可就行。英美法系的"转化适用"是指法院能否强制执行仲裁裁决的前提是，把该裁决转化成法院的判决，否则法院无权对裁决进行强制性执行。第二，英美法系认为，法院在裁定是否执行裁决的过程中，可以作出撤销裁决或将裁决发回重审的决定。这与大陆法系中的有关规定不一致，根据大陆法的原则，撤销程序与执行程序是分立的。

《美国联邦仲裁法》（1990 修正法案）规定了所谓的判决转化条款（the entry of jadgement clause）。该条款规定，如果当事人在仲裁协议中约定裁决应转化为法院判决，而该法院应予以具体确定的，任何一方当事人均可在裁决作出之日起1年内任何时候向作出此决定的法院申请裁定确认裁决。法院应将原裁决转化为判决。该判决与在法院诉讼案件中作出的判决相类似，并在各方面都应与法院诉讼中的判决具有同等效力，包括应予以强制执行。著名的《英国1996年仲裁法》也作了相似的规定，其第66条明确规定，经法院签发的执行许可裁决，可依执行法院判决或裁定的方式进行强制执行并应得到与执行判决或裁定同样的效果。强制申请通常在一审法院提出。一旦法院签发了强制执行许可，裁决就可被转化为判决。

3.涉外仲裁裁决在我国国内的强制执行

当裁决生效后，一方当事人不履行的，另一方当事人可以根据中国法律的规定，向中国法院申请执行。由于仲裁机构是民间性组织，本身没有强制执行的权力，当事人应当向法院申请强制执行。提出申请的前提是被申请人住所地或财产所在地在中国境内，只有这样才能由相关的中级人民法院执行。但是，被申请人提出证据证明仲裁裁决有我国《民事诉讼法》第260条规定的情形的，即存在仲裁程序不合法的情况的，经人民法院组成合议庭审查核实，裁定不予执行。此外，人民法院认定执行该裁决违背社会公共利益的，有权裁定不予执行。上述规定表明，人民法院在执行涉外仲裁裁决时，只审查案件的程序是否符合法律和仲裁规则，而不审查案件的实体问题，即事实认定和法律适用问题。但对国内商事仲裁裁决进行审核时，法院不仅有权对仲裁程序进行审查，而且对其实体问题也有权审查。

（四）外国仲裁裁决的承认与执行

外国仲裁裁决的承认与执行包括两层含义：本国所作出的裁决要求得到外国的承认与执行；外国所作出的裁决要求得到本国的承认与执行。由于对外国的国际商事仲裁裁决的承认与执行会涉及本国的国家利益和当事人各方的利益，各国对承认与执行外国仲裁机构的仲裁裁决大都做了严格限制，其程序也较复杂，具体要求和做法不一。

为了解决各国在承认与执行外国仲裁裁决问题上存在的分歧，国际社会曾先后缔结过3个国际条约：1923年的《日内瓦仲裁条款议定书》、1927年的《日内瓦执行外国仲裁裁决公约》和1958年订立于纽约的《承认与执行外国仲裁裁决的公约》（以下简称《纽约公约》）。在这3个条约中，最重要、参加国最多、最完善、影响最为广泛的是《纽约公约》，实际上它已取代了前两项条约。《纽约公约》相对于前两项条约而言，扩大了承认与执行外国仲裁裁决的范围，放宽了外国仲裁裁决的条件，简化了承认与执行外国仲裁裁决的程序，从而大大地便利了外国仲裁裁决的承认与执行。《纽约公约》的缔结和生效，标志着承认与执行外国仲裁裁决国际制度的形成。当前，外国的仲裁裁决在国内能得到执行，主要得益于《纽约公约》在145个国家和地区得到承认。

《纽约公约》共16条，它规定了公约的宗旨、执行范围、执行程序、申请执行的条件以及拒绝执行的理由。公约的宗旨是"承认及执行在另一缔约国领土内作成之裁决"（第1条第3款），即一缔约国领土内作出的裁决，应能在另一个缔约国得到承认并得到执行。据此，《美国联邦仲裁法》（1990修正法案）第201条明确指出：美国法院应当按该法第2章的规定实施《纽约公约》。

在实施《纽约公约》时，特别要注意的是，许多成员国和地区在加入公约时，都声明了互惠保留。据统计，截止到1998年8月，在加入公约的145个国家和地区中，有62个国家和地区作出了互惠保留，保留面是比较广泛的，我国也作了2项保留。因此，在具体到公约缔约国和地区申请执行裁决时，必须要注意到这一点。

关于执行的程序，《纽约公约》第3条规定：（1）各缔约国和地区均应承认其他缔约国和地区作出的仲裁裁决；（2）应依援引裁决地的程序规则及公约有关条件予以执行，即缔约国和地区负有依其国内程序规则强制执行的责任，但执行条件不得违反公约的规定；（3）各缔约国和地区在承认和执行适用公约规定条件的裁决时，不得给承认或执行内国仲裁裁决附加过于苛刻的条件或征收过多的费用，即应实施非歧视待遇，尤其是国民待遇原则。

关于申请执行的条件，《纽约公约》第4条作出了简要的规定，即申请人应提交：（1）业经证实的原裁决正本或其副本；（2）业经证实的原仲裁协议或其副本；（3）同时，应将上述裁决及仲裁协议翻译成执行地的官方语言。

关于拒绝执行的理由，《纽约公约》第5条列举了下述6种情形及理由：（1）仲裁协议无效；（2）违反正当的仲裁程序规则；（3）仲裁员（庭）超越仲裁权限或范围；（4）仲裁庭组成不当，即仲裁机关之组成或仲裁程序同当事人间的协议不符，或者当事人间未订此种协议时，又与仲裁地国的法律不符；（5）裁决不具有约束力或已被撤销；（6）违反公共政策，这与我国《民事诉讼法》中规定的不予执行的涉外裁决的理由比较接近。

我国《民事诉讼法》第260条第1款的具体规定是，对中华人民共和国涉外仲裁机构作出的裁决，被申请人提出证据证明仲裁有下列情形之一的，经人民法院组成合议庭审查核实，裁决不予执行：（1）当事人在合同中没有订立仲裁条款或者事后没有达成书面仲裁协议的；（2）被申请人没有得到指定仲裁员或者进行仲裁程序的通知，或者由于其他不属于被申请人负责的原因未能陈述意见的；（3）仲裁庭的组成或者仲裁的程序与仲裁规则不符的；（4）裁决的事项不属于仲裁协议的范围或者仲裁机构无权仲裁的。在具体执行上，最高人民法院还要求凡要裁定不予执行的涉外裁决，必须向高级法院及最高法院事先报告。

在实践中，中国涉外仲裁裁决主要通过《纽约公约》在中国境外得以执行。中国1987年加入《纽约公约》，开创并建立了在外国执行中国涉外仲裁裁决的机制。依据《纽约公约》，中国仲裁裁决已在世界上包括美国、英国、加拿大、新西兰、澳大利亚、新加坡、德国、意大利、法国、以色列、日本和中国香港在内的20多个国家和地区成功地得到了承认和强制执行。

**案例讨论**

1994年12月14日，中国××集团公司（以下称"××集团"），与××（香港）有限公司（以下简称"××公司"）签订8008号合同，约定××公司向××集团销售原糖，销售分为两个部分；同时约定对合同引起的一切争议将按照伦敦糖业协会条款的规定，提交伦敦糖业协会仲裁，合同执行应遵守伦敦糖业协会条款的规定，无论买卖双方是否是其成员或成员代表。销售的第一部分已履行完毕，双方没有异议。双方就第二部分履行发生争议，原来××公司专门为8008号合同在纽约期货市场开立了账户，就10万吨原糖进行期货炒作，××集团对此明确知晓，并通过收取××公司的补偿款或降低商品价格的形式从中牟利，且存在委托××公司代理其参与期货交易的行为。××集团未按约定开立信用证，××公司也没有实际发货。××公司于1999年1月26日给××集团发传真称终止8008号合同。

××公司向伦敦糖业协会提起仲裁，要××集团赔偿合同价与市场价之差额。2001年8月6日，伦敦糖业协会作出裁决：（1）××集团向××公司支付14 162 505美元作为违反8008号合同的赔偿金及2 508 533.70美元的利息。（2）××集团需向××公司以16 671 038.70美元为基础，按4.5%的年利率支付利息。（3）××集团支付有关裁决费用。（4）××集团向××公司支付按标准基础评价的仲裁费用。

2002年1月22日，××公司向北京市第一中级人民法院提出承认与执行申请，该院于2002年2月20日立案。2002年3月1日，根据《承认与执行外国仲裁裁决公约》第5条第二款乙项"承认或执行该项裁决将和这个国家的公共秩序相抵触，被申请的国家的管辖当局也可以拒绝承认和执行"，驳回××公司的申请，作出拒绝承认与执行伦敦糖业协会的仲裁裁决的申请。

问：谈谈你对本案的看法。

## 五、中国的国际商事仲裁法

中国国际商事仲裁法是中国调整国际商事仲裁关系的法律规范的总称。这些法律规范主要表现在以下两个方面：一是我国调整国际商事仲裁关系的相关国内仲裁立法；二是我国缔结或参加的双边或多边国际公约中有关通过仲裁解决当事人之间争议的各项规定。

（一）国内仲裁立法

我国调整国际商事仲裁关系的法律主要是1994年颁布的《仲裁法》。此外，我国《民事诉讼法》和其他一些法律，如《中外合资经营企业法》《中外合作经营企业法》《合同法》等，也有关于通过仲裁解决中外当事人之间争议的规定。

我国《仲裁法》于1994年8月31日第八届全国人民代表大会常务委员会第九次会议一致通过，1995年9月1日起施行。该法是中华人民共和国成立以来首次颁布的专门调整仲裁关系的法律，是在加快建立我国社会主义市场经济体制的过程中出台的。该法在制定的过程中充分考虑了我国建立社会主义市场经济体制的要求，并借鉴了国外成功仲裁制度的有益经验和国际上通行的做法，特别是《纽约公约》和联合国国际贸易法委员会制定的1985年《示范法》。从整体上来看，我国现行仲裁立法符合国际通行做法，主要表现在以下几个方面：

首先，我国现行仲裁立法充分体现了国际上通行的当事人意思自治原则。我国《仲裁法》明确了当事人之间业已存在的有效的仲裁协议是仲裁机构取得对仲裁案件的管辖权的唯一依据。如果不存在此项协议，或者该协议依据《仲裁法》为无效仲裁协议，仲裁机构就不能取得对仲裁案件的管辖权。此外，当事人可自行选定受理争议的仲裁委员会（第6条）和审理仲裁案件的仲裁员（第31条）。当事人申请仲裁后，也可以自行和解（第49条）或通过调解的方式解决他们之间的争议（第51条）。

其次，我国《仲裁法》还充分地体现了仲裁独立原则。具体表现在：第一，仲裁条款的独立性。近年来国际上普遍认可的仲裁条款可独立于它所依据的合同的原则和做法在《仲裁法》中也得到了充分的体现。根据该法第19条的规定，仲裁协议独立存在，合同的变更、解除、终止或者无效不影响仲裁协议的效力。第二，仲裁机构的独立性。该法特别明确了负责审理争议仲裁委员会的法律地位。这些仲裁委员会独立于国家行政机关，与行政机关没有隶属关系。就这些仲裁委员会之间的关系而言，它们之间的法律地位也是平等的，相互之间不存在隶属关系（第14条）。

最后，对于法院在仲裁中的作用，包括协助和监督两种，我国《民事诉讼法》也作了专门规定。法院对国际商事仲裁的协助具体表现在：（1）如果当事人订有仲裁协议，则法院不受理据此协议产生的争议。按照我国《民事诉讼法》第257条的规定，涉外经济贸易、运输和海事中发生的纠纷，当事人在合同中订有仲裁条款或者事后达成书面仲裁协议，提交中华人民共和国涉外仲裁机构或者其他仲裁机构仲裁的，当事人不得向人民法院起诉。（2）协助仲裁中的财产保全。根据我国《民事诉讼法》第258条的规定，当事人申请采取财产保全的，中华人民共和国的涉外仲裁机构应当将当事人的申请提交被申请人住所地或者财产所在地的中级人民法院裁定。（3）协助执行仲裁裁决。只有在法律规定不予执行的条件下，法院才可裁定拒绝承认与执行仲裁裁决。此外，法院对涉外仲裁的监督主要表现为对仲裁裁决所进行的司法复审。在当事人申请撤销或强制执行仲裁裁决的过程中，法院只是按照我国《民事诉讼法》第260条第1款的规定进行程序上的审查，而不对涉外仲裁裁决所涉及的实体问题进行审查。这一点与对国内仲裁机构作出的仲裁裁决所进行的审查是有所区别的，法院对国内仲裁裁决的审查，所适用的是我国《民事诉讼法》第217条的规定。

（二）国际公约

我国与其他国家订立的或者签署的调整国际商事仲裁关系的双边或多边国际公约，也是我国国际商事仲裁法的重要内容。

1.双边条约

我国与其他国家订立的含有通过仲裁解决争议的规定的双边条约主要有：

（1）贸易协定。

例如，1979年《中华人民共和国和美利坚合众国贸易关系协定》第8条规定：（1）缔约双方对两国的商号、公司和贸易组织间签订的合同所引起的或与其有关的任何争议，鼓励其通过友好协商、调解或其他双方均可接受的方式，迅速公平解决。（2）如果此类争议按上述方式之一不能迅速解决，争议双方可以根据合同规定的条款或仲裁协议，提请仲裁解决。此类仲裁可以由中华人民共和国、美利坚合众国或第三国的仲裁机构进行。仲裁可以采用仲裁机构的仲裁程序规则，也可以在争议双方和仲裁机构同意的情况下，采用联合国推荐的联合国国际贸易法委员会的仲裁规则，或其他仲裁规则。（3）缔约各方应设法保证由被申请执行仲裁裁决的国家的主管当局，根据适用的法律和规章，承认与执行仲裁裁决。目前，我国已经与包括欧盟在内的100多个国家和地区订立了此项贸易协定。

（2）投资保护协定。

自我国实行改革开放政策以来，我国已经与世界上近百个国家订立了此项协定。这些协定详细规定了通过仲裁解决由于执行双边投资保护协定而产生的争议，包括对协定的解释和适用产生的争议；并规定缔约任何一方与缔约另一方的投资者之间关于投资的争议，特别是在征收和国有化补偿问题上产生的争议，提交国际仲裁庭解决。这些双边协定还就仲裁庭的组成、仲裁规则的适用、仲裁裁决的效力、仲裁费用的分担等，作出了具体的规定。

2.多边国际公约

我国为一些主要的调整国际商事仲裁关系的国际公约的缔约国。这些公约包括：

（1）《纽约公约》。

我国于1987年1月22日成为《纽约公约》的缔约国。我国在加入该公约时作出了2项该公约允许的保留声明：（1）互惠保留声明，即我国仅对在另一缔约国领土内作出的仲裁裁决的承认与执行上适用该公约；（2）商事保留声明，即我国仅对按照我国法律属于契约性和非契约性商事关系所引起的争议适用该公约。所谓"根据中国法律属于契约性和非契约性商事关系"，按照最高人民法院于1987年4月10日《关于执行我国加入的〈承认及执行外国仲裁裁决公约〉的通知》中所作的解释，具体是指"由于合同、侵权或者根据有关法律规定而产生的经济上的权利义务关系，例如货物买卖、财产租赁、工程承包、加工承揽、技术转让、合资经营、合作经营、勘探开发自然资源、保险、信贷、劳务、代理、咨询服务和海上、民用航空、铁路、公路的客货运输以及产品责任、环境污染、海上事故和所有权争议等，但不包括外国投资者与东道国政府之间的争端"。

（2）《华盛顿公约》。

《华盛顿公约》的主要目的是设立专门解决该公约缔约国与其他缔约国国民之间由于在东道国投资而产生的争议的专门机构——国际投资争端解决中心（ICSID）。我国于1990年2月签署了《华盛顿公约》，并于1993年2月6日正式加入此公约。中国政府在加入时向ICSID发出如下通知：根据该公约第24条第（4）款，中国政府只考虑将由于征收和国有化而产生的赔偿争议交由ICSID管辖。因此，我国政府与该公约缔约国国民之间的投资争议，在双方订有书面仲裁协议的情况下，也可提交ICSID仲裁解决。在实践中，目前我国尚无在该中心仲裁的案例。在向ICSID提交的争议中，除了根据《华盛顿公约》产生的投资争议外，还包括中国签订的双边投资协定在内的许多双边投资保护协定允许提交ICSID解决的此类双边投资协议项下产生的争议。由于我国为外国投资者创造了比较好的投资环境，目前还没有我国政府与外国投资者之间的投资争议在ICSID涉诉。

此外，我国还参加了《多边投资担保机构公约》（Convention Establishing the Multilateral Investment Guarantee Agency，MIGA），该公约规定对于在该公约的解释或执行过程中产生的争议，也可通过仲裁的方式解决。

（三）中国国际商事仲裁法的其他渊源

除了中国现行的《仲裁法》和中国缔结或参加的双边或多边国际公约外，最高人民法院为执行《仲裁法》而发布的司法解释以及人民法院和中国仲裁机构在司法实践中所形成的法院判决或仲裁裁决、中国各仲裁机构制定的适用于国际商事案件仲裁的仲裁规则,均可作为了解与研究中国国际商事仲裁法的重要参考资料。

## ★实训演练

分组案例讨论

1.中国 A 公司以 FOB 条件向日本 B 公司出口 59 吨蔬菜,在大连港装船时由商检机构检验并开具合格证明书。但该批货物运抵日本时已经严重腐烂,双方发生争议。依据出口合同的条款,该争议被当事人提交中国国际经济贸易仲裁委员会仲裁。裁决结果为:日方应承担货物损失的风险。

问题:(1)如果日方对裁决结果不服,是否可以向有关法院起诉,或者要求更换仲裁机构重新仲裁?

(2)如果日方拒不执行仲裁裁决,中方是否可以申请有关机构予以强制执行?

2.国际商会国际仲裁院的仲裁庭于 1989 年依据该院仲裁规则,对美国某电器公司与阿根廷某公司之间由于股份买卖而产生的争议在墨西哥进行了审理。仲裁庭认为,阿根廷某公司未能证明美国某电器公司在 1979 年向其出售股票时有欺诈行为,但美国某电器公司未能遵守"信用所要求的善意的原则",于是裁决美国某电器公司向阿根廷某公司支付67 930 000 美元的损害赔偿,另加 12%的年复利,从 1985 年 3 月 14 日起算,以及 100 万美元的律师费和 40 万美元的仲裁费。

该裁决作出后,美国某电器公司向美国法院提出撤销和拒绝承认与执行该裁决的诉讼。阿根廷某公司则对美国某电器公司提出反诉,请求法院驳回美国某电器公司关于撤销仲裁裁决的诉讼请求,理由是,该法院根据《纽约公约》对此无管辖权,同时法院应依据《纽约公约》第 3 条承认与执行仲裁裁决。

问题:一国法院是否有权撤销外国的仲裁裁决?请简要说明原因。

## ★单元教研交流

1.本单元的重点和难点

重点:国际商事仲裁的特点。国际商事仲裁协议的法律效力。

难点:国际商事仲裁协议的无效。国际仲裁裁决的承认与执行问题。

2.学生在学习中容易出现的问题

(1)难以理解国际商事仲裁的性质。

(2)对国际商事仲裁协议的法律效力问题认识不清。

(3)对外国仲裁的效力的承认与执行问题认识不清。

3.教学建议

(1)能力培养方面:以任务导入,培养学生问题意识,引导学生分析国际商事仲裁案例,掌握应对国际商事仲裁争端问题的思路与应对策略。

(2)知识体系方面:针对授课重点与难点,引导学生分小组演讲;课堂案例讨论环节,可采取学生小组对抗式实战演练。

4.单元教学思路

本单元主要围绕国际商事仲裁法律问题讲授,旨在培养学生掌握运用国际商事仲裁法律解决国际商务争端的技能。

　　本单元以任务导入的方式，依照案例分析的步骤引导学生分析国际商事仲裁案例，培养学生问题意识。在相关知识与案例部分，对国际商事仲裁的特征、该国际商事仲裁协议的法律效力、外国仲裁裁决的承认与执行等予以重点介绍。以上内容是正确分析国际商事仲裁案例的必备基础知识，必须重点关注。

# 主要参考文献

[1] 沈四宝，王军. 国际商法 [M]. 2版. 北京：对外经济贸易大学出版社，2010.

[2] 宗艳霞. 国际商法 [M]. 大连：大连理工大学出版社，2009.

[3] 傅廷中. 海商法：理念、原则与制度 [M]. 北京：法律出版社，2015.

[4] 陈宪民. 海商法理论与司法实践 [M]. 北京：北京大学出版社，2006.

[5] 袁发强. 海商法案例教程 [M]. 北京：北京大学出版社，2012.

[6] 胡正良，韩立. 新海事法 [M]. 北京：北京大学出版社，2012.

[7] 胡正良，於世成，郏丙贵. 《鹿特丹规则》影响与对策研究 [M]. 北京：北京大学出版社，2014.

[8] 杨召南，徐国平，李文湘. 海上保险法 [M]. 北京：法律出版社，2009.

[9] 张丽英，赵劲松. 中英海上保险法原理及判例比较研究 [M]. 大连：大连海事大学出版社，2006.

[10] 汪鹏南. 现代海上保险法的理论与实践 [M]. 大连：大连海事大学出版社，2004.

[11] 司玉琢. 海商法 [M]. 3版. 北京：法律出版社，2012.

[12] 司玉琢. 海商法专论 [M]. 3版. 北京：中国人民大学出版社，2015.

[13] 陈迎. 国际商法：实务与案例 [M]. 北京：北京大学出版社，2012.

[14] 董安生. 票据法 [M]. 3版. 北京：中国人民大学出版社，2009.

[15] 崔建远. 合同法 [M]. 5版. 北京：法律出版社，2010.

[16] 薄守省. 国际商法教程 [M]. 北京：对外经济贸易大学出版社，2007.

[17] 党伟. 国际商法 [M]. 4版. 大连：东北财经大学出版社，2015.

[18] 张圣翠. 国际商法 [M]. 6版. 上海：上海财经大学出版社，2012.

[19] 王玉清，赵承壁. 国际技术贸易 [M]. 北京：清华大学出版社，2007.